네아이라 재판소동

복슬복슬한 머리를 가진 레베카에게
이 책을 바친다.

네아이라 재판소동

데브라 하멜 지음 | 류가미 옮김

북북서

목차

【제3부】 네아이라 재판 이전의 소송 사건들

서문

십여 년 전 자신에 대해서 묘사한 것에 따르면, 소송을 건 원고 아폴로도로스Apollodoros는 오십대 초반에 촌스럽게 생긴, 전혀 매력적이지 않은 사람이었다. 그는 법정에서 쩌렁쩌렁 울리는 폭탄 같은 목소리를 가졌다고 한다. 그날 오후 내내 진행될 재판이 시작되기 한두 시간 전에, 501명의 배심원들은 그 재판의 개요를 들었다.

배심원들은 산만하게 떠들거나 위통에 대해서 투덜거리거나 판결이 끝나면 받게 될 그들의 임금에 대한 딴 생각을 하고 있지 않았다. 재판은 원고인 아폴로도르스가 피고인 네아이라(Neaira, 원래 발음은 네아이루흐neh-EYE-ruh라고 난다. 이 책에서는 영어 발음대로 '네아이라'라고 부르기로 한다—옮긴이 주)를 탄핵하면서 시작되었다.

"네아이라는 수십 명의 남자들과 술에 취한 채 섹스를 했습니다."

아폴로도르스는 배심원들에게 말했다. 그는 30년 전 네아이라가 참석했던 만찬에서 어떤 일이 벌어졌는지 자세히 설명했다.

"네아이라는 심지어 노예들과도 섹스를 했습니다."

그러고 나서 아폴로도르스는 그 당시 목격자를 증인으로 불러 자신의 말이 사실이라는 것을 입증하려고 했다. 방탕했던 네아이라의 젊은 시절에 관한 끔찍한 소문들을 확인하는 것은, 사실 이번 소송과는 전혀 관련이 없는 일이었다. 그러나 기원전 4세기경 아테네 법정에서 소송 당사자들은 가끔씩 자신의 논점을 부각시키거나 자기 주장의 사실을 확인하는 것보다 다른 일에 몰두하고는 했다. 그들이 이런 일을 하는 것은 소송 상대방에 대한 부정적인 이야기를 들추어냄으로써 배심원들이 자신의 적수를 싫어하게 만들기 위해서였다.

이 재판이 진행될 당시, 네아이라는 아테네에 살고 있는 외국인이었다. 그러나 이 맥락에서 그녀가 외국인이라는 사실은, 단지 그녀가 아테네 인이 아니라는 사실을 의미하는 것은 아니었다. 그녀는 메가라에서 아테네로 이주해왔다. 메가라는 그 당시 750개로 갈라져 있던 그리스의 도시국가들(폴레이스poleis, 폴리스polis의 복수형) 중 하나였다. (그리스 전체를 아우르는 통일 국가가 출현한 것은 그리스가 독립전쟁을 치른 19세기 초반의 일이었다.)

네아이라는 그리스의 펠로폰네소스 북동쪽에 자리 잡은 또 다른 도시국가인 코린스에서 자랐다. 그러나 우리는 그녀가 어디 출신인지에 대해서는 알지 못한다. 코린스는 지중해 무역을 하는 상인들과 무역 관련자들이 모여드는 항구를 갖고 있었고 그 덕분에 매우 번창한 곳이었다. 적어도 네아이라가 아주 어려서부터 코린스에서 살았던 것만은 확실하다. 어쩌면 그녀는 코린스에서 태어났는지도 모른다. 코린스에 살았기 때문에 네아이라는 유창하게 그리스 어를 구사할 줄 알았다. 그러나 그녀가 사용하는 말은 아테네 인이 사용하는 아티카 방언이 아니라 펠로폰네소스 지역에서 유행하는 도리아 방언이었다. 그렇기 때문에 그녀는 아테네로 이주한 다음에도 쉽게 그곳 사람들과 의사소통을 할 수 있었겠지만, 만약 그녀가 성년이 되어 자신의 발음이나 악센트를 바꾸지 않았다면 그녀의 말투는 본토박이 아테네 인의 말투와는 사뭇 달랐을 것이다.

네아이라는 아테네가 펠로폰네소스 전쟁(기원전 404년)에서 스파르타와 펠로폰네소스 연맹에 패한 후 20여 년이 지난 뒤에 태어났다. (앞으로는 특별히 다른 이유가 없을 때는 연도를 말할 때 기원전이란 말은 빼겠다.) 아폴로도르스와 네아이라의 재판은 343년과 340년 사이에 일어났다. 그 당시 네아이라의 나이는 오십대였다. 그녀는 인생의 많은 시간을 고급 창녀로서 일하며 보냈다. 그것은 그녀가 코린스에서 유곽을 경영하는 니카레테의 노예가 된 후, 자신의 의지와 상관없이 어쩔 수 없이 결정된 운명이었다. 네아이라는 여러 가지 면에서 성공했다. 그녀는 자신의 힘으로 자유를 얻었으며, 아테네 시민인 스테파노스Stephanos와 30년 동안 관계를 지속시켜왔다. 사실, 이 재판에서는 네아이라와 스테파노스가 어떤 관계를 맺고 있었느냐가 주된 쟁점이었다.

아폴로도르스는 법정 연설에서 네아이라가 아테네 시민인 스테파노스의 정부가 아니라 그의 아내로서 살았다는 것을 드러내려고 애썼다. 네아이라의 재판이 있을 당시, 아테네에서는 아테네 시민권을 가진 사람이 시민권이 없는 사람과 결혼하는 것을 법으로 금지하고 있었다. 비록 아테네 시민과 아테네 시민이 아닌 사람 간의 연인 관계까지 금지하지는 않았지만, 공식적인 부부가 되는 것은 불법이었다.

만약 이 재판에서 네아이라가 유죄 판결을 받으면 그녀는 다시 노예 신세로 전락하게 된다. 아테네 법정은 현재의 우리가 보면 지나치게 가혹하다고 생각되는 판결을 빈번하게 내렸다. 그뿐만 아니라 스테파노스 또한 솜씨 좋은 노동자가 2, 3년을 일해야 벌 수 있는 큰 돈을 벌금으로 물어야 했다.

아폴로도르스의 목적은 네아이라를 망가뜨리는 데 있지 않았다. 만약에 그가 배심원들을 설득해서 그녀를 다시 노예 신분으로 전락하게 만든다면, 그것은 그가 오래전부터 앙심을 품고 있던 스테파노스를 보기 좋게 상처 입히는 복수가 될 것이기 때문이다. 아폴로도르스와 스테파노스는 이미 전에 몇 차례 법정 다툼을 벌인 적이 있었다. 공개적으로 네아이라를 망신시키고 그녀의 과거에 있었던 선정적인 일들을 들춰내는 (혹은 만들어내는) 것은 단순히 네아이라의 연인에게 보복하기 위한 수단에 지나지 않았다.

네아이라에게는 미안한 일이지만, 아폴로도르스가 네아이라를 공격한 덕분에 그 재판으로부터 2500년이나 지난 지금 우리는 톡톡히 재미를 보고 있다. 이 재판 당시에 아폴로도르스가 법정에서 발표한 연설문이 지금까지 남아 있다. 그리고 이 연설문은 우리에게 아테네의 법률과 사회, 역사에 대한 정보를 제공해주는 중요한 원천이 되고 있다.

또한 그의 연설문은 아테네의 법률과 사회와 사뭇 다른 여러 가지 주제들에 대해서도 이야기하고 있다. 말하자면 매춘, 간통, 노예제도, 시민권 부여 절차, 종교행사, 사적인 중재, 살인죄 등등에 대해서 말이다. 적어도 네아이라의 인생에 대해서 알려진 정보들은 대부분 그의 연설문에서 나온 것이다. 네아이라는 고대 그리스에서도 평범하지 않은, 아주 보기 드문 인생을 살았던 여자였다.

아폴로도르스의 연설문은 지금까지 완벽하거나 약간 손상된 채 전해져 내려오는 100여 개 가까운 아테네 법정 연설문들 중 하나이다. 아테네에는 어림잡아 320명에서 420명 정도의 연설문 작가들이 있었다. 아마도 그들 중에 몇십 명은 그들 자신이나 다른 사람들이 법정이나 아테네 민회에서 발표할 연설문을 정기적으로 썼을 것이다. (고대 아테네에는 이것 말고도 또 다른 종류의 연설이 있었다. 그 중 하나는 웅변가들이 대중에게 즐거움을 주기 위해 발표하는 과시적인epideitic 연설이었다. 또 다른 하나는 아테네 군인들의 장례식 같은 특별한 행사에서 행해지던 연설이었다.)

아테네에 있었던 유명한 10명의 연설문 작가들이 썼던 연설문 혹은 그 작가들이 썼다고 추측되는 연설문들은 이미 그들이 살았던 시대에 모아져 보관되었다. 10명의 웅변가로 불리는 이들 기념비적인 연설문 작가들은 아에스키네스Aeschines, 안도시데스Andocides, 안티폰Antiphon, 데모스테네스Demosthenes, 디나르쿠스Dinarchus, 히페리데스Hyperides, 이사에우스Isaeus, 이소크라테스Isocrates, 리쿠르고스Lycurgus, 리시아스Lysias이다. (이들 중 리시아스는 나중에 다시 한 번 언급된다.)

웅변가 데모스테네스의 연설문으로 더 잘 알려져 있는 몇몇 개의 연설문들은 사실상 네아이라를 고소한 아폴로도르스가 작성한 것들이었다. 그는 종종 아티카에서 열한 번째로 훌륭한 웅변가로 불렸다. (예를 들자면, 라이오넬 피어슨Lionel Pearson은 1966년에 쓴 자신의 논문에 '아폴로도르스, 아티카의 열한 번째 웅변가'라는 제목을 붙였다.) 아폴로도르스가 네아이라와의 재판에서 사용한 연설문 또한 틀림없이 그가 쓴 원고일 것이다. (그리고 데모스테네스 작품 전집에 있는 다음의 여섯 개의 연설문은 아폴로도르스가 쓴 것이라는 주장이 일반적인 견해이다. 그 여섯 개의 연설문은 다음과 같다. 46「스테파노스를 반박하며II」, 49「티모테오스를 반박하며」, 50「폴리클레스를 반박하며」, 52「칼리포스를 반박하며」, 53「니코스트라토스를 반박하며」, 마지막으로 59「네아이라를 반박하며」)

현존하고 있는 다른 아테네 법정 연설문들처럼, 아폴로도르스의「네아이라를 반박하며」또한 어떤 목적을 위해 조심스럽게 작성된 것이다. 아테네의 재판 과정에서 소송 당사자들은 배심원들에게 왜곡된 정보를 말하는 일이 아주 흔했다. 그들은 토론 과정에서 법률을 잘못 적용하거나 자신의 목적을 위해서 사실과 반대되는 거짓말을 하는 경우도 있었다. 원고는 법정에서 심지어 배심원들을 혼란시키기 위해서 일부러 소송에 관련된 법률들을 잘못 적용시키거나, 고의로 피고의 과실을 과장해서 말하곤 했다. 또한 자신의 잘못에 대해 핑계를 대는 정도도 빼어난 수준이었다.

현대 민주주의 사회에 살고 있는 우리는 직업적인 판사의 감시 아래 진행되는 재판 과정에 익숙하다. 현대의 재판 과정에서 판사는 배심원들이 재판에 적용되는 법률들을 올바로 이해할 수 있도록 조언을 해준다. 그러나 아테네에는 이런 직업적인 판사들이 없었다. 소송 당사자들이 법정에서 논점을 잃어버리고 헤맬 때 그것을 막는 것은 판사석에 앉은 판사가 아니라 배심원들의 반응이었다. 배심원들의 반응은 여러 가지였는데, 그들은 지지하는 뜻으로 환호성을 지르거나 질문에 야유를 보내기도 하고 소송 당사자들에게 고함을 지르거나 최종 판결에 불만을 외치기도 했다. 아테네의 다른 웅변가들처럼 아폴로도로스 또한 자신이 필요하다고 생각했을 때, 그리고 그것이 들통나지 않을 것이라는 판단이 섰을 때 서슴지 않고 거짓말을 했을 것이다.

이 책은 네아이라의 인생 역정과 그녀의 가족사에 대해서 말해주고 있다. 그녀의 인생 역정과 그녀의 가족사에서 가장 큰 시련은 바로 아폴로도로스가 340년 무렵에 그녀를 고소한 사건이었다. 또한 이 책은 어째서 아폴로도로스가 스테파노스에게 원한을 품고 그 복수를 위해 네아이라를 고소했는지 그 이유를 주의 깊게 살피고 있다.

아폴로도로스의 연설문은 네아이라에게 지독하게 적대적이다. 그래서 우리는 그가 제공하는 네아이라의 정보에 대해 의심해보고 이치에 맞지 않는 것을 거부할 필요가 있다. 그럼에도 아폴로도르스의 연설문은 현재로서는 네아이라의 인생을 알려주는 주된 자료임에 틀림없다. 그가 우리에게 전하는 정보가 논리적으로 모순되지 않을 때, 그가 전하는 네아이라에 대한 정보가 다른 자료들과 일치할 때, 또 네아이라를 고소한 재판 과정에서 그가 구태여 거짓말을 할 필요가 없는 정보에 대해서는, 그가 우리에게 증언해주는 말을 상당히 신뢰해도 좋을 것이다.

그러나 네아이라의 삶 전체를 밝혀내기 위해서는 아폴로도르스 연설문 이외의 자료들의 도움이 필요하다.

이 책에 나오는 인용구에 대해서는 주석을 통해 따로 출처를 분명히 밝혔다. 또한 모든 그리스 어 번역은 나 스스로 한 것임을 밝힌다.

콘스탄티노스 카파리스Konstantinos Kapparis는 1999년도에 그리고 크리스토퍼 케리Christopher Cerey는 1992년도에 각각 이 연설문에 대한 책을 썼다. 그들은 아폴로도르스의 연설문 「네아이라를 반박하며」를 번역하고 거기다 자신의 주석을 붙였다. 최근에는 빅터 버스Victor Bers가 데모스테네스의 작품 선집에서 이 연설문과 아홉 개의 다른 연설문을 번역했다. 그가 번역한 연설문은 텍사스대학 출판부에서 발간한 고전 그리스 시리즈의 웅변가 편에서 찾아볼 수 있다.

그동안 연설문 「네아이라를 반박하며」는 데모스테네스 작품 전집에 포함되어 전해져 왔다. 그리고 앞으로도 연설문 「네아이라를 반박하며」의 원문과 번역문들은 아폴로도르스의 연설문이라는 이름이 아니라 데모스테네스의 전집에 있는 쉰아홉 번째 연설문으로 전해질 것이다.

독자들은 아마도 케리의 책 『고전시대 아테네의 재판들』에 관심을 갖고 있을지 모른다. 이 책은 다양한 작가들이 쓴 열여섯 개의 아테네 법정 연설문에 소갯글과 설명문을 달아 엮어놓았다.

고전 연구가들은 현대 언어로 고대 그리스에 대한 책들을 쓸 때, 어떤 음역音譯의 공식을 적용해야 하는가를 결정해야만 한다. 말하자면 페이라이에우스Peiraieus로 음역할 것인가 피라에우스Piraeus로 음역할 것인가, 에우니코스Eunikos로 음역할 것인가 에우니쿠스Eunicus로 음역할 것인가를 정해야만 한다. 나는 사람들이 많이 들어 익숙한 방식으로 음역했다. 그러기 위해서는 한 가지 음역의 공식만을 고집할 수 없었다. 그리고 아주 익숙한 개념이나 이름에 대해서는 라틴 어 방식의 철자를 사용했다. 예를 들어 나는 k대신 c를, os대신 us를 사용했다. 반면에 잘 알려져 있지 않은 단어는 직접 그리스 식 철자를 사용했다.

마지막으로 독자들의 편의를 위해 이 책에서 언급하게 될 고대의 화폐 단위를 요약해본다.

6오볼obols =1드라크마

1미나이mina =100드라크마

1탤런트talent =6,000드라크마

【제1부】

고급 창녀의 삶

제1장

포주 니카레테의 유곽

네아이라는 코린스에 있는 유곽에서 자랐다. 코린스는 그리스의 펠로폰네소스 지방에 있었는데, 그곳은 창녀로 유명한 곳이었다. 그래서인지 고대 그리스에는 코린스 지방에서 유래된 '코린시아제인' Korinthiazein이라는 동사動詞가 있었다. 이 동사는 '간음하다' 라는 뜻을 가지고 있다.

네아이라가 어떤 환경에서 자랐기에 유곽까지 오게 되었는지는 알려지지 않았다. 네아이라는 부모가 버린 아이였을 가능성이 크다. 이렇게 버려진 아이들은 운 좋게 다른 사람들이 발견하고 데려다 키우지 않는다면 그저 비바람 속에 죽어갈 신세였다. 그러나 네아이라는 아직 어렸을 때, 유곽의 주인인 니카레테에게 팔리고 만다.

니카레테는 주인에게 몸값을 치르고 해방된 노예 출신이었다. 아마도 그녀 역시 전직 창녀였을 것이다. 소문에 의하면 니카레테는 어린 여자

아이가 가지고 있는 잠재력을 알아보는 특별한 요령이 있었다고 한다. 50년 후 네아이라를 상대로 소송을 냈던 아폴로도르스는 재판정에서 이런 말을 한다.

"니카레테는 어린 여자아이가 커서 얼마나 예뻐질지를 꿰뚫어볼 만큼 영리했으며, 아이를 키워 솜씨 좋은 창녀로 만드는 법을 잘 알고 있었습니다." [주1)]

네아이라는 4세기 초에 태어났을 것으로 짐작된다. 그러니까 네아이라가 니카레테 유곽의 일원이 되었던 것은 390년대나 380년대 초반이었을 것이다. 아폴로도르스에 따르면 그녀는 사춘기가 되기 전부터 몸을 팔았다고 한다. [주2)]

네아이라는 니카레테 유곽의 유일한 소녀는 아니었다. 아폴로도르스에 따르면 니카레테의 유곽에는 네아이라처럼 매춘을 위해 키워진 다른 여섯 명의 소녀들이 있었다. 그들은 모두 네아이라와 같은 또래는 아니었다. 그녀들의 이름은 안테이아, 스트라톨라, 아리스토클레이아, 메타네이라, 필라 그리고 이스미아스였다. 그녀들이 그 당시에 유명한 창녀가 아니었다면 아폴로도르스는 그 이름을 언급하지도 않았을 것이다.

그녀들이 얼마나 유명했느냐 하는 것은 4세기의 몇몇 희곡들 제목이 '안테이아' 였다는 것만 봐도 알 수 있다. 희곡 시인 필레타이로스는 그의 희곡 『여자 사냥꾼Huntress』에서 니카레테의 유곽에 있던 세 명의 고급 창녀에 대해 언급했다. 그 희곡은 360년대에 쓰인 것으로 짐작된다. 그는 그 희곡에서 한 세대 전에 매춘을 했던 몇몇 여자들을 조롱했다.

"라이오스는 결국 오입을 하다가 죽지 않았습니까? 이스미아스, 네아이라, 필라는 너무 섹스를 많이 해서 몸이 닳아 없어질 지경이었습니다."

필레타이로스는 자신의 관객들 대다수가 이들 고급 창녀의 이름을 알고 있을 것으로 생각했을 것이다. 아폴로도르스가 재판정에서 니카레테의 유곽에서 일했던 소녀들의 이름을 언급한 것도 역시 같은 이유에서였다.[주3)]

전해 내려오는 이야기에 따르면, 니카레테는 네아이라와 다른 소녀들을 고객과 하인 앞에서 자기 딸들이라고 불렀다고 한다. 그것은 그 소녀들의 몸값을 높이는 한 가지 방법이었다. 고객은 노예보다는 자유인 소녀들과 잘 때 더 많은 돈을 지불해야만 했기 때문이다.

이렇게 속이 빤히 보이는 수법은 니카레테의 유곽이 코린스에 널리 펴져 있던 싸구려 유곽과는 달랐다는 것을 보여주는 수많은 증거들 중 하나이다. 요즘 말로 하자면, 니카레테는 '물 좋은 상품'을 고객들에게 제공했던 셈이다.

다양한 종류의 창녀들

현대 사회의 창녀들이 그렇듯이, 고대 그리스에서 창녀들은 여러 종류가 있었다. 창녀들의 종류는 명확히 분리되지는 않았지만 가격 면에서는 차이가 있었다. 창녀들 중 가장 낮은 부류에 속하는 것은 일반 매춘부들이나 거리에서 몸을 파는 창녀들이었다. 그들은 '포르나이' pronai라고 불렸다. (이 포르나이라는 단어에서 현대의 '포르노그래피' pornography라는 말이 유래되었다. 포르나이들은 노예들이 많았고 그래서 당연히 그들 중 다수는 그리스 출신이 아니었다. 그들 대부분은 발칸 반도 북쪽에 있는 트라키아, 혹은 지금의 터키 지역인 카리아처럼 그리스 어를 사용하지 않는 야만적인 지역에서 수입된 노예들이었다.)

이들 포르나이들은 그리스의 홍등가에서 일을 했다. 그들은 잠재 고객들을 유혹하기 위해서 진한 화장을 했고 선정적인 옷을 입었다. 어떤 포르나이는 짙게 화장하거나 유혹적인 옷을 입는 대신 자신의 직업을 알리는 신발을 신고 있었다. 그녀들은 밑바닥에 활자가 박힌 샌들을 신고 다녔는데, 그녀들이 그리스의 먼지 낀 비포장도로를 걸을 때마다 '아콜로우세이' akolouthei라는 글자가 찍혔다. '아콜로우세이' 는 '나를 따라오세요' 라는 에로틱한 메시지를 담고 있었다. 남자들이 쫓아오면 그녀들은 남자를 거리에서 벗어난 야외로 이끌었다. 그들은 사람들이 없는 좁은 골목에서 일을 치르거나 남자가 돈을 더 제공한다면 숙소를 빌려 정사를 벌였다. [주4)]

반면 어떤 포르나이들은 '수풀을 헤치는 여자' chamaitype라고 불렸다. ('땅을 고르는 여자'는 매춘부들에게 붙여진 또 다른 이름이었다.) 그녀들에게 그런 이름이 붙여진 것은 그들이 고르지 않은 수풀이나 땅에서 일을 치렀기 때문이다. 이처럼 유곽 밖에서 일하는 창녀들은 아주 싼값에 자신의 성적 서비스를 팔아야 했다.

이런 창녀들은 사회적 체면을 지키는 것에는 그다지 관심이 없었다. 희곡 시인 크세나르코스는 매춘부들이 전시된 유곽을 이렇게 묘사했다.

"작렬하는 태양 아래에서 벌거벗은 매춘부들이 반원을 그리며 서 있었다."

창녀들은 유곽의 창문이나 옥상 위에서 손짓을 하며 지나가는 행인들을 유혹했다고 한다. 그것은 존경받은 여자들이라면 꿈에도 생각할 수 없는 행위였다.

예를 들어보자. 리쿠르고스는 마케도니아의 왕 필리포스2세가 아테네를 점령한 이후 아테네 자유인 여자들의 행동을 이렇게 묘사하고 있다.

"(마케도니아 군에게 아테네 연합군이) 패배했다는 끔찍한 소식이 아테네 사람들에게 전해졌다. 아테네 여자들은 전쟁터에서 누가 전사했는지 알아내기 위해서 안달이었다. 아테네 여자들은 전쟁 소식을 듣기 위해서 쉰 살 이상 된 남자들을 찾아야 했다. 왜냐하면 자유인 여자들은 쉰

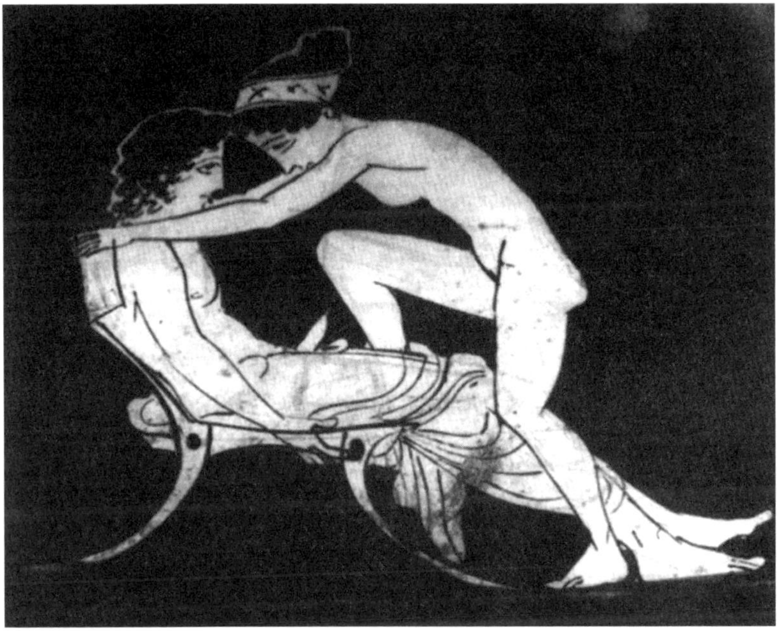

(사진1) 한 여자가 성기가 발기된 남자의 무릎 위로 올라가고 있다. 이 그림이 그려진 화병은 5세기 후반에 제작된 것으로 보인다. 베를린 스타트리체 박물관 소장.

살 이상의 남자하고만 대문 앞에서 이야기를 나눌 수 있다고 정해져 있었기 때문이다. 그녀들은 문 밖에 서서 쉰 살 이상 된 남자들에게 고개를 숙인 채 자기 남자가 살아있는지 물었다. 어떤 여자는 자기 남편의 생존을 물었고, 어떤 여자는 아버지나 남자 형제들의 생사를 물었다. 질문을 던지는 여자들의 태도는 자신은 아무 가치도 없으며 이 도시에서 아무 쓸모없는 존재라는 것을 인정하는 듯 공손하기 그지없었다." 주5)

(사진2) 여성이 상위에 있는 또 다른 체위. 대영박물관 소장.

포르나이는 한 번 섹스할 때마다 고객에게 돈을 받았다. 그 가격은 매춘부가 누구냐에 따라, 그녀가 어떤 성적 서비스를 제공하느냐에 따라 다양했다. 특히 매춘부가 고객에게 어떤 체위로 섹스를 해주느냐가 가격에 큰 영향을 미쳤다. 가장 인기가 좋고 값이 비싼 체위는 '경주마' 라는 것이었는데, 그것은 여자가 남자 위에 올라타는 체위였다. [(사진1, 2)]

가격은 주로 1오볼이나 1드라크마 사이에서 책정되었다. 때로는 그보다 약간 높은 경우도 있었다.

참고삼아 말하자면, 6오볼은 1드라크마에 해당된다. 그리고 이 가격은 그 당시 숙련된 노동자가 하루에 버는 임금의 $\frac{1}{9}$에서 $\frac{2}{3}$에 해당된다. 그 당시 숙련된 노동자의 하루 임금은 평균적으로 1드라크마에서 1.5드라크마 사이였다. [주6)]

포르나이보다 더 높은 부류의 창녀들은 '아우레트리데스' aulertrides였다. '아우레트리데스' 는 부정확하기는 하지만 보통 '피리 부는 소녀' flute-girls라고 번역되었다. 그녀들은 음악으로 고객들을 즐겁게 해주고 거기에 덧붙여 고객이 돈을 내면 성적인 향응을 제공하기도 했다. 그녀들은 '아우토스' autos라고 하는 리드가 두 개 달린 관악기를 연주했다. 이 악기의 소리는 지금의 오보에 소리와 비슷하다.

이 악기는 향연 때마다 연주되었다. 그리스의 향연은 본질적으로 술을 먹고 마시는 파티였다. 여염집 여자들은 참가할 수 없었던 이러한 향연에서 남자들은 대화와 노래를 즐겼고 때로는 피리 부는 소녀들과 고급 창녀를 불러 여흥을 즐겼다.

플라톤의 저서 『향연Symposium』에는 이러한 파티에 대한 설명이 있다. 그러나 플라톤은 이러한 향연이 가지고 있는 흥청망청한 축제 분위기를 너무 점잖게 그리고 있다. 플라톤의 『향연』에서는 손님들 중 한 명의 요청으로 향연의 참가자들이 피리 부는 소녀를 내보내고 참가자들끼리 대화를 통해 여흥을 즐기는 것으로 묘사된다. 아테네의 역사학자 크세노폰은 칼리아스 사람(아테네는 자신의 행정 구역을 '데모' deme로 나누었다. 그리고 사람들은 자신이 속한 데모 이름을 자신의 성으로 썼다. 따라서 칼리아스 데모에 살았던 사람들의 성은 칼리아스다—옮긴이 주)의 집에서 벌어진 향연을 묘사하고 있다. 그러나 그가 그리고 있는 향연의 모습은 플라톤이 묘사한 것보다 훨씬 세련되지 못했다. 소크라테스를 비롯해서 칼리아스 집에 모인 손님들은 피리 부는 소녀들과 어울리면서 여흥을 즐겼다. [(사진3, 4)]

테이블의 음식이 치워지자 그들은 축제의 술을 붓고 찬가를 불렀다. 시라쿠스 사람이 여흥을 위해 들어왔다. 그는 피리 부는 소녀들과 곡예 동작을 펼치는 무용수들과 함께 공연을 했다. 그리고 아주 매혹적인 젊은 소년이 리라를 연주하며 춤을 추었다. …… 그들은 자신의 청중을 즐겁게 하려고 온갖 기술을 다 부렸다. 그러자 소크라테스가 말했다.

"제우스에게 맹세컨대, 칼리아스 그대는 우리를 흡족하게 만들었네. 자네는 우리에게 훌륭한 저녁 식사만 제공한 것이 아니라 가장 아름다운 음악과 춤을 보여주었네." [주7)]

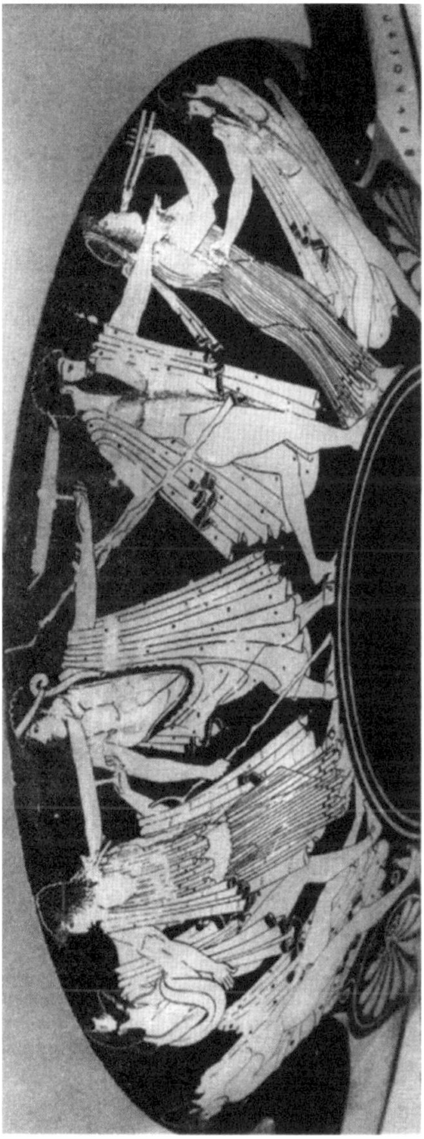

(사진3) 헤타이라와 더불어 흥청거리는 사람들, 그리고 그들과 함께 있는 피리 부는 소녀.(오른쪽에서 두 번째 인물) 마틴 폰 바그너 박물관, 뷔르츠부르크 대학 소장.

(사진4) 6세기 후반에 제작된 것으로 보이는 화병에 그려진 향연 장면. 왕립 예술과 역사 박물관 소장.(브뤼셀)

크세노폰의 저서에는 향연에서 공연했던 사람들이 성적 서비스까지 제공했다는 이야기는 없다. 아리스토파네스의 희곡 『말벌Wasps』을 보면, 향연에 참가했던 피리 부는 소녀들이 성적 서비스를 제공했다는 암시가 있다. 이 희곡의 끝부분에서 필로크레온이라는 인물은 피리 부는 소녀에게 눈짓을 보내 그녀를 향연이 벌어지는 곳에서 데리고 나온다. 그리고 그녀에게 이렇게 말한다.

"알고 있겠지? 내가 너에게 그 장소를 떠나자고 눈짓을 보낸 것이 얼마나 영리한 짓이었는지를. 그렇지 않았다면 너는 지금쯤 연회에 왔던 그 인간을 빨고 있었을 거야."

아리스토파네스가 소피스트들의 만찬에 대해 이야기한 바에 따르면, 향연에 참석한 피리 부는 소녀들은 그날 저녁 늦게 벌어지는 경매에서 가장 높은 값을 쳐주는 경매자를 따라가는 것이 관습이었다. [주8)]

4세기 무렵 아테네에서는 이런 피리 부는 소녀들의 경매 상한가를 법으로 제한했다. 아테네의 수많은 관리들 중에는 열 명의 아르콘이 있었는데 그들의 임무 중 하나는 피리 부는 소녀, 하프 타는 소녀, 리라 타는 소녀들이 하룻밤의 여흥으로 2드라크마 이상 받지 못하도록 감시하는 것이었다. 아테네의 헌법에는 이런 문구가 있다.

"만약 한 사람 이상의 남자가 한 (피리 부는) 소녀를 고용하기를 원할 때는 파티를 관리하는 아르콘이 제비뽑기를 실시한다. 그리고 아르콘은 제비뽑기에서 승리한 자가 그 소녀를 고용하도록 한다."

아테네의 헌법은 아테네 정치 시스템의 기록이자 역사였다. 아테네의 헌법은 아마도 아리스토텔레스의 제자였을 것으로 추정되는 사람에 의해 4세기 후반에 만들어졌다. [주9]

피리 부는 소녀의 서비스 가격을 법으로 정하고 제비뽑기를 하도록 한 것은 그녀들을 차지하기 위해 남자들 사이에서 일어날지도 모르는 격한 싸움을 막기 위해서였다. 그러나 아테네 남자들이 모두 착실히 이런 법을 지켰던 것은 아닌 모양이다. 320년대 웅변가 히페리데스가 했던 연설 중에는 법으로 책정된 상한가보다 높은 가격을 주고 그녀를 차지하려 했던 남자의 이야기가 나온다.

기록에 나오지는 않았지만, 이런 식으로 그 법률을 어긴 사람이 한 둘이 아니었을 것이다. 적어도 피리 부는 소녀 중에 일부는 법으로 정한 상한가보다 큰 돈을 받고 고객의 집에 갔을 것이다. 또한 상한가를 2드라크마로 제한한 것은 성적 서비스의 대가가 아니라, 그날 저녁에 음악으로 여흥을 돋워준 대가였는지도 모른다. 따라서 피리 부는 소녀는 성적 서비스를 제공한 뒤 따로 경비를 청구했을지도 모른다. [주10]

창녀들 중 가장 높은 부류의 고급 창녀들은 가장 낮은 부류의 창녀들처럼 성행위를 할 때마다 돈을 받는 것이 아니라, 하룻밤이나 그보다 더 긴 시간 단위로 돈을 받았다. 피리 부는 소녀는 가장 낮은 부류의 창녀들과 가장 높은 부류의 창녀들 사이에 있었다. 이런 고급 창녀들은 '헤타이라' hetaira라고 불렸으며 문자 그대로 그녀들은 '여성 동반자' 였다. 그녀들은 향연에서 남자 친구와 교제를 나눴으며 함께 축제와 같은 이벤트를 즐겼고, 남자 친구의 고객을 대화나 섹스로 기쁘게 해주는 역할을 했다. 많은 헤타이라는 음악가였다. 그들은 일반적인 포르나이보다 훨씬 많은 대가를 요구했다. 기록에 보면, 그녀들과 하룻밤을 보내기 위해서는 10드라크마 이상의 돈을 지불해야만 했다. 주11)

가장 우아한 헤타이라의 경우, 제공된 성적 서비스와 지불된 돈 사이의 관계가 명확하지 않았다. 남자들이 그녀에게 선물을 하면 그녀는 그저 호의만을 표시할 뿐이었다. 헤타이라와 고객 사이의 진정한 관계의 본성은 말로 표현하기에는 너무 불분명하다. 크세노폰은 자신의 저서 『소크라테스의 회상』에서 소크라테스와 고급 창녀 테오도테의 만남에 대해서 이야기하고 있다. 테오도테의 고객들이 그녀에게 어떻게 생계를 유지하냐고 질문하자, 그녀는 자기 사업에 대해서 단지 암시만 주었다.

"어떤 사람이 내 친구가 되고 내게 잘해주면 그가 나의 생계 수단이 됩니다."

그녀는 고급 창녀의 사업의 일면에 대해서 명확히 밝히는 것을 피했다. 그녀들은 명백하게 돈을 요구하지 않았고 포르나이와 같이 내다파는 상품처럼 수치심 없이 자신을 내주지도 않았다. 높은 부류의 창녀들은 그들이 남자들과 교제하기 위해 꼭 필요한 사회적 체면이라는 허식을 유지했다. 그리고 확실한 것은 가장 성공적인 헤타이라는 포르나이와 달리 자신이 호의를 베풀 남자를 선택할 수 있었다. 그리고 그들에게는 언제 어떤 조건 아래서, 그 남자가 자신에게 보냈던 관심에 대한 대가를 주어야 하는지를 결정할 여지가 있었다.[주12)]

아마도 네아이라와 그녀의 동료들은 헤타이라만큼 자유를 즐기지는 못했을 것이다. 이번 장의 끝부분에서 살펴보게 되겠지만, 니카레테의 유곽에서 네아이라가 영위한 삶에 대해 우리가 알 수 있는 것은 유곽에 있는 소녀들은 코린스의 매춘부들보다 비싸고 인기가 좋았다는 것뿐이다. 그리스 전역에서 몰려든 유력자들을 즐겁게 해주는 것이 네아이라와 그녀 동료들의 일이었다.

창녀들의 효용가치

고대 그리스에서 한 남자가 여성 매춘부의 서비스를 받고 싶다면 그가 선택할 수 있는 여자의 범위는 다양했다. 물론 그는 여성 매춘부뿐만 아니라 남성 매춘부의 성적 서비스를 받을 수도 있었다. 더군다나 매춘은 완벽하게 합법적인 사업이었다. 사실상 매춘부는 아테네 정부에 세금을 내야만 했다. 정부가 매춘사업을 단속해야겠다는 아무런 의지도 보이지 않은 것은 당연한 일이었다. 매춘부에게 성을 사는 것은 법률에 의해 합법적인 행위로 인정받았다. 또한 크게 볼 때 그것은 그 시대를 살았던 그리스 사람들의 일반적인 생각이기도 했다. 한 남자가 그의 육체적 즐거움을 만족시키기 위해 매춘부를 지나치게 자주 찾는 바람에 그가 받은 유산을 탕진했다면 그는 자기 통제력이 부족한 사람이라고 비난받았다. 그러나 그리스 남자들이 사리 판단을 잃지 않는 수준에서 매춘부를 찾고 그녀를 후원하는 것은 부끄러운 일이 아니었다. 매춘부들이 아니라면 그리스 남자들이 어디서 육체적 쾌락을 충족시킬 수 있었겠는가? [주13)]

성적인 면에 있어서 그리스 사회는 현대 사회와 많이 달랐다. 현대 사회에서는 성적으로 자유로운 여자들이 자신과 결혼하지 않은 남자들과 정기적으로 섹스를 한다. 그러나 고대 그리스 사회에는 현대 사회처럼 성적으로 자유로운 여자들이 없었기 때문에 매춘부들이 남자들이 필요로 하는 성적 서비스를 제공했다. 고대 그리스에서 섹스를 하고 싶은 욕망에 사로잡힌 남자에게는 그것을 해소할 방법이 몇 가지 밖에 없었다.

그런 남자들은 남자 애인을 찾아 호모 섹슈얼한 관계를 맺을 수도 있었다. 자신의 집에서 일하는 여자 노예 혹은 남자 노예들을 통해서 성적 욕망을 해소할 수도 있었다. 그러나 노예들과 섹스를 한다는 것은 항상 매력적인 일이 아니었다. 왜냐하면 그는 함께 잔 노예를 다른 곳에 팔 수 없었기 때문이다. 남자 주인과 같이 잔 노예는 남자 주인의 여자 친척들과 함께 그의 팔꿈치나 마사지하며 그의 집에 영원히 머물 권리가 주어졌다.

남자 애인을 만들거나 집안의 노예와 섹스하고 싶지 않다면 그가 성적 욕구를 풀 수 있는 방법은 남자 혹은 여자 매춘부를 사는 길밖에 없었다. 존경받는 여염집 여자와 섹스를 한다는 것은 아주 지독한 난봉꾼이 아니라면 감히 생각할 수도 없는 일이었다. 친척이 아닌 여염집 여자와 손을 잡고 걷는다는 것은 꿈조차 꾸기 어려운 일이었다. 주14)

고대 그리스에서는 남자가 여염집 여자를 애인으로 둔다는 것은 근본적으로 불가능했다. 여염집 여자를 만날 기회가 없는데 도대체 어떻게 남자들이 여염집 여자들과 사귈 수 있겠는가? 매춘부가 아닌 자유인 여자들은 거리나 시장에 나오지 않았다. 고대 그리스에서는 자유인 여자는 집안에 머물면서 집안일을 하는 것이 이상적이라고 여겨졌다. 그들은 집에서 양털로 실을 뽑거나 집안에서 일하는 노예들을 감시하거나 집안에서 필요한 허드렛일을 했다.

물론 고대 그리스의 일반적인 여자의 삶은 스파르타의 여자에게는 적용되지 않았다. 스파르타 여자의 삶은 다른 그리스 도시국가 여자들의 삶과 매우 달랐다. 스파르타의 여자들은 다른 도시국가의 여자들과 달리 더 많은 자유가 허용되었으며 남자들과의 교제도 가능했다.

그러나 스파르타를 제외한 다른 도시국가의 여자들은 집안에 머물면서 친척이 아닌 남자들과의 접촉을 최대한 피했다. 친척이 아닌 남자가 그들 집에 저녁만찬의 손님으로 초대된다면, 여자들은 그가 집을 방문하는 동안 집안에 있는 여성들만의 구역에 머물러 있어야만 했다. 주15)

그렇기 때문에 남자가 친척이 아닌 여염집 여자 중에서 예쁘기까지 한 여자를 만날 가능성은 아주 적었다. 그러나 그런 경우가 전혀 없는 것은 아니었다. 부잣집 여자들과 달리, 집 밖으로 심부름 보낼 노예들이 적었던 가난한 여자는 어쩔 수 없이 집 밖에서 볼일을 볼 수밖에 없었다. 여염집 여자들 중에서도 가난한 집안 형편 때문에 공공장소에서 일을 해야 하는 여자들도 있었다.

예를 들어, 우리는 에우시테오스의 어머니가 340년대에 아테네 시장에서 리본을 팔았다는 것을 알고 있다. 340년대라면 네아이라가 재판을 받기 몇 년 전이 일이다.[주16] 아무리 여성들의 삶이 남성 사회와 엄격하게 분리되어 있었다고 해도, 여자들이 집이라는 제한된 구역을 잠시 동안 벗어나야만 할 경우가 있었다. 그리스 여자들도 축제에 참여했고 장례식에 참석해서 죽은 사람을 애도했다. 그리고 종종 이웃을 방문하기도 했다. 이런 경우 여염집 여자들도 친척 아닌 남자들에게 모습을 드러냈다.

공공장소에서 한 번 본 여자에게 연정을 품게 된 남자는 그녀를 한 번 더 만나기 위해 음모를 꾸몄다. 보통 이럴 때 남자는 여자 노예를 중개자로 이용한다. 여자 노예는 동반자 없이도 거리를 마음대로 걸어다닐 수 있었기 때문이다.[주17]

남자가 중개자를 이용해 여염집 여자와 밀회 약속을 잡는다고 해도 넘어야 할 장벽이 한둘이 아니었다. 여염집 여자를 유혹하기 위해서는 병참학이라도 써먹어야 할 판이었기 때문이다.

희곡 작가 크세나르코스는 그의 희곡 『펜타트룸Pentathlum』에서 매춘부에게 성을 사는 것에 대한 이점들을 이렇게 말하고 있다. 유곽을 찾는 고객들은 '비밀리에 사다리를 세울 필요도, 또는 지붕 위에서 굴뚝을 타고 내려갈 필요도, 또는 곡물 껍질 사이에 숨어 집에 들어갈 필요도 없다.' 그러나 만약 매춘부를 찾는 대신, 다른 남자의 아내나 딸에게 욕정을 풀고 싶은 사람은 이 복잡한 트릭을 사용해야만 했다. 주18)

이러한 일탈 행위는 희곡의 소재가 되곤 했다. 모험을 즐기지 않는 지금 우리로서는 여염집 여자를 만나기 위해 남자들이 그 정도의 고난을 무릅썼다는 것이 쉽게 믿어지지 않는다. 여염집 여자와 하룻밤을 자기 위해서는 공공장소에서 마음에 드는 여염집 여자를 찾아내고, 그녀와 밀회 약속을 잡고 마지막으로 그녀를 유혹하는 복잡하고 고된 과정을 거쳐야 한다. 과연 그것이 그만한 가치가 있는 일일까? 물론 우리는 이런 복잡하고 고된 과정을 거쳐 여염집 여자를 유혹해낸 남자들이 있다는 것을 안다.

현재까지 남아 있는 웅변가 리시아스의 연설문 「에라토스테네스 살인 사건에 대하여」를 보면 매우 흥미로운 사건이 나온다. 그 사건은 결혼한 여자가 다른 남자와 위험스러운 정사에 휘말린 것이 발단이었다. 에라토스테네스라는 남자는 시어머니 장례식에 참석한 그녀를 보고 한눈에 반하고 만다. 기록에 따르면, 에라토스테네스는 습관적으로 여염집 여자들을 유혹하고 다녔던 사내였다. 그는 계속 중개자 역할을 하는 노예 소녀를 보내 그녀에게 구애를 했다. 결국 그들은 정사를 치르는 사이로 발전한다. 그들의 만남에는 희극적인 요소가 있는데, 기록에 따르면 이 커플은 아래층에 남편이 머물고 있는 동안 그 집 이층에서 한 번 이상 정사를

벌였다는 것이다.[주19)]

여염집 여자를 유혹하는 데 따르는 두 번째 문제는 그런 짓을 하다 잡히면 여자의 보호자에 의해 죽거나 그에 상응하는 처벌을 받는다는 것이었다. 에라토스테네스는 결국 붙잡혀 처벌을 받고 말았다. 우리는 제4장에서 화가 난 가장이 자기 집 여자가 다른 남자와 밀회하는 것을 발견했을 때 어떤 종류의 처벌을 내리는지 살펴볼 것이다. 그러니 여기서 독자들은 최악의 난봉꾼만 제외하고 보통 남자들은 처벌받을지 모른다는 두려움 때문에 여염집 여자를 유혹하는 것은 꿈도 못 꾸었다는 사실만 알고 넘어가길 바란다.

이러저러한 점을 고려해볼 때, 남자들이 자신의 성적 욕구를 풀 수 있는 가장 쉽고 가장 덜 위험한 방법은 '나를 따라오세요' 라고 적힌 발자국을 따라가거나 가장 가까운 유곽을 찾는 것이었다.

어떤 고객의 일대기

니카레테의 유곽을 정기적으로 들락거리는 남자들 가운데 앞서 말한 간통 사건과 관련이 있는 사람이 있었다. 그 사람이 바로 「에라토스테네스 살인 사건에 대하여」를 쓴 웅변가이자 대중 연설문 작가인 리시아스였다. 에라토스테네스는 자신과 정을 통한 여자의 남편의 손에 죽었고 그 여자의 남편은 그 때문에 살인죄로 기소되었다. 리시아스는 법정에서 에

라토스테네스를 죽인 그 남편을 변호했다. (사진5)

리시아스는 네아이라의 자매 메타네이라의 단골손님이었다. 그는 네아이라의 인생이라는 드라마에서 작은 역할을 했다. 네아이라는 리시아스 덕분에 아마도 처음으로 아테네를 방문할 기회를 얻었기 때문이다. 아테네는 코린스로부터 육지로 50마일(약 80.5킬로미터) 떨어진 곳에 있었다.

380년대에 리시아스는 몇 번이나 메타네이라에게 특별한 무언가를 선물로 주었던 모양이다. 그는 이미 그녀에게 많은 양의 돈을 선물했다. 그러나 그는 그가 아무리 많은 돈을 메타네이라에게 주어도, 그 돈은 메타네이라가 아니라 그녀의 포주이자 양어머니인 니카레테의 주머니 속으로 들어간다는 사실을 깨달았다. 그는 돈을 주는 대신, 메타네이라를 아테네에서 열리는 엘레우시스 제의에 데려가기로 마음먹었다.

엿새 동안 열리는 엘레우시스 제의는 여신 데메테르를 기리는 행사였다. 리시아스는 그녀를 이 제의에 초대하고 그에 따른 경비를 지불했다. 이 축제의 가장 유명한 행사는 바로 퍼레이드였는데, 사람들은 아테네에서 아티카에 있는 엘레우시스까지 14마일이나 되는 거리를 행진했다. 이 축제의 절정은 마지막 날에 있는 '입문제의' initiation ceremony였다. 이 입문제의는 그 이상 알려지지 않았다. 제의에 입문한 사람들은 심지어 다른 입문자에게도 제의의 상세한 부분에 대해 비밀을 지킬 것을 요구받았다. 이렇게 엄중하게 입문제의의 과정을 비밀에 부쳤기 때문에 데메테르 축제

(사진5) 웅변가 리시아스의 흉상. 그는 많은 작품을 남긴 연설문 작가이자 30인의 참주의 희생자이며 네아이라의 동료 메타네이라의 연인이기도 했다. 로마 카피톨리니 박물관.(이 사진은 같은 박물관의 고대 사진관에 있는 원판에서 가져온 것이다.)

는 신비제의라고도 불렸다. 그리스 어로 '신비' mysterion는 '손으로 자신의 입을 막다' 라는 뜻을 가진 동사 Myein에서 파생되었다고 한다.[주20)]

그런데 리시아스와 메타네이라는 단 둘이서 데메테르 축제가 열리는 아티카로 여행할 수는 없었다. 니카레테는 자신의 상품인 메타네이라가 혹여 도망가지 못하도록 감시하기 위해 그들의 여행에 따라나섰기 때문이다. 그리고 네아이라 역시 그들의 여행에 동참했다. 네아이라는 그 당시 열두 살이나 열세 살쯤 되었다. 그리고 앞서 이야기했듯이, 그녀는 이미 매춘부로서 자신의 몸을 팔고 있었다. 리시아스는 메타네이라, 니카레테, 네아이라 일행을 자신의 독신자 친구의 집에 머물게 했다. 그것도 그럴 것이 그는 이미 결혼을 했고 자기 집에서 어머니를 모시고 살았기 때문이다.[주21)]

그럼 여기서 리시아스의 삶과 경력에 대해서 보다 자세한 이야기를 살펴보자. 내가 리시아스라는 인물에 관심을 갖게 된 것은 순전히 네아이라의 생애를 조사하면서부터다. 적어도 그의 삶을 살펴보면, 니카레테의 유곽에 드나들었던 손님들이 어떤 부류의 사람들이었는지 추측할 수 있기 때문이다. 사실 그런 이유를 떠나서도 리시아스의 인생은 아테네의 역사에서 가장 드라마틱했던 사건을 잘 보여주고 있다. 그런 점에서도 리시아스가 겪었던 사건들을 알아볼 필요가 있다.

리시아스는 아테네 인이 아니라 아테네에 거주하는 외국인이었다. 외국 국적을 가진 자유인들은 아테네에 거주하면서 일을 할 수 있었다. 그러나 그들에게는 시민권이 없었기 때문에 아테네 시민들처럼 투표로 공직자를 뽑거나 자신이 직접 공직에 출마할 권리는 없었다. 훗날 네아이라 역시 거주-외국인의 신분으로 아테네에서 살게 된다. 리시아스의 아버지 케팔로스는 그가 태어나기 전에 시라쿠스(시실리아)에서 아테네로 이주해왔다. 그의 가족은 부유했다. 그의 가족의 수입원 중 일부는 페이라이에우스에 있는 방패 공장에서 나온 것이었다. 페이라이에우스는 아테네 항구에서 가까운 곳이었다. 그래서 그의 가족도 페이라이에우스에서 살았다.

페이라이에우스는 플라톤의 고향으로 그의 저서 『국가Republic』의 배경이 되는 곳이기도 하다. 이곳은 플라톤의 드라마틱한 저서 『국가』 덕분에 아직까지도 잊혀지지 않고 기억되고 있다. 그런데 『국가』의 도입부에는 철학자 소크라테스와 클라콘 데모 사람(플라톤의 형제)이 페이라이에우스를 방문하는 이야기가 나온다. 그들은 페이라이에우스를 방문하는 동안 우연히 리시아스의 형 폴레마르코스를 만난다. 폴레마르코스는 소크라테스와 클라콘에게 자신과 함께 자기 아버지 집에 가자고 조른다. 플라톤은 『국가』에서 소크라테스가 폴레마르코스의 아버지 집을 방문했을 때의 일을 이렇게 묘사하고 있다.

“우리는 폴레마르코스의 집에 갔다. 그리고 그곳에서 그의 형제 리시아스와 에우시데모스를 만났다. …… 폴레마르코스의 아버지 케팔로스도 집에 있었다. 나는 한동안 그를 보지 못했기 때문에 내 눈에는 그가 많이 늙은 것처럼 보였다. 그는 쿠션이 있는 의자에 앉아 있었다. 머리에 화관을 쓰고 있었는데, 그것은 그가 마당에서 희생 제물을 바쳤기 때문이다. 우리는 그의 옆에 앉았다. 그곳에는 쿠션들이 원형으로 깔려 있었다. 케팔로스는 내게 인사하며 말했다. '소크라테스, 왜 페이라이에우스에 자주 들르면서 우리 집을 방문하지 않았나? 앞으로는 자주 찾아오게나.'"

그것은 매우 정겹고 또한 일상적인 광경이었다. 그런 일이 있은 후 1년도 못 돼 폴레마르코스가 충격적인 사건에 휘말려 죽고 만다. 그는 아테네를 짧은 기간 동안 점령했던 독재 정부에 의해서 처형당하고 말았던 것이다. [주22)]

그리스의 주도권을 놓고 아테네를 중심으로 한 연맹과 스파르타를 중심으로 한 연맹이 싸웠던 펠로폰네소스 전쟁이 끝난 것은 404년의 일이었다. 전쟁에 진 아테네는 스파르타에 항복했다. 스파르타는 아테네에 30인의 귀족들을 중심으로 한 과두정권을 세웠다. 그러나 그들 30인이 얼마 못 가서 30인의 참주(독재자)라는 악명을 얻었다. 30인의 참주가 집권한 짧은 기간 동안 그들은 아테네에 거주하는 1,500명의 사람들을 처형했다. 30인의 참주는 전문 협박자들sykphantai과 다른 종류의 불량배들을 아주 효과적으로 이용했다. 전문 협박자들과 불량배들은 아테네에 거주하는 돈 많은 외국인들을 협박해 돈을 갈취하는 데 아주 뛰어난 능력을 보였기 때문이다. [주23)]

여기서 잠시 403년에 리시아스가 작성한 것으로 보이는 연설문을 살펴보도록 하자. 그것은 30인의 참주 중 하나였던 사람을 고소하는 글이었다. 그 연설문 속에서 리시아스는 자신을 죽이려고 했던 30인의 과두정부의 손아귀에서 탈출했던 그날 밤의 일을 이야기하고 있다. 그의 말에 따르면, 30인의 참주 중 몇 명이 그의 집을 찾아왔고 그는 그들을 위해 여흥을 벌여 대접했다. 그러나 그들은 리시아스의 친구들을 내쫓고 그를 30인의 참주 중 하나인 페이손에게 넘겼다고 한다. 리시아스는 자신의 생명을 구하기 위해 1탤런트의 은을 내놓아야 했다. 그것은 아테네의 숙련된 노동자가 한 푼도 안 쓰고 10년 동안 일해야 모을 수 있는 돈이었다. 1탤런트는 약 6,000드라크마에 해당된다.

그러나 페이손은 거기서 끝내지 않았다. 그는 세 차례나 더 리시아스의 가족들에게 돈을 요구했다. 그는 리시아스의 도주를 돕겠다고 약속했다. 그러나 곧 페이손이 한 말은 거짓임이 밝혀진다. 그는 리시아스가 도망치게 도울 생각이 없었던 것이다. 리시아스가 페이손과 함께 집에서 도망치자마자, 곧 그들을 기다리고 있던 다른 두 명의 참주가 나타났다. 페이손은 리시아스를 다른 두 명의 참주에게 넘기고는 서둘러 리시아스의 형 폴레마르코스의 집에 재산을 빼앗으러 갔다.

그 후 리시아스는 그의 지인인 담니포스의 집으로 끌려갔다. 30인의 참주 중 한 사람이 담니포스의 집에 사설 경비대를 동원해 리시아스를 감시했다. 그러나 리시아스는 운 좋게 감시를 뚫고 그곳에서 도망칠 수 있었다. 담니포스는 얼마만큼의 뇌물을 주면 리시아스에게 자유를 줄 것인지 알아보기 위해 참주 테오기니스를 찾아갔다. 담니포스가 외출하자 리시아스는 뒷문을 통해 달아났다. 아테네 사람들 집에는 보통 뒷문이라는 것이 없었다. 그래서 30인의 참주가 보낸 경비원들은 그가 뒷문을 통해 달아날 것이라고는 생각하지 못했다. 리시아스는 그때 일을 이렇게 적고 있다.

"담니포스가 테오기니스와 이야기를 나누고 있을 무렵, 나는 내가 담니포스의 집 구조를 잘 알고 있다는 사실이 떠올랐습니다. 여러분도 아시겠지만, 담니포스의 집에는 뒷문이 하나 있었습니다. 나는 이곳에서 도망쳐 내 목숨을 구해야겠다고 결심했습니다. 그때 내 생각은 이랬습니다. '여기서 도망친다면 나는 목숨을 구하게 될 것이다. 행여 도망치다가 붙잡힌다고 해도, 담니포스가 뇌물로 테오기니스의 마음을 돌릴 수 있다면 나는 석방될 것이다. 그러나 담니포스가 뇌물로 테오기니스를 설득하는 데 실패한다면 나는 여기 있으나 도망치다 잡히나 결국 죽게 될 것이다.' 이런 생각들이 내 마음 속에 떠오르자 나는 더 이상 망설일 필요가 없었습니다. 그때 참주가 보낸 경비원이 담니포스의 집 대문을 철통처럼 지키고 있었습니다. 나는 집 뒤로 이어진 세 개의 문을 통과했습니다. 경비원들은 그 문들이 열려 있다는 것을 꿈에도 생각하지 못했을 겁니다.

집 밖으로 나오자마자, 나는 아케네오스의 집으로 갔습니다. 그는 여러 척의 배를 가진 선주였지요. 그의 집에 도착하자마자 나는 그에게 시내로 나가 내 형 폴레마르코스가 어떻게 되었는지 알아보도록 시켰습니다. 얼마 후 시내에서 돌아온 아케네오스는 참주 중 한 사람인 에라토스테네스가 폴레마르코스를 거리에서 체포해 감옥에 넣었다는 소식을 전해주었습니다. 그리고 그 다음날 메가라로 떠나는 배 안에서 나는 형에 대한 끔찍한 소식을 듣고 맙니다. 30인의 참주는 수많은 사람들에게 했던 것과 똑같이 나의 형 폴레마르코스에게 처형 명령을 내렸다는 겁니다. 내 형은 자신이 왜 처형당해야 하는지에 대한 이유도 듣지 못한 채, 헴록(hemlock, 독약의 종류)을 마셨습니다. 내 형은 재판도 받지 못하고 자신을 변호할 기회도 갖지 못한 채 죽었던 것입니다." [주24)]

리시아스는 30인의 참주에게 형을 잃었을 뿐만 아니라 많은 재산을 빼앗겼다. 리시아스에 따르면, 30인의 참주는 페이라이에우스에 있는 그의 형의 공장에서 700개의 방패를 몰수했다고 한다. 거기서 끝나지 않고 형의 집에서 금과 은, 보석, 가구, 옷까지 그들이 가져갈 수 있는 모든 것을 가져갔다고 한다. 형의 공장과 집에서 일했던 120명의 노예들 역시 30인의 참주에 의해 몰수당했다. 30인의 참주 중 한 사람이었던 메로비오스는 그의 형의 집에 쳐들어가 그의 형수가 달고 있던 금귀고리마저 강탈해갔다고 한다. [주25)]

다행히도 30인의 참주정권은 그리 오래가지 못했다. 30인의 참주는 404년 여름, 스파르타의 도움으로 정권을 수립했다. 그리고 그들 정권은 이듬해 초여름 그들이 외국으로 추방했던 민주파가 주축이 된 부대와의 전투에서 패하고 만다. 외국으로 망명했던 민주파들을 이끈 것은 아테네 원로원 의원이자 장군이었던 트라시보울로스였다. 그 당시 외국에 망명

중이었던 리시아스는 민주파를 돕기 위해 100명의 용병을 고용하고 군인들에게 200개의 방패를 제공했다. 30인의 참주는 전쟁에 패한 지 얼마 못 가서 실각하고 만다. 그 후 그들이 세운 정권 역시 무너지고 만다.

403년 9월 아테네에 존재했던 다양한 파벌들은 서로 연합해 아테네의 민주정치를 복원시켰다. [주26] 민주정이 복원된 후, 리시아스는 로고그라파logograph라는 직업에 종사한다. 로고그라파는 소송 때문에 법정에서 연설을 해야 하는 사람들을 위해 열정적인 연설문을 작성해주는 직업이었다. 이 직업 때문에 리시아스는 크게 성공했고 존경받는 작가가 되었다. 그는 고전적인 문체의 완성자이며 왕성한 창작자라는 칭찬을 받았다. 리시아스는 자기 직업에 종사하면서 수백 개의 연설문을 작성했다. 그의 연설문 중 30개는 손상되지 않은 채 현재까지 내려오고, 그 외 다수의 연설문들은 부분적으로만 전해져 내려오고 있다. [주27]

극적인 탈출극과 망명자 생활로부터 15년의 세월이 흐른 후, 리시아스는 메타네이라를 초대해 아테네로 데려왔다. 그때 그는 쉰 살을 넘기고 있었다. 중국인들은 다른 사람들에게 저주를 퍼부을 때 '재미있는 시간을 보내기를!' 이라고 외친다고 한다. 리시아스는 말 그대로 재미있는 시간을 보낸 셈이다. 그는 빈번하게 살인죄, 탈주죄, 불경죄 같은 소송에 관련된 연설문을 썼고, 그때마다 자신의 탁월한 재능을 보여주었다. 리시아스와 함께 아테네를 여행했던 젊은 매춘부들은 리시아스가 지불한 돈으로 휴가를 즐기는 동안, 그가 흥미로운 동반자라는 사실을 깨달았을 것이다. [주28]

판아테나이 대축제

네아이라는 유곽의 주인인 니카레테의 엄중한 감시 아래 다시 한 번 아테네를 방문한 적이 있었다. 그들이 아테네에서 벌어지는 가장 큰 행사인 판아테나이 대축제에 참여한 것은 아마도 378년 여름이었을 것이다. 아테네에서는 1년에 한 번 아테네의 수호신인 아테나 여신을 기리는 축제를 열었다. 그리고 4년에 한 번씩 아테나 여신을 기리는 축제를 더 크고 화려하게 열었다. 그것을 판아테나이 대축제라고 한다.

그리스 전역에서 사람들이 이 축제에 참여하기 위해 몰려왔다. 이 축제 기간에는 음악경연대회, 전차 경주, 횃불 행진이 벌어졌다. 항구에서는 보트 경주가 열렸고 무장한 남자들의 춤도 볼 수 있었다. 물론 아테나 여신을 위한 희생 제의도 있었다. 그러나 판아테나이 축제에서 가장 유명한 행사는 아테네 시가지를 가로질러 아테나 여신의 사원이 있는 아크로폴리스로 올라가는 퍼레이드였다. 아크로폴리스에 올라간 사람들은 아테나 여신상을 새 옷으로 갈아입혔다.[주29)] [(사진6)]

네아이라와 니카레테의 아테네 여행에 동반한 사람은 테살리아 출신의 시모스였다. 그는 아마도 네아이라의 연인이 아니었을까 추측된다. 시모스의 인생에 대해 지금까지 남아 있는 기록은 너무 파편적이라 그와 네아이라의 관계를 분명하게 규명하기는 힘들다. 그러나 그가 그리스 북쪽에 있는 테살리아 지역의 귀족 가문인 아레우아다이 출신이었다는 것

(사진6) 판아테나이 대축제 당시 아테네를 활보하는 시민들의 행렬로 여겨진다. 이 부조는 파르테논 신전의 소벽이었던 것으로 보인다. 이 부조에서 수염을 기른 남자가 아테나 여신의 접혀진 웃옷을 소년에게서 받고 있다.(혹은 그 남자가 소년에게 옷을 주는 모습일 수도 있다.) 아래의 사진을 보면 아테나 여신이 앉아 있다. 대영박물관 소장.

만큼은 사실인 것 같다. 그는 350년대에 테살리아에서 영향력 있는 시민으로 활동한 것처럼 보인다. 그러나 그가 378년 네아이라와 아테네를 여행했을 때 그가 어떤 사회적 지위를 가지고 있었는지에 대해서는 정확한 기록이 전해 내려오지 않는다. [주30)]

니카레테의 유곽

네아이라와 시모스의 관계에 대한 기록과 메타네이라와 리시아스의 관계에 대한 기록이 너무 적기 때문에 니카레테가 코린스에서 운영하고 있던 유곽이 어떤 곳이었는지에 대해서는 자세히 알 길이 없다. 한 가지 분명한 사실은 코린스에 있는 니카레테의 유곽이 그리스 전역에서 손님들을 끌어 모으고 있었다는 것이다.

코린스가 코린스 지협地峽의 입구에 자리 잡고 있었다는 것을 고려해 보면, 니카레테의 유곽에 타 지역의 손님들이 모여들었다는 것은 그리 이상한 일이 아니다. 코린스 지협은 그리스 본토와 펠로폰네소스를 연결하는 좁다란 육지였다. 또한 코린스는 지협의 양 끝에 있는 사로니코스 만과 코린스 만에 항구를 가지고 있었다. 펠로폰네소스에서 육지를 통해 그리스 본토로 가려면 누구든 코린스 지역을 거쳐야 했다. 그뿐만 아니라 지중해 동쪽을 정기적으로 운항하는 선박들도 코린스에 있는 여러 항구에 정박했다.

코린스가 상인들과 뱃사람들이 모이는 교통의 요지라는 점은 니카레테처럼 매춘업에 종사하는 사람들에게 크게 유리했다. 코린스의 매춘 현장을 찾는 것은 니카레테의 유곽에서 볼 수 있는 고급 손님들만이 아니었다. 노동자 계급의 여행자들이나 정욕이 강한 뱃사람들도 코린스 매춘사업의 고객들이었다. 유곽을 후원하는 몇몇 손님들은 자신의 고향에서는 존경받는 영향력 있는 시민이었다.

니카레테 유곽에 있는 소녀들과 고객들과의 관계는 한 번 성행위를 할 때마다 돈을 받는 그런 일회적인 관계는 아니었다. 그들의 관계는 상당히 미묘했으며 오랫동안 지속되었다. 그리고 그들은 어느 정도 서로에게 감정적 애착을 가지고 있었을 것이다. 순수한 성적 쾌락을 추구하는 것 이상의 무언가가 있었기 때문에 리시아스는 메타네이라를 엘레우시스 신비제의에 입문하도록 초대했던 것이다. 시모스가 네아이라를 판아테나이 대축제에 초대한 것도 그들 관계 속에서 리시아스와 메타네이라처럼 뭔가 복잡한 감정적 유대가 있었기 때문이다.

니카레테의 유곽은 여러 등급의 섹스 사업들 중에서 가장 고품질의 섹스 서비스를 제공했다. 니카레테 유곽의 소녀들은 사회적 영향력을 가진 고객들을 끌어들였을 뿐만 아니라 적어도 지식인들에게 흥미를 자아냈다. 리시아스는 메타네이라와 침대에서 섹스하는 것만큼이나 그녀와 밖으로 외출하는 것이 즐겁다는 사실을 발견했다. 니카레테 유곽의 소녀들은 섹스 서비스를 제공했을 뿐만 아니라, 고객들과 함께 축제에 참가했고 그들과 함께 향연에서 식사를 즐겼다. 아폴로도르스는 네아이라가 시모스와 함께 아테나를 방문했을 때, 마치 헤타이라가 그랬던 것처럼 많은 남자들과 어울리면서 식사와 술을 즐겼다고 말한다.

앞서 이야기했다시피, 네아이라는 코린스의 유명인사였다. 네아이라가 니카레테에 의해 팔려 다른 사람들에게 넘어갔을 때, 그녀의 몸값은 3,000드라크마였다. 그것은 노동자가 5년이나 6년을 일해야 받을 수 있는 임금이었다. (네아이라가 다른 사람들에게 팔린 이야기는 다음 장에서 보다 자세히 다루겠다.) 네아이라가 얼마나 비싼 노예였는지는 다음 기록을 보면 분명해진다.

364년 웅변가 데모스테네스가 법정에서 했던 연설문에 보면, 그의 아버지의 칼 만드는 공장에서 일하는 노예의 가격이 한 명당 300드라크마에서 600드라크마 사이였다는 것을 알 수 있다. 보통 고급 창녀들은 다른 노예들보다 더 높은 가격에 거래되었다. 그럼에도 헤타이라 등급의 네아이라는 그들 중에서 비싼 편에 속했다. [주31)]

그러나 네아이라는 최고급에 속하는 헤타이라였다고 말할 수는 없다. 어쨌든 그녀는 니카레테라는 여주인 밑에서 일하는 노예에 불과했다. 니카레테가 어떤 남자와 관계를 맺으라고 하면 네아이라는 그녀의 말에 따를 수밖에 없었다. 아폴로도르스는 이렇게 말한다.

"네아이라는 니카레테 유곽의 노예였습니다. 그녀는 자신의 몸으로 일했는데, 그녀는 그녀를 가까이하고자 하는 모든 사람들에게 자신의 몸을 팔았습니다."

네아이라는 '최고급에다 명성이 자자한' 헤타이라가 그랬던 것처럼 자신의 성적 상대를 선택할 수 있는 자유가 없었다. 아폴로도르스에 따르면, 네아이라와 그녀의 동료들은 어렸을 때부터 니카레테에 의해서 어떤 종류의 훈련을 받아왔다고 한다. 아폴로도르스는 말한다.

"그녀(니카레테)는 그들을 어떻게 키워야 하는지 알았으며 어떻게 기술적으로 훈련시켜야 하는지에 대해서도 알고 있었습니다."

약간의 상상력을 발휘한다면 네아이라와 그녀의 동료들이 받았다는 훈련의 종류가 어떤 것인지 짐작할 수 있다. 니카레테의 매춘부들이 성매매를 잘 하려면 숙련된 성적 기술이 필요했기 때문이다. 4세기 무렵, 섹스에 대한 매뉴얼과 광범위한 체위에 대한 정보들은 고용된 전문가들에 의해서 이미 다 정리가 되어 있었다. 어떤 계층에 속한 창녀인가에 따라 그들이 받은 훈련의 종류도 달라졌다.

아마도 니카레테 유곽의 소녀들은 성적인 훈련뿐만 아니라, 사교 모임에서 남자들을 매혹시킬 수 있는 대화법과 교태와 예술에 대한 교육을 받았을 것이다. 그리고 니카레테의 유곽을 찾는 남자들은 그곳에 있는 창녀들의 성적인 테크닉뿐만 아니라 그들의 말솜씨에도 자극을 받았을 것이다. 주32)

여자들의 영역에서 식사하기

우리는 아폴로도르스의 연설을 통해, 네아이라가 아테네를 두 번째 방문했을 때 헤타이라처럼 여러 남자들과 어울리며 먹고 마셨다는 사실을 알고 있다. 그 말은 아폴로도르스가 딱 꼬집어 네아이라의 행동이 헤타이라와 비슷하다는 말을 덧붙이지 않았다고 해도, 그녀가 어떤 종류의 여자인지에 대해 많은 것을 말해준다. 그녀가 매춘부라는 사실을 알려주는 가장 분명한 특징은 그녀가 남자들과 함께 식사를 했다는 점이다.

우리가 전에 살펴보았던 것처럼, 그리스의 여염집 여자들은 그들의 가족을 제외한 외간 남자들과의 접촉을 되도록 피했다. 이사에우스의 연설문 「피루스의 부동산에 대하여」에는 이런 대목이 나온다.

"결혼한 여자들은 자신의 남편과 함께 만찬에 가지 않습니다. 그뿐만 아니라 그녀들은 다른 남자들과 함께 식사하는 것이 적절하지 못한 행동이라고 생각합니다." (사진7)

리시아스는 자신의 연설문 「에라토스테네스의 살인 사건에 대하여」에서 남녀가 함께 어울리는 것을 금지하는 다른 사례를 보여준다. 이 소송 사건에서 피고이자 오쟁이 진 남편인 유피레토스는 그가 살인을 저지르기 몇 시간 전에 그의 친구 소스트라토스와 함께 즐겼던 만찬을 이렇게 묘사한다.

(사진7) 한 여자가 여성들의 구역에서 혼자 식사를 하고 있다. 이 항아리는 5세기 전반의 것으로 추정된다. 대영박물관 소장.

“해가 지자 나는 소스트라토스를 데려오기 위해 그의 집으로 달려갔습니다. 해가 지면 소스트라토스가 시골에서 집으로 돌아온다는 것을 알고 있었던 거죠. 나는 만찬 전에 그를 데려오지 않는다면 그의 친구들이 내 집에 머물지 않을 것이라는 것을 잘 알고 있었습니다. 나는 소스트라토스에게 저녁 식사 내내 내 곁에 붙어 있어달라고 말했습니다. 소스트라토스와 나는 내 집으로 갔고 (남자들의 영역인) 2층으로 올라갔습니다. 그리고 우리는 함께 만찬을 즐겼습니다.”

유피레토스의 아내는 그의 남편이 친구들과 만찬을 즐기는 동안 집안에 머물고 있었다. 그녀는 자기방 밖으로 나올 수가 없었을 것이다. 그때 그녀는 조만간 찾아올 애인을 기다리며 몸단장을 하고 있었을 지도 모른다. 불행히도 그들의 밀회는 남편에 의해 발각되고 그녀의 애인은 살해당한다. 그녀가 남편이 친구들과 만찬을 즐기는 동안 애인을 부를 수 있었던 것은 그 당시 여염집 여자가 남편의 친구들과 함께 만찬을 즐길 수 없었기 때문이었다. 주33)

리시아스가 작성한 또 다른 연설문에는 살인죄로 고소당한 피고가 시몬이라는 이름을 가진 그의 원고에게 불만을 표시하는 말이 나온다.

“그 소년(원고와 피고는 이 소년을 차지하기 위해 싸웠다.)이 나와 함께 있다는 말을 듣자, 그는 한밤중에 술에 취한 채 내 집에 쳐들어왔습니다. 그는 문을 부수고 여자들이 머물고 있는 영역에 들어갔습니다. 그곳에는 내 여동생과 조카들이 있었습니다. 우리 집 여자들은 한결같이 정숙하게 살아왔기 때문에 한 가족이라도 남자들과 있을 때는 부끄러워했습니다."

피고의 여자 친척들은 그 당시 기준으로 볼 때 매우 도덕적인 여자들이었다. 적어도 그녀들은 여성의 미덕을 갖춘 이상적인 여자들로 묘사되고 있다. 그들은 낯선 남자 앞에서 부끄러워하는 것도 모자라 남자 친척들과 만나는 것에도 신경질적으로 반응했다는 것이다. 이렇게 정숙한 모범적인 여성들과 대조적으로 행동한 네아이라는 친척도 아닌 남자들과 식사를 했다. 네아이라는 포르나이처럼 젖꼭지를 드러내며 뻔뻔스럽게 욕정을 자극하는 말은 하지 않았겠지만, 적당히 버릇없는 말투를 사용하면서 간접적으로나마 상대를 성적으로 유혹하는 말을 던졌을 것이다.[주34)]

아폴로도르스의 연설에 나타나는 네아이라가 존경받는 여염집 여자가 아니라는 두 번째 증거는 그가 연설 도중에 계속해서 네아이라의 이름을 불렀다는 사실이다. 아테네의 법정에서는 여염집 여자가 언급되는 경우가 거의 없었다. 법정에서는 여자의 이름을 부르는 대신 그녀와 남자 친척들과의 관계로 말했다.

말하자면 그녀들은 이름 대신 피로니데스의 딸, 혹은 유크테몬의 아내, 혹은 케피시아의 메이시아데스의 딸, 혹은 코라고스의 폴리아라토스의 딸, 메네세누스와 바실로스와 페리안더의 누이라는 식으로 불렸다. 법정에서 연설하는 사람들은 가끔씩 이미 죽은 자신의 친척 여자의 이름을 부르기는 했지만, 두 가지 조건이 맞지 않을 경우에는 결코 살아 있는 여자의 이름을 부른 경우는 없었다. 그 두 가지 조건이란 그 여자가 도덕적으로 비난받는 경우와 그 여자가 소송에서 자신의 상대편과 관련된 여자일 경우였다. 소송의 상대편과 관련된 여자일 경우, 자꾸 경멸스럽게 여자의 이름을 부름으로써 상대편과 그 여자의 관계를 강조했다. 그 여자는 그런 식으로 경멸당해도 마땅하다는 식으로 말이다. [주35)]

아폴로도르스는 자신의 연설에서 네아이라의 이름을 50번 넘게 불렀다. 네아이라는 그 소송의 중심인물이었기 때문에 법정에서 그녀의 이름을 언급하지 않기 위해서는 온갖 종류의 기묘한 완곡어법이 사용되어야만 할 판이었다. 그 때문에 법정에서 네아이라의 이름이 불리는 것은 어쩔 수 없었다고 해도 50번 이상 그녀의 이름이 불린 것은 지나치게 많은 횟수였다.

예를 들어, 데모스테네스의 연설문 「오네토르를 반박하며」에서, 데모스테네스는 오네토르의 누이를 22번이나 언급했지만 그녀의 이름을 직접 부른 적은 없었다. 그러나 아폴로도르스는 상대편에게 호의를 베풀어 네아이라의 이름을 부르지 않을 생각이 전혀 없었던 것 같다. 그가 무엇보다 원했던 것은 이 소송을 심판하는 배심원들에게 네아이라는 결코 존경받을 만한 아테네 인의 아내가 아니라는 사실을 깊게 각인시키는 것이었다. [주36)]

제2장

네아이라의 주인과 다른 연인들

네아이라는 아주 어린 시절부터 니카레테의 유곽에서 살았지만, 그녀가 영원히 그곳에 머물렀던 것은 아니다. 네아이라가 점점 나이를 먹자, 앞으로 매춘으로 계속 돈을 벌 수 있는 가능성도 점점 떨어져 갔다. 결국 너무나 당연하게도 니카레테는 시간이 흘러감에 따라 계속 가치가 떨어질 수밖에 없는 자신의 노예를 팔아치울 결심을 하게 된다. 그리고 네아이라를 살 사람들이 나서자 망설이지 않고 그녀를 팔아버렸다.

팔려가는 네아이라

시모스와 함께 아테네를 여행하고 돌아온 지 얼마 안 돼서 네아이라는 그녀를 정기적으로 찾아왔던 두 명의 고객에게 일시금으로 팔렸다. 코린스의 티마노리다스와 레우카스(그리스 서쪽 해안가에 있는 섬)의 에우크라테스가 네아이라의 새로운 주인들이었다.

아폴로도르스는 네아이라가 언제 니카레테의 유곽에서 떠났는지 말하지 않았다. 그러나 그는 니카레테가 그녀 밑에서 일했던 소녀들 중에서 청년기를 넘긴 소녀들을 팔았다는 사실을 말하고 있다. 아폴로도르스가 말한 청년기라는 것은 아마도 사춘기 혹은 사춘기 직후를 의미하는 것 같다. 어떤 학자가 이런 말을 전하고 있기 때문이다.

"우리끼리 하는 말인데, 매춘부로서 가장 잘 팔리는 여자들은 사춘기나 사춘기 직후의 여자들이다."

그렇다면 우리는 네아이라가 이십대 초반에 다른 주인들에게 팔렸다는 것을 짐작할 수 있다. 그러니까 그녀가 팔린 것은 370년대의 일이다. 만약 그녀가 다른 환경에 속했다면, 다시 말해 노예가 아닌 전형적인 그리스 가정에서 자란 자유인 소녀였다면, 그녀는 이십대 초반이 되기 몇 년 전에 이미 결혼해 젊은 아내로서의 삶을 꾸렸을 것이다. 그러나 그녀는 불행히도 노예였기 때문에 부모님의 집을 떠나 남편과 가정을 꾸리는 대신, 니카레테의 유곽을 떠나 두 명의 고객의 섹스 노예가 되어야만 했다.[주1)]

우리는 앞 장에서 이미 네아이라가 아주 비싼 노예였다는 사실을 살펴보았다. 티마노리다스와 에우크라테스는 네아이라를 사기 위해 공동으로 돈을 모아 니카레테가 요구한 3,000드라크마를 지불했다. 엄청난 돈을 지불했음에도, 네아이라를 사는 것은 티마노리다스와 에우크라테스 입장에서는 경비를 절감하는 방편이었다.

니카레테의 유곽에서 그들이 네아이라와 즐기려면 그날 유곽에서 사용되는 모든 경비를 지출해야만 했다. 그러나 네아이라를 사면 그들은 자신이 원할 때마다 네아이라와 즐길 수 있었다. 그뿐만이 아니었다. 나중에 네아이라를 팔게 되면 그들이 네아이라를 살 때 지출한 비용을 되찾을 수도 있었다.

네아이라와 두 명의 주인과의 관계는 우리에게 많은 호기심을 불러일으킨다. 그러나 그 당시에는 이런 식의 관계는 특별한 것이 아니었다. 리시아스는 고객의 부탁으로 고객이 법정에서 연설할 「고의적인 상해 사건에 대하여」라는 연설문을 써준 적이 있다. 이 소송의 관련자들은 네아이라와 두 명의 주인과 비슷한 관계를 맺고 있었다. 리시아스의 고객과 그의 친구는 서로 돈을 똑같이 출자해 노예 소녀를 샀다. 그런데 노예 소녀 때문에 두 남자 사이에 불화가 일어났고, 리시아스의 고객이 다른 사람을 기소하는 일이 생겼다. 리시아스의 고객은 법정에서 말했다.

"나는 그녀를 사기 위해서 그와 똑같은 양의 돈을 지불했습니다."

그런데 그 노예 소녀 때문에 두 남자 사이에 문제가 생겼다.

(사진8) 왼쪽 뒤편에 보이는 젊은이는 아마도 매를 맞은 것 같다. 누워있는 남자의 손에 키스하는 여인은 매춘부이고, 그녀를 둘러싸고 싸움이 일어났던 것 같다.
두 사람이 공동으로 한 대의 차 혹은 여름 별장을 소유했을 때 일어날 수 있는 불만이 두 남자가 한 명의 매춘부를 소유했을 때도 일어난 것이다.
그러나 티마노리다스와 에우크라테스는 이러한 분쟁의 가능성을 성공적으로 극복한 것 같다. 그들이 네아이라를 공동 소유하는 동안 서로 갈등을 겪지 않았다는 기록은 없다. 그러나 그들은 네아이라와의 관계를 그녀를 포함한 세 사람 모두가 만족할 수 있는 우호적이고 평화로운 방식으로 끝냈다.

"내가 그녀를 방문할 때면 그녀는 나를 가장 중요하게 생각한다고 말했습니다. 그리고 그가 그녀를 방문할 때면 그녀는 그를 가장 많이 생각한다고 말했습니다. 그녀가 그런 말을 한 것은 우리 둘 모두에게서 사랑받고 싶었기 때문입니다."

그러나 다른 주인은 노예 소녀의 이런 태도를 참지 못했고 질투에 사로잡혀 그녀에게 폭력을 가하기 시작했다. 그는 노예 소녀가 피멍이 들 정도로 때리는 데 그치지 않고 아예 그 소녀를 죽이려고까지 했다. 그래서 리시아스의 고객은 그를 살인 미수로 법정에 고소한 것이다. [주2) (사진8)]

한때는 서로 행복했던 두 남자의 관계가 그들이 공동 소유한 노예 소녀 때문에 소송이라는 극단적인 대립으로 치닫게 되었다는 것은 그리 이상한 일이 아니다. 곰곰이 따져보면, 두 명의 남자가 한 명의 매춘부를 동시에 소유한다는 자체가 남자들에게 분노어린 질투를 일으킬 많은 가능성을 품고 있기 때문이다. 자유로운 미혼 여성들과 성적인 관계를 가질 수 없는 사회에서 남자들이 쉽게 접근할 수 있는 매춘부들에게 빠지는 일은 그리 드물지 않았다.

자신이 사랑하는 상대가 이론적으로 어느 남자와도 잘 수 있는 매춘부일 경우, 그 남자가 광폭한 질투에 빠지는 것은 너무나 당연한 일이다.

노예 신분에서 해방된 네아이라

티마노리다스와 에우크라테스는 1년 남짓한 기간 동안 네아이라와의 관계를 흠뻑 즐겼다. 그런 후 그들 중 한 명 또는 두 명 다 결혼을 해야 할 때가 되었다. 물론 그들은 자신의 결혼 상대자로 네아이라를 선택하지 않았다. 그들은 그 시점에서 네아이라와의 관계를 끝낼 결심을 했다. 그들이 네아이라와의 관계를 끝내려고 한 것이 앞으로 그들이 결혼하게 될 여자들의 질투심을 막기 위해서였는지 아니면 단순한 경제적 문제 때문이었는지는 알 수 없다.

네아이라와 같은 고급 창녀와 지내기 위해서는 돈이 많이 들었다. 그녀를 팔아버리면 그녀를 사기 위해 들인 돈을 보다 다급한 곳에 사용할 수 있었다. 그래서 티마노리다스와 에우크라테스는 네아이라와 거래를 했다. 네아이라는 두 명의 주인이 코린스의 유곽에서 그녀를 샀던 가격보다 1,000드라크마 싼 2,000드라크마의 돈으로 자유를 살 수 있었다. 아폴로도르스는 자신의 연설문에서 말한다.

"그들(네아이라를 샀던 두 주인들)은 자신들의 헤타이라로 일했던 네아이라가 코린스에서 일하거나 유곽의 주인 밑으로 다시 들어가는 것을 원하지 않았습니다." [주3)]

아폴로도르스는 네아이라의 주인들이 그녀에 대한 애정 때문에 그토록 너그러운 거래를 했다고 해석했다. 유곽은 그곳에 고용된 소녀들에게는 끔찍한 곳으로 악명이 높았다. 또한 유곽의 주인들은 끔찍한 인물로 소문이 나 있었다. 네아이라의 첫 번째 주인이었던 니카레테는 아마도 탐욕스러운 여주인이었을 것이다. 그러나 니카레테의 숙련된 매춘부들은 적어도 일반적인 포르나이가 일했던 환경보다는 훨씬 더 양호한 환경에서 일을 했다. 아폴로도르스가 말한 것처럼, 티마노리다스와 에우크라테스는 네아이라가 어떤 식으로든지 유곽에서 일하다 일생을 마치는 것을 막고 싶었을 지도 모른다. [주4)]

그러나 이러한 아폴로도르스의 해석이 틀렸을 수도 있다. 네아이라의 주인들은 동정심에서 그런 거래를 했던 것이 아닐 수도 있다는 것이다. 네아이라의 주인들이 그런 거래를 했던 것은 다른 이유로 해석될 수 있다. 다른 한편으로 생각하면, 네아이라의 주인들이 그녀를 사기 위해 지불했던 것보다 1,000드라크마 싼 값에 그녀에게 자유를 주었다는 것은 그다지 너그러운 행위가 아니다. 아폴로도르스가 그녀의 주인들의 행위를 과대평가한 것일 수도 있다. 아폴로도르스는 이렇게 말한다.

"그들은 네아이라에게 그녀를 사기 위해 치른 가격보다 훨씬 적은 돈을 받고 그녀에게 자유를 주게 되어서 기쁘다고 말했습니다. 그들은 그녀가 그 거래에서 이득을 본 것을 기뻐했고 그녀의 자유를 위해서 1,000드라크마, 다시 말해 한 사람당 500드라크마를 손해보았습니다."

그러나 두 명의 주인이 네아이라와 그런 거래를 했던 것은 그녀에게 이득을 주기 위한 것이라는 아폴로도르스의 말은 별로 의미가 없다. 그것은 네아이라에게 적의를 갖고 있었던 아폴로도르스가 배심원들을 설득하기 위해 했던 말이기 때문이다. 더군다나 두 명의 주인과 네아이라의 거래는 그 재판이 벌어지기 30년 전에, 그것도 아테네가 아닌 다른 도시에서 일어난 일이기 때문이다. 아폴로도르스가 두 주인과 네아이라의 대화를 들었을 리가 없기 때문에, 그가 재판에서 했던 말은 그가 만나본 적이 없었던 두 주인들의 심리를 추측해서 했던 말에 지나지 않는다.

따라서 우리는 두 주인이 네아이라를 위해 너그러운 거래를 했다는 아폴로도르스의 해석을 무시하는 편이 좋을 것이다. 아폴로도르스의 해석대로라면, 티마노리다스와 에우크라테스가 네아이라가 유곽으로 돌아가는 것을 막으려 했던 이유가 설명되지 않기 때문이다.

네아이라의 주인들이 그녀에게 너그러운 거래를 제안했다는 가정이 성립하려면, 그들이 그녀를 다른 사람에게 2,000드라크마보다 더 높은 가격으로 팔 수 있었다는 전제 아래에서 가능하다. 그러나 네아이라가 시장에서 그보다 높은 가격을 받고 팔릴 수 있었을까?

그 당시 이미 네아이라는 이십대였고 매춘부로서 그녀의 전성기를 지나고 있었다. 니카레테가 네아이라를 판 것은 단지 티마노리다스와 에우크라테스가 네아이라를 사고 싶어 했기 때문이 아니라, 네아이라가 더 이상 어리지 않았기 때문이었다. 그것은 니카레테의 유곽처럼 숙련된 성적 서비스를 제공하는 다른 유곽들도 마찬가지였을 것이다. 그 유곽들 역시 그녀처럼 전성기를 넘긴 매춘부를 팔고 그보다 어린 매춘부만 구입하려고 했을 것이다. 한편, 그보다 못한 싸구려 유곽의 주인들은 얼른 나서서 고급 유곽에서 훈련받은 네아이라를 사려고 했을 것이다. 그러나 싸구려 유곽의 주인들은 그녀를 2,000드라크마 이상의 가격으로 사려고 하지는 않았을 것이다.

제1장에서 살펴보았듯이, 일반적으로 포르나이는 한 번 성행위를 할 때마다 1오볼에서 1드라크마의 돈을 받았다. 비록 네아이라가 포르나이보다 성행위할 때 더 많은 돈을 받는다고 하더라도 유곽 주인이 흑자를

보는 것은 그녀가 남자들과 2,000회 이상의 성행위를 한 다음부터이다. 또한 유곽 주인은 네아이라를 먹여 살리려면 그녀의 몸값 말고도 또 다른 돈이 들어간다는 점을 고려할 것이다. 유곽 주인들은 원래 탐욕스럽기로 소문이 나 있었다. 우리는 유곽 주인들이 요즘 중고차 시장의 세일즈맨처럼 아주 깐깐한 구매자였을 것이라고 쉽게 짐작할 수 있다. 그렇다면 티마노리다스와 에우크라테스는 이렇게 탐욕스러운 유곽 주인과 흥정을 해서 그보다 더 나은 가격으로 네아이라를 팔 수 있었을까? [주5)]

티마노리다스와 에우크라테스가 네아이라를 샀을 때 지불한 돈을 뽑을 수 있는 방법은 직업적인 포주가 아니라, 그들이 과거에 그랬던 것처럼 네아이라에게 홀딱 반해 비싼 값을 치르고서라도 그녀를 사려고 하는 남자를 찾는 것이었다. 그러나 네아이라에게 홀딱 반해 부르는 대로 돈을 낼 남자 또는 남자들을 찾는 일은 시간이 오래 걸리는 작업이었다. 티마노리다스와 에우크라테스도 그런 데 시간을 투자할 만큼 한가한 사람들이 아니었을 것이다.

여러 가지 점을 고려해볼 때, 티마노리다스와 에우크라테스는 다른 구매자를 찾는 것보다 네아이라와 몸값을 흥정하는 편이 쉬웠을 것이다. 네아이라와 흥정하는 것이 한 푼이라도 더 깎으려는 코린스 유흥가의 성질 사나운 유곽 주인들과 흥정하는 것보다 훨씬 더 많은 몸값을 받을 수 있기 때문이다.

티마노리다스와 에우크라테스가 2,000드라크마를 받고 네아이라를 노예에서 해방시켜준 것은 그들로서도 손해 보는 장사는 아니었다. 그들이 제안한 거래는 적어도 가격 면에서 볼 때는 네아이라 쪽에서도 이득이었고 그들 자신에게도 이득인 공정한 거래였다. 또한 그들이 네아이라를 유곽 주인에게 팔지 않고 자유롭게 한 데에는 그 나름대로의 이유가 있었다. 자, 이제 그 이유에 대해 살펴보자.

우리가 앞서 살펴본 바와 같이 아폴로도르스의 말에 따르면, 네아이라의 주인이었던 두 남자는 그녀가 자유인이 되었을 때 코린스에서 일하는 것을 원치 않았다. 두 주인은 네아이라가 그들이 살고 있는 도시국가에서 일하지 않는다는 조건을 달아 그녀에게 자유를 팔았다. 이러한 단서 조항은 네아이라와 그녀의 두 주인들이 비공식적으로 합의를 본 사항이 아니라 법률적인 구속력을 가진 계약 조건이었다. 그리고 네아이라는 그 조건을 지키기 않으면 법률적인 제재를 받을 것이라 생각했는지 계약 조건을 충실히 지켰다.

아폴로도르스는 배심원들에게 네아이라가 자유를 얻은 뒤 코린스를 떠나 코린스 지협에 있는 다른 도시국가인 메가라로 갔고, 그곳에서 2년 동안 아주 힘든 시기를 보냈다고 말했다. 아폴로도르스는 네아이라가 극심한 생활고에 시달리면서도 코린스로 돌아가지 않고 메가라에 남아 있었던 이유를 이렇게 설명하고 있다.

"그녀는 코린스로 돌아갈 수가 없었습니다. 그녀는 코린스에서 일하지 않는다는 조건으로 티마노리다스와 에우크라테스로부터 해방되었기 때문입니다."

아폴로도르스의 이 말은 네아이라가 노예 해방 조건이 아니었다면 다시 일하기 쉬운 코린스로 돌아갔을 것이라는 말이 된다. 아폴로도르스는 네아이라가 노예 해방 조건 때문에 코린스로 돌아가지 못하고 이곳저곳을 떠돌았다고 말하고 있다. 그가 명확한 근거를 가지고 그런 말을 한 것은 아니다. 그러나 아폴로도르스가 네아이라가 한곳에 머물지 않고 여러 도시국가들을 떠돌았다는 단순한 사실을 숨기기 위해 구태여 거짓말을 할 필요도 없었을 것이다.

노예 신분에서 해방된 후 그녀는 쉽게 일거리를 찾을 수 있는 코린스에 두 번 다시 돌아가지 않았다. 그것은 그녀가 자신의 노예 해방 조건을 아주 진지하게 받아들였다는 반증이기도 하다. 그녀가 조심스럽게 자신의 노예 해방 조건을 지켰다는 사실은, 반대로 그녀가 이 조건을 지키지 않으면 그에 따르는 처벌을 받게 된다는 의미이기도 하다. 주6)

네아이라가 노예 해방 조건을 따랐다는 사실은 그다지 놀라운 일이 아니다. 조건부 노예 해방은 그 당시에는 아주 흔한 일이었기 때문이다. 그러나 티마노리다스와 에우크라테스가 내건 조건은 흔히 볼 수 있는 노예 해방 조건은 아니었다. 대부분 주인들은 노예 해방 조건으로 그 노예에게 해방된 후에도 특정한 기간 동안 자신의 곁에 머물 것을 요구했기 때문이다. 그런 점에서 볼 때 네아이라를 다시 만나는 것을 꺼려했던 그들의 노예 해방 조건은 예외적인 경우에 해당된다. 그렇다면 무엇 때문에 티마노리다스와 에우크라테스는 그녀가 해방된 후 그들이 살고 있는 도시국가 코린스에 올 수 없게 엄격하게 막았던 것일까? 주7)

그들이 왜 네아이라에게 노예 해방 조건으로 코린스를 떠나라는 단서를 붙였는지에 대해서는 정확하게 알려진 것이 없다. 어떤 학자는 그런 노예 해방 조건을 붙인 것은 그녀가 코린스에 남아 있으면 그들의 방탕했던 과거사를 다른 사람들이 기억하게 될 것이기 때문이라고 했다. 만약 그 이유 때문에 그런 노예 해방 조건을 달았다면, 왜 네아이라의 전 주인들은 자신들이 방탕했다는 사실을 다른 사람들이 기억하지 못하길 바랐던 것일까?

그들은 과거의 성적인 방탕의 증거를 지움으로써, 질투심 많은 미래의 배우자들을 달래려고 했던 것은 아닐까? 그것보다 더 타당성 있는 이유를 들자면, 그들은 네아이라가 코린스에 남아 있으면 미래의 배우자의 친척들이 그들의 과거를 기억하고 그들의 결혼을 반대하고 나설까봐 두려워했던 것은 아닐까? [주8)]

4세기 무렵의 희곡 시인이었던 에피크라테스는 네아이라의 노예 해방 조건에 대한 다른 설명을 하고 있다. 에피크라테스는 「안티-라이오스」라는 희곡을 썼다. 그는 이 희곡에서 늙고 야비하기로 악명 높은 헤타이라 라이오스에 대해서 묘사하고 있다. 그는 그녀를 다 늙어빠진 독수리와 비교했다. 젊은 시절에는 더할 나위 없는 약탈자로 먹잇감을 집어삼키더니, 늙어서는 남들이 사냥한 먹잇감의 부스러기나 훔치는 좀도둑이 되었다는 것이다.

"독수리들은 몹시 굶주린 채 신을 모시는 신전 위에 앉아 있었다.

그들은 제단 뒤에 떨어진 음식 조각들을 훔칠 기회만 엿보고 있었다. 독수리들처럼 헤타이라 라이오스도 나이가 먹자 퇴락하고 만다.

그녀가 어린 새처럼 젊었을 때는 부자들을 완전히 미치게 만들었다. 그녀가 얼마나 비싸게 굴었는지 사람들은 그녀보다 파르나바조스(pharnabazos, 지금으로 치면 '잉글랜드의 여왕' 정도 되는 표현)를 만나기가 더 쉬웠을 정도였다. 그러나 좋은 시절은 다 가고 그녀의 몸은 축 늘어졌다. 그러자 그녀를 만나기가 침 뱉는 것보다 더 쉬워졌다. 그녀는 부르는 남자마다 몸을 대주었고 그 몸값으로 반 드라크마를 받아갔다. 그녀는 늙은이 젊은이 상관없이 몸을 팔았다.

오, 맙소사! 그녀는 이제 자존심도 없어서 사람들이 주는 대로 돈을 받고 몸을 팔았다."

에피크라테스가 묘사한 라이오스의 모습이 꼭 정확한 것이 아닐지도 모른다. 그는 어차피 희곡을 쓰고 있는 것이니까. 그러나 그가 몰락한 고급 창녀의 현실을 묘사하고 있는 것만큼은 사실이다. 젊어서는 우아한 매춘부였지만 나이가 듦에 따라 매력도 떨어지고 몸값도 떨어지고 인기도 떨어지는 슬픈 현실을 말이다.

아마도 티마노리다스와 에우크라테스는 네아이라를 해방시킬 때, 그녀가 매력이 사라져 더는 몸을 팔아 생계를 유지할 수 없게 될 때를 미리 걱정했는지도 모른다. 그들은 네아이라가 나중에 발밑에 엎드려 그들에게 매달리는 일이 없기를 바랐을 것이다. 그런 사태가 벌어지면 그녀와

의 과거 때문에 어느 정도 책임감을 느끼게 될 것이기 때문이다.[주9)]

몸값 구하기

물론 네아이라는 자신의 몸값 2,000드라크마나 그에 해당하는 재산을 가지고 있지 않았다. 그러나 그녀에게는 친구 혹은 친구라고 할 수 있는 사람들이 있었다. 그들은 그녀가 도움을 청할 수 있는 과거의 고객들이었다.

아폴로도르스는 그녀가 자신의 친구들을 코린스로 불렀다고 말한다. 그들은 모두 한 손에 돈을 들고 코린스로 몰려왔다. 한 명의 난잡한 여자를 구원하기 위해 과거의 구애자들이 소집된 셈이었다. 얼른 보면 과거의 구애자들이 그녀를 도와주기 위해 몰려왔다는 사실이 믿기지 않을 것이다. 아마도 네아이라는 자신을 후원해줄 수 있는 사람들 모두에게 돈을 구하는 편지를 썼을 것이고, 자신을 꼭 도와줄 것이라고 믿어 의심치 않는 남자들을 코린스로 불렀을 것이다. 네아이라가 과거의 구애자들을 코린스로 부를 수 있었던 것은 그녀가 니카레테의 유곽에서 일했기 때문이다.

이미 우리가 살펴본 것처럼, 니카레테의 유곽은 두 가지 큰 특색이 있었다. 티마노리다스와 에우크라테스에게 팔려서 그들하고만 섹스를 하게 되기 전에, 네아이라는 니카레테의 유곽에서 일하면서 코린스에 사는 손님들뿐만 아니라 그리스 전역에서 찾아온 손님들에게 향락을 제공했다. 네아이라는 자신을 찾는 여러 손님들과 잠자리를 했지만, 섹스를 할 때마다 돈을 받은 포르나이와 달리 손님들과 지속적인 관계를 유지하고 있었다. 그렇지 않았다면 네아이라는 그녀의 과거 손님들에게 도와달라는 요청을 할 수 없었을 것이고, 그 손님들 역시 그녀를 재정적으로 돕기 위해 기꺼이 나서지 않았을 것이다. [주10)]

과거의 손님들 중 일부는 그녀를 돕기 위해 코린스로 달려왔다. 또 다른 손님들은 그녀에게 돈을 보내왔다. 그러나 그녀를 해방시키기 위해 그녀에게 돈을 주었던 손님들 중 그 돈을 되돌려 받겠다고 생각한 사람은 없었다.

그녀의 손님 중 하나였던 프리니온은 그녀가 부르자마자 돈을 싣고서 코린스로 달려왔다. 그리고 열성적으로 재난에 빠진 고급 창녀를 도왔다. 그녀는 프리니온에게 자신이 다른 고객들에게서 모은 돈과 자신이 가지고 있던 돈을 넘겨주었다. 그러나 그녀가 넘겨준 돈은 2,000드라크마를 채우기에는 턱없이 부족했을 것이다. 프리니온은 부족한 부분을 자신의 돈으로 채웠다. 그리고 네아이라의 대변인으로서 한두 명의 증인 앞에서 그녀의 몸값을 티마노리다스와 에우크라테스에게 지불했다. 네아이라가 2,000드라크마나 되는 자신의 몸값을 치를 수 있었던 것은 순전히 프리니온의 덕분이었다. 프리니온 역시 그 사실을 잘 알고 있었고, 그 이후에 네아이라가 자신에게 큰 빚이 있다는 듯이 행동했다. [주11)]

프리니온과 함께한 아테네 생활

아폴로도르스는 그의 연설에서 프리니온을 처음 언급할 때, 그를 네아이라의 구원자라고 소개했다.

"배심원들 중에 나이 드신 분들은 알겠지만, 그(프리니온)는 사치스럽고 호화롭게 산 사람입니다."

그의 연설 속에는 프리니온에 대한 아주 음탕한 이야기들이 담겨 있었을 것이다. 그러나 아쉽게도 그의 연설 중 그 부분은 소실되어 지금은 전해오지 않는다. 그래서 우리는 프리니온이 코린스에서 네아이라를 아테네로 데리고 오기 전의 그의 경력에 대해서 아무것도 알 수 없다. 아폴로도르스가 전하는 그의 성격과 네아이라를 아테네로 데려온 후 그가 한 행위들을 볼 때, 우리는 그가 성질이 사납고 양식이 없는 인간이었다고 짐작할 수 있다.

프리니온은 아테네 시민이었는데, 그의 고향 혹은 그의 가족들의 고향은 아티카에 있는 파이아니아 마을이었다. 파이아니아 마을은 아테네 시가지로부터 서쪽으로 7마일(약 11킬로미터) 떨어진 곳에 있었다. 아티카는 도시국가 아테네에 있어서 중요한 지역으로, 아테네의 전략적 요충지인 아테네 시가지가 자리 잡은 곳이기도 했다.

아티카는 '데모' deme라고 불리는 139개의 행정 단위로 나뉘어져 있었는데, 각 데모의 크기는 다양했다. 4세기경 고전시대에 아티카의 크기는 약 965평방마일(약 2,380평방킬로미터)이었다. 그 크기는 로도스 섬보다 조금 작았다.

아티카의 데모는 아테네 정치 시스템이 작동되는 행정 단위였다. 모든 아테네 시민들은 각자 하나의 데모에 속해 있었다. 아테네 사람들의 이름은 그의 아버지의 이름과 그가 속한 데모를 따서 정해졌다. 부유하고 방탕한 프리니온은 고급 창녀인 네아이라를 노예 신분에서 해방시킨 뒤 그녀를 데리고 374년 아테네로 돌아왔다. 아버지의 이름과 데모의 이름을 따라 지어진 그의 정식 이름은 프리니온 데모노스 파이아니에우스 Phrynion Demonos Paianieus. 파이아니아 데모 출신의 데몬의 아들, 프리니온이라는 뜻이다. [주12)]

아폴로도르스는 아테네에서 프리니온과 네아이라가 보낸 생활을 이런 식으로 간략하게 표현했다.

"그가 그녀를 아테네로 데리고 돌아온 후, 그녀에 대한 그의 행동은 난폭하고 난잡했습니다. 그는 만찬이 열리는 곳이나 그가 술을 마실 수 있는 곳에 항상 그녀를 데리고 갔습니다. 그는 그녀와 함께 흥청망청 술을 마셨습니다. 그는 그가 원할 때면 어느 곳에서든지 사람들 앞에서도 그녀와 섹스를 했습니다. 그는 구경하는 모든 사람에게 자신이 그녀를 함부로 다룰 수 있는 권리가 있다는 사실을 보여주려고 했습니다."

물론 네아이라는 자신의 몸을 파는 일에 익숙했다. 그리고 그녀는 오랫동안 자신에게 관심을 보이는 남자들에게 연인이 되어주는 노예로 살았다. 다른 말로 표현하자면, 그녀의 창녀라는 직업은 굴욕감을 감수하지 않고서는 할 수 없는 일이었던 것이다. 그런 직업에 종사했기 때문에 그녀는 거리낌 없이, 사람들 앞에서도 남자와 섹스를 할 수 있었을 것이다. 그러나 일반적인 그리스 사람들은 남들 보는 앞에서 섹스를 하는 것을 수치스러운 일로 여겼다. 네아이라는 자신의 직업 때문에 그렇다고 하지만, 프리니온이 사람들 앞에서 네아이라와 섹스를 한 것은 일반적인 관습을 넘어선 행위였다. 그가 그런 무리한 행위를 한 것은 사람들 앞에서 그녀가 자신에게 복종한다는 것을 보여주기 위해서였다. [주13)]

아폴로도르스는 프리니온과 네아이라가 참석했던 한 파티에 대한 상세한 정보들을 제공해주고 있다.[(사진9)]

아이크소네 데모의 카브리아스가 향연을 주최한 것은 374년 늦은 여름의 일이었다. 카브리아스는 피시언 체육대회의 전차경주에서 자신이 승리한 것을 기념하기 위해 파티를 열었다. 피시언 대회는 그리스의 모든 도시국가들이 참가하는 중요한 체육대회였다. 물론 이런 체육대회 중에서 가장 중요한 것은 바로 올림픽 대회였다. 피시언 체육대회는 그리스의 중심지이자 아폴로 신의 신탁으로 유명한 곳인 델피에서 4년에 한 번씩 열렸다. 아폴로도르스는 말한다.

(사진9) 마음껏 즐기고 있는 파티 참석자들. 리라를 타는 소녀가 음악을 연주하고 있다. 마틴 폰 바그너 박물관, 뷔르츠부르크 대학 소장.

"프리니온은 네아이라를 데리고 여러 집에서 열리는 파티에 참석했습니다. 그들이 참석했던 파티 중에는 아이크소네 데모의 카브리아스가 주최한 파티도 있었습니다. 카브리아스는 소크라티데스 데모의 아르콘(374년 중반에서 372년 중반까지)이었는데, 그는 피시언 체육대회에서 네 마리 말이 끄는 전차경주에서 우승을 했습니다. 그는 아르기베 데모의 미티스의 아들에게서 그 전차를 샀고 그 전차로 피시언 체육대회에서 우승을 했지요. 델피에서 아테네로 돌아온 후 그는 아테네의 코리아스(아테네의 남서쪽, 팔레론 해변에 위치)에서 승리를 기념하는 잔치를 열었습니다. 그때 그곳에 온 많은 손님들과 잔치 시중을 드는 카브리아스의 노예들은 술 취한 네아이라와 섹스를 했습니다. 그러는 동안 프리니온은 잠을 자고 있었습니다."

네아이라가 손님들과 돌아가며 섹스를 했다고 전해지는 그 파티를 열었던 사람은 카브리아스였다. 그는 아테네에서 지도자 위치에 있는 사람이었다. 그는 평생 동안 적어도 열두 번이나 장군직에 올랐으며, 해마다 선출되는 아테네 장군 회의의 멤버였다. (도시국가 아테네에서 선출직 장군은 매우 중요한 공직이었다.) 374년 델피에서 우승할 때까지 그는 적어도 다섯 번이나 장군직에 선출되었다. 376년 그는 장군직에 있으면서 에게 해의 섬 중 하나인 낙소스에서 스파르타를 상대로 큰 승리를 거두었다. 이 승리를 기념하기 위해 아테네 시민들은 그의 조각상을 아고라에 세웠다. 그뿐만 아니라 그에게 '아테레이아' ateleia라는 특권을 주었다. 아테레이아는 부유한 시민들에게만 거두는 세금을 면제받는 특권이었다. 카브리아스의 파티에서 시중들던 노예들을 무시하고 생각한다면, 네아이라는 아테네로 온 뒤 다시 한 번 유명하고 부유한 사람들과 어울렸다고 볼 수 있다.[주14)]

네아이라가 재판을 받는 동안, 아폴로도르스는 30년 전 카브리아스의 파티에서 네아이라가 보여주었던 방탕을 증명해줄 목격자들을 불렀다. 소송 당사자의 요구를 받고 법정에 나온 목격자들은 그들이 전에 증언했듯이 네아이라가 문란한 성행위를 했다는 사실을 입으로 말하지는 않았다. 대신 그들은 과거의 증언이 정확하다는 진술서를 법정에 제출했고 사무관은 배심원들에게 그 진술서를 읽어주었다.

그러나 어쩌면 카브리아스의 파티에서 네아이라가 문란한 성행위를 했다는 아폴로도르스의 주장은 거짓일지도 모른다. 그는 자신의 주장을 입증하기 위해 돈으로 목격자들을 매수했을 수도 있다. 왜냐하면 네아이라가 아무리 술에 취했다고 해도 노예들과 성행위를 했다는 사실이 선뜻 믿기지 않기 때문이다.

아폴로도르스의 주장이 사실이든 아니든, 우리는 이 사건을 통해서 네아이라가 아테네에 와서 어떻게 살았는지에 대해서 만큼은 분명히 알 수 있다. 프리니온이 그녀를 함부로 대했던 것만큼은 사실이었고, 그 때문에 원고인 아폴로도르스가 기대했던 것과는 정반대로 배심원들이 그녀를 프리니온의 희생자로 여기게 만들었던 것이다. 아폴로도르스가 법정에서 네아이라가 불쌍한 인물로 보이지 않게 매우 조심해서 변론을 해왔음에도 불구하고 말이다. 어쨌든 네아이라는 프리니온이 그녀에게 제공했던 삶의 방식에 만족할 수 없었고, 카브리아스의 파티에 참석한 후 얼마 지나지 않아 자신의 삶을 찾기 위해 행동에 나섰다. 주15)

메가라에서 보낸 시절

카브리아스의 전차경주 승리를 기념하는 파티가 열린 지 1년 남짓 지난 373년 여름과 372년 여름 사이에 네아이라는 가방을 싸서 프리니온의 곁을 떠났다. 그녀는 그 길로 아테네에서 코린스로 가는 도중에 있는 메가라로 갔다. 그것은 프리니온에게는 불행한 사건이었는데, 네아이라는 가방을 쌀 때 자신의 물건뿐만 아니라 프리니온의 물건들도 챙겨갔기 때문이다. 아폴로도르스는 네아이라의 이사를 이렇게 묘사한다.

"프리니온은 그녀를 함부로 대했으며 그녀가 그에게서 기대했던 호의를 보여주지 않았습니다. 그는 그녀가 원했던 물건들을 주지 않았던 것입니다. 그래서 그녀는 그에게서 받은 모든 옷과 보석을 챙기면서 그의 집에 있는 그의 소유물 중 일부도 함께 가방에 넣었습니다. 그리고 자신의 노예인 트라타와 코크카리네를 데리고 메가라로 줄행랑을 쳤습니다."

그 당시 메가라가 전쟁 중이 아니었다면 네아이라는 그곳에서 천국과 같은 생활을 누렸을 것이다. 메가라는 코린스처럼 부유한 고위인사들이 모여드는 매춘 사업의 중심지였다. 그러나 372년 이곳에서 전쟁이 일어났다. 378년 아테네와 동맹국들은 제2차 아테네 동맹을 맺었고 스파르타에 맞서 전쟁을 치르고 있었다. 아테네와 동맹국들은 그들의 정치적 자치를 억누르려는 스파르타를 막으려 했다.

378년, 그러니까 네아이라가 카브리아스의 파티에 참석하기 4년 전에, 카브리아스는 보에오티아에서 군대를 지휘하고 있었다. 보에오티아는 아티카의 북서쪽에 있는 지역이었다. 메가라는 스파르타와 보에오티아를 연결하는 육로의 중간에 있었다. 덕분에 펠로폰네소스 반도의 잘나가던 도시국가 메가라는 스파르타와 아테네 동맹국 간의 전쟁에서 중심지가 될 수밖에 없었다.

아폴로도르스는 자신의 연설에서 이 전쟁 때문에 메가라의 매춘 사업은 큰 타격을 받았다고 설명하고 있다. 전쟁 때문에 메가라의 매춘 사업의 경기가 나빠졌다는 것은 그리 놀라운 일이 아니다. 아폴로도르스는 말한다.

"아스테레오스(373년 중반에서 372년 중반)와 알키스테네스(372년 중반에서 371년 중반)가 아테네의 아르콘으로 재직하던 시절, 네아이라는 2년 동안 메가라에 머물렀습니다. 그러나 그녀는 매춘업으로 자기 자신과 식솔을 부양할 만큼의 충분한 돈을 벌지 못했습니다. 네아이라는 사치스러웠으며 메가라 사람들은 비열하고 인색했던 탓입니다. 또한 전쟁 때문에 메가라에는 외국인들이 많이 드나들지 않았습니다. 전쟁 당시 메가라는 스파르타 편에 섰는데, 그 당시 바다를 장악하고 있던 것은 우리 아테네 인들이었기 때문입니다." 주16)

아테네와 맞서 싸웠던 스파르타는 이 전쟁을 '보에오티아 전쟁' 이라고 불렀다. 그도 그럴 것이 전쟁의 정점은 371년 보에오티아에서 벌어진 레우크트라 전투였기 때문이다. 보에오티아 인으로 구성된 보병대는 전에 없는 대열을 보여주면서 혁신적인 전술을 구사했다. 보에오티아 보병대는 대열의 우익을 활용해 적진의 오른쪽을 치고 들어갔다. 그리고 그곳에 진을 치고 있던 스파르타의 정예부대를 섬멸했다. 이 전투가 끝난 후 참정권을 가진 스파르타의 시민 중 $\frac{1}{4}$ 이상이 죽었다고 한다. 결과적으로 스파르타는 이 전투로 힘을 잃게 되었고, 보에오티아 보병대는 그 길로 펠로폰네소스 반도로 쳐들어가 약탈을 자행했다. 주17)

레우크트라 전투는 아테네와 스파르타로 양분되었던 그리스 세계의 힘의 균형을 바꾸어놓았다. 그리고 그보다 훨씬 작은 일이지만, 스파르타의 패배와 그리스 세계의 전쟁 종식은 네아이라의 환경을 몰라보게 바꾸어놓았다.

【제2부】

스페파노스와 아이들

제3장

고대 아테네의 시민권 계승 문제

레우크트라 전투가 끝난 후 네아이라는 아테네 시민인 스테파노스를 만났다. 스테파노스는 에로이아다이 데모 출신으로 안티도리데스의 아들이었다. 그는 메가라에 머무는 동안 네아이라의 집에서 살았다. 그는 그 집에서 네아이라와 섹스를 즐겼고, 시간이 나면 그녀의 인생 이야기를 들었다. 이 부분에 대해 아폴로도르스는 이렇게 말한다.

"그녀는 그에게 자신에게 일어났던 모든 일을 이야기했습니다. 그리고 프리니온이 그녀에게 얼마나 난폭한 행동을 했는지도 말했습니다."

그 이야기를 한 덕분인지 그녀는 스테파노스가 제공하는 좋은 기회를 얻을 수 있었다. 앞서 말한 대로 그녀는 아테네에서 살고 싶어 했다. 그러나 아테네에는 프리니온이 살고 있었다. 프리니온은 그녀가 2년 전에 자신의 소유물을 훔쳐 달아난 것에 대해 앙심을 품고 있을 것이 뻔했다. 그래서 그녀는 아테네에서 혼자 살아갈 자신이 없었다. 이에 대해 아폴로도르스는 이렇게 말하고 있다.

"그녀는 프리니온이 2년 전 자신이 잘못했던 일에 대해 보복할까봐 두려워했습니다. 프리니온은 그녀에게 화가 나 있었고 그녀는 그가 얼마나 폭력적이고 무모한 사람인지 잘 알고 있었지요."

그러나 스테파노스라면 그녀를 프리니온으로부터 보호해줄 수 있었다. 스테파노스가 아테네로 돌아갈 시점이 되자, 그녀는 그에게 자신도 아테네로 데려가 달라는 말을 꺼냈다. [주1)]

갑자기 등장한 네아이라의 아이들

아폴로도르스는 네아이라가 스테파노스를 따라 아테네로 왔을 무렵의 이야기를 하면서 우리에게 충격적인 사실을 알려준다. 아폴로도르스는 그 무렵 네아이라가 세 명의 아이를 두고 있었다고 말하기 때문이다. 그 세 명의 자식 중 두 명은 프로크세노스와 아리스톤이라고 불리는 남자아이였고 나머지 한 명은 여자아이였다. 그 여자아이의 이름은 스트리벨레였는데, 나중에 커서는 파노라는 이름으로 불렸다. 그녀 역시 아폴로도르스의 연설문에서 자주 언급되는데, 그것은 나름대로 이유가 있었다. 아폴로도르스에 따르면 파노는 행실 면에서 네아이라와 맞먹을 만큼 음탕했다는 것이다. 우리는 이 책의 뒷부분에서 파노가 어떤 일을 했는지에 대해서 자세히 살펴볼 것이다. 그러나 지금 여기서는 어떻게 갑자기 아폴로도르스의 연설문에서 아이들이 등장하게 되었는지, 과연 아폴로도르스가 그 아이들에 대한 진실을 말하고 있는지에 대해 살펴보고자 한다.[주2)]

레우크트라 전투 이후 네아이라가 세 명의 아이들을 데리고 아테네로 이사했다면 그 아이들은 어디서 나타난 것일까? 376년경 네아이라가 니카레테의 유곽에서 티마노리다스와 에우크라테스에게 팔렸을 때 그녀가 임신 중이었거나 아이들을 키우고 있던 것 같지는 않다. 고대 그리스에서 거리에서나 유곽에서 몸을 파는 소녀들은 임신하는 것을 몹시 꺼렸기 때문이다. 20세기 이전에 여자들에게 아이를 낳는다는 것은 목숨을 위협하는 무시무시한 경험이었다는 점을 무시한다고 해도, 임신을 하게 되면 그들은 남자를 유혹할 수 있는 몸매를 잃게 되고, 따라서 그들의 수입이 크게 줄어들기 때문이다. 특히 니카레테의 유곽에서 일하는 소녀들에게 임신을 한다는 것은 골치 아픈 일이었다. 왜냐하면 그녀들은 몸뿐만 아니라 존경받을 만한 여자라는 환상을 함께 팔았기 때문이다. 또한 부풀어 오른 배를 하고서는 아직 처녀성을 간직한 어린 창부 역할을 할 수 없었을 것이기 때문이다. 고대 그리스에서는 다양한 종류의 먹는 피임약이 있었고 임신 초기에 낙태하는 기법들이 존재했다. 이런 피임약과 낙태 기법들은 상당히 효과적이었다. 다른 사람들은 몰라도 적어도 매춘부들만큼은 원하지 않는 임신을 막거나 태아를 제거해주는 이런 기법들을 사용하고 있었다. 네아이라도 틀림없이 자신의 사업을 지켜주는 이러한 피임법과 낙태 기법을 사용했을 것이다. 그리고 니카레테 유곽의 고급 창녀들은 임신을 해서 손님들에게 몸을 팔지 못하거나 손님들과 함께 외출할 수 없는 끔찍한 상황이 일어나지 않게끔 관리되었다.[주3)]

그녀가 티마노리다스와 에우크라테스에게 팔린 것은 376년의 일이다. 물론 네아이라는 아무도 그녀의 임신을 의심하지 못하는 임신 초기에 그들에게 팔렸을 수도 있다. 그러나 그녀가 니카레테의 유곽에서 나온 후 아이를 가졌다면, 그녀를 임신시킨 것은 티마노리다스, 에우크라테스, 프리니온 그리고 카브리아스의 전차경주 승리를 기념하는 파티에서 그녀와 섹스를 했다고 알려진 파티 참석자들 중 한 명이었을 것이다. 371년 그녀가 세 아이를 데리고 스테파노스와 함께 아테네로 이사했다면, 그녀가 세 아이를 낳은 것은 376년과 371년 사이였음에 틀림없다. 그러나 아폴로도로스는 그 아이들이, 특히 두 명의 아들이 네아이라의 자식이라는 뚜렷한 증거를 제시하지 못했다. 그리고 그녀를 고소한 아폴로도로스 입장에서는 자신에게 유리하게 그 아이들이 네아이라의 자식이라고 거짓말을 하지 못할 이유도 없었다.

아이들을 아테네 시민으로 키우기

아폴로도르스가 전하는 바에 따르면, 그가 네아이라를 고소한 것은 한 가지 이유 때문이었다. 그것은 네아이라가 외국인인 주제에 아테네의 법을 어기고 아테네 시민의 아내로서 살았다는 것이다. 이런 기소 이유를 뒷받침하기 위해서 아폴로도르스는 배심원들에게 두 가지 사실을 증명하려고 애썼다. 첫째는 네아이라가 사실상 외국인이라는 사실이고, 둘째는 스테파노스가 네아이라와 결혼 관계를 맺고 살았다는 것이다. 아폴로도르스가 니카레테의 유곽에서 일했던 네아이라의 어린 시절을 언급한 것은 그녀가 외국인이라는 논점을 분명히 하기 위해서였다. 그리고 두 번째 논점을 뒷받침하기 위해서 아폴로도르스는 스테파노스가 네아이라의 아이들인 프로크세노스와 아리스톤 그리고 파노를 아테네 시민으로 키웠다는 사실을 증거로 들었다.

자, 우리는 이제부터 스테파노스가 네아이라의 아이들을 시민으로 키웠다는 사실이 그와 그녀가 결혼 관계를 맺고 있었다는 증거가 되는지 살펴볼 것이다.

아폴로도르스는 사실상 스테파노스가 그의 아이들을 아테네 시민으로 대우했다는 사실을 보여주는 데 성공했다. 스테파노스가 그의 두 아들을 시민으로 대우했다는 증거는 두 가지다. 첫째는 아이들이 세 살, 네 살이 되자 스테파노스는 그들을 자신의 '프라트리' phratry에 소개시켰다는 것이다. 프라트리는 모든 아테네 시민들이 소속되어 있는 씨족 집단이었다. 이 씨족 집단의 수는 약 100여 개가 넘었다. 두 번째 증거는 아이들이 열여덟 살이 되자 스테파노스가 그들의 이름을 자신이 속한 데모의 인구 기록계에 등록했다는 것이다. 스테파노스는 그의 딸 파노 역시 아테네 시민으로 키웠다. 그렇기 때문에 파노는 두 번이나 아테네 시민과 결혼을 할 수 있었다.[주4)]

프라트리와 데모에 등록한다는 것은 아테네 시민들만이 가질 수 있는 특권이었다. 만약 스테파노스가 외국인이었던 네아이라와의 사이에서 이 아이들을 낳았다면 그는 합법적으로 자신의 아들을 이들 집단에 가입시킬 수 없었다. 또한 그는 합법적으로 자신의 딸 파노를 아테네 시민과 결혼시킬 수 없었다. 5세기 중반 이후로는 부모 양쪽이 모두 아테네 시민인 아이들만이 아테네 시민권을 받을 수 있게 제한되었다. (물론 의회의 투표를 통해서 아테네 시민이 아닌 사람이 시민권을 획득하는 경우가 드물게나마 있긴 했다.) 따라서 그 아이들 중 누군가가 네아이라의 소생이었다면 그 아이의 아버지가 스테파노스라고 하더라도 그 아이는 아테네 시민권을 가질 권리가 없었다.[주5)]

스테파노스는 분명 자신의 아이들을 아테네 시민으로 키웠다. 그러나 스테파노스가 자신의 아이들을 아테네로 시민으로 키웠다는 것이 왜 스테파노스와 네아이라가 정식으로 결혼한 사이라는 증거가 될 수 있단 말인가? 사실, 지금 우리의 입장에서 볼 때 두 가지 사실 사이에는 아무런 연관성을 발견할 수 없다. 다시 말해 아폴로도르스는 교묘하게 논점을 흐리고 있는 것이다.

네아이라가 살고 있던 당시의 아테네는 부모가 모두 아테네 시민이고 정식 결혼을 했느냐에 따라 그 자식들이 누리는 지위가 달라졌다. 만약 아테네 사람 중 누군가가 이웃집 남자와 그와 동거하는 여자의 사이가 궁금하다면 (말하자면 정식으로 결혼한 사이인가, 아니면 그냥 정이 들어 함께 살고 있는 사이인가를 알고 싶다면) 이웃집 아이들이 어떤 대우를 받고 있는지를 살펴보면 되었다. 만약 이웃집 아이들이 아테네 시민으로 키워지고 있다면, 예를 들어 이웃집 사내아이가 그의 아버지의 데모에 소개되었다면, 이웃집의 남녀는 정식 결혼을 한 부부라고 보는 것이 옳다. 그들이 정식 부부 사이가 아니라고 해도, 적어도 그들은 남들 앞에서 정식 부부 행세를 하고 있는 셈이었다. [주6)]

그래서 아폴로도르스는 스테파노스가 자신의 아이들을 아테네 시민으로 키웠다는 사실을 그와 네아이라가 정식 부부 행세를 하고 있다는 증거로 몰고 갔다. 아폴로도르스는 말한다.

"스테파노스는 네아이라의 아들을 자신의 프라트리에 소개했습니다. 그리고 그 딸을 아테네 시민과 결혼시켰습니다. 이 두 가지 사실로 미루어볼 때, 스테파노스는 그 여자(네아이라)를 자신의 아내로 여겼던 것이 명백합니다."

아폴로도르스는 그렇게 말하고 나서 잠시 후에 자신의 논점을 보다 분명하게 설명했다.

"(네아이라가) 스테파노스와 남편과 아내로 살았다는 것은 그들이 아이를 낳았다는 뜻이고, 그들의 아들이 여러분이 소속된 프라트리에 소개되고 그들의 딸이 여러분의 아들과 결혼할 수 있다는 것을 의미합니다."

아테네 남자가 그의 아이들을 아테네 시민으로 기른다는 것은, 다른 말로 하자면 그가 아이들의 어머니와 합법적으로 정식 결혼을 했다는 증거가 된다. 아폴로도르스는 아이들을 아테네 시민으로 키웠다는 사실로 미루어볼 때 스테파노스가 네아이라와 정식 결혼을 하고 함께 살았던 것이 분명하다고 주장한 것이다. [주7)]

아폴로도르스의 주장은 얼핏 들으면 설득력 있게 들릴지도 모른다. 특히 네아이라와 재판을 할 당시의 배심원들처럼 곰곰이 그의 말을 따져볼 시간적 여유 없이 그의 연설을 들었다면 더 그랬을 것이다. 그러나 아폴로도르스의 이러한 주장에는 많은 허점들이 있다. 그의 주장은 그 아이들이 스테파노스와 네아이라의 소생이라는 가정 아래서 출발한다. 만약 네아이라가 그 아이들을 스테파노스가 아닌 다른 남자와의 사이에서 낳았다면, 스테파노스가 그 아이들을 자신의 데모에 소개하고, 딸을 아테네 시민과 결혼시킨 것은 명백히 불법적인 일이 될 것이다. 그러나 그렇다고 해도 그것이 스테파노스와 네아이라가 정식 결혼을 한 것처럼 행세했다는 증거가 될 수는 없다. 또한 그 아이들이 스테파노스가 아테네 시민인 아내와의 사이에서 낳은 자식이라면 아폴로도르스의 이러한 공격은 아무런 의미가 없다.

그럴 경우 스테파노스가 네아이라와 어떤 관계를 맺고 있든 간에 그가 아이들을 아테네 시민으로 키운 것은 아무 문제될 것이 없으며, 오히려 지극히 합법적인 일이다. 아폴로도르스는 스테파노스가 아이들을 아테네 시민으로 키웠다는 사실이 곧 스테파노스가 네아이라와 정식으로 결혼한 증거라고 주장하지만, 이러한 그의 주장은 그 아이들이 네아이라와 스테파노스 사이에서 태어난 것이 아니라면 전혀 타당성이 없는 말이 되고 만다. 주8)

우리는 이미 아폴로도르스가 자신의 연설 앞부분에서, 네아이라가 심지어 스테파노스를 만나기 전에 아이들을 낳았다고 단정 짓고 있는 것을 살펴보았다. 그는 연설의 앞부분에서 그 아이들이 네아이라의 소생이라고 분명히 밝히고 있다. 그러나 아폴로도르스는 나중에 그 사실을 잊어버리고 스테파노스와 네아이라가 마치 모두 시민권을 가진 합법적인 부부인 것처럼 행세했다고 비난한다. 그러면서 미묘하게 이 아이들이 스테파노스와 네아이라의 소생이라는 듯이 말한다.

"만약 여기 있는 스테파노스가 시민권을 가진 여자와 결혼했고, 네아이라가 아니라 그 여자와의 사이에서 이 아이들을 낳았다는 것이 밝혀지면 나는 기꺼이 이 소송을 취소하겠습니다."

아폴로도르스가 이렇게 애매하게 말을 한 것은 그가 배심원들을 속이려고 했기 때문이다. 아폴로도르스처럼 고대 아테네의 법정에서는 원고가 논점을 애매하게 흐리면서 배심원들을 속이려는 경우가 종종 있었다. 그도 그럴 것이 그 시대의 법률제도는 지금의 우리가 기본으로 여기는 법률이나 재판 과정과는 많이 달랐기 때문이다. 고대 아테네의 법정에서는 문서적 증거가 드물었고 (앞으로 제8장에서 살펴보면 잘 알겠지만) 배심원들은 법정에서 법률에 대한 설명을 들을 수 없었다. 또한 동료 배심원들과 의논하는 과정도 없이 판결을 내리는 투표에 참여해야만 했다.

우리는 다음 단락과 다음 장에서 네아이라가 그 아이들의 어머니라는 근거가 있는지 없는지, 스테파노스가 그 아이들을 아테네 시민 집단에 소개한 것이 불법인지 아닌지를 살펴볼 것이다.

시민권의 증거

스테파노스의 딸 파노가 과연 시민권을 가지고 있느냐 하는 의문은 그녀가 두 번이나 결혼에 실패한 데서 비롯되었다. 우리는 이 문제를 다음 장에서 살펴볼 것이다. 그래서 그때까지 그녀의 부모가 누구인가 살펴보는 것도 잠시 미룰까 한다.

아폴로도로스는 프로크세노스와 아리스톤이 네아이라의 아들이라고 주장하지만, 그의 말은 별로 신뢰할 만한 가치가 없다. 우리가 살펴보았듯이, 아폴로도로스는 네아이라가 살아온 과정을 죽 이야기하다가, 그녀가 스테파노스와 함께 메가라에서 아테네로 이주해왔다는 이야기를 할 무렵이 되어서야 처음으로 이 소년들과 파노에 대해 언급했다. 그러면서 아폴로도르스는 소문으로 들은, 스테파노스와 네아이라가 아테네로 이주해올 무렵에 나누었다는 사적인 대화에 대해서 말한다.

"스테파노스는 몇 마디 말을 해서 메가라에 머물고 있던 그녀에게 아테네로 이사하자고 설득했습니다. 그는 프리니온이 다시 네아이라에게 손을 대면 그는 그 대가를 치르게 될 것이라고 허풍을 쳤습니다. 그리고 스테파노스는 네아이라를 자신의 아내로 지켜주겠다고 말했습니다. 또한 그녀가 낳은 아이들도 자신의 자식으로 여길 것이며, 그 아이들이 나이가 차면 자신의 프라트리에 소개시켜주겠다고 약속했습니다. 스테파노스는 네아이라의 아들은 아테네 시민으로 자라날 것이고, 누구도 그녀를 해칠 수 없을 것이라고 호언장담했습니다. 그는 네아이라와 세 아이들과 함께 메가라에서 아테네로 이주해왔습니다. 그 아이들이 프로크세노스, 아리스톤 그리고 지금은 파노라고 불리는 딸입니다." 주9)

물론 이 소송을 심판했던 배심원들은 아폴로도르스가 제공하는 정보가 타당한 것인지 시간을 두고 꼼꼼히 따져볼 수 없었을 것이다. 그러나 우리는 그러한 배심원들과는 사정이 다르다. 우리가 시간을 가지고 아폴로도르스의 말을 천천히 따져본다면, 아폴로도르스가 25년도 훨씬 전에 메가라에서 스테파노스가 네아이라에게 했던 사적인 대화를 알고 있을 리가 없다는 사실을 쉽게 깨닫게 된다. 아폴로도르스가 이러한 대화를 지어내 자신의 연설에 끼워 넣은 것은 배심원들에게 스테파노스가 아이들의 신분을 속일 의도가 있었다는 사실을 보여주기 위해서였다.

아폴로도로스가 들려준 이 드라마틱한 대화에서는 분명히 프로크세노스와 아리스톤은 네아이라의 아들로 되어 있다. 그리고 그가 전하는 정보의 진실성에 대해서 곰곰이 생각해볼 틈이 없었던 배심원들은 아폴로도로스의 이러한 주장이 믿을만하다고 생각했을 것이다. 원고인 아폴로도로스는 배심원들로 하여금 그 아이들이 네아이라의 소생이라고 의심하게 만들기 위해 수사학을 효과적으로 이용했다. 아폴로도로스는 배심원들이 그 아이들을 네아이라의 자식이라고 믿게 하기 위해, 그것이 논쟁의 여지가 없는 분명한 사실인 것처럼 단언했다.

네아이라를 고발하는 아폴로도로스의 연설의 많은 부분은 파노가 저질렀던 비행에 대한 소문들로 채워져 있다. 사실, 그 연설 중에서 프로크세노스와 아리스톤에 대한 이야기는 상대적으로 적다. 그러나 아폴로도로스는 자신의 연설 끝부분에서 이 아이들이 네아이라의 자식이라고 의심하는 것을 잊지 않았다. 아폴로도로스는 선수를 쳐서 스테파노스가 네아이라를 변호하면서 자신의 주장에 반박하는 것을 막으려고 했다. 아폴로도로스는 말한다.

"나는 스테파노스가 내 주장을 반박하려고 한다는 이야기를 들었습니다. 그는 네아이라와 아내로서가 아니라 단지 헤타이라로 함께 지낸 것뿐이라고 자신을 변호할 모양입니다. 아이들 역시 네아이라의 자식이 아니라 그가 전에 결혼했던 그의 친척이자 아테네 시민이었던 다른 여자에게서 태어난 아이들이라는 것입니다."

만약 이 재판이 현재 시점에서 일어났다면, 그 아이들의 부모가 누구인가 증명하는 문제(다시 말해 그 아이들이 네아이라의 자식인가 아니면 아테네 시민권을 가진 다른 여자의 자식인가 하는 문제)는 고작 몇 분 안에 해결되었을 것이다. 스테파노스가 아이들이 태어났을 때 찍어놓은 그들의 지문이나 출생증명서를 배심원에게 보여주면 끝날 문제이기 때문이다. 그러나 그 당시 아테네 정부는 그곳에 살고 있는 주민들의 출생과 사망 날짜를 기록으로 보관해놓고 있지 않았다. 따라서 그 당시 아테네 사람들이 아이들의 부모가 누구인지를 증명하기 위해서는 아이의 출생과 성장을 지켜보았던 친구나 친척의 증언에 의지해야만 했다.

예를 들면, 아이가 태어나면 열흘 안에 '암피드로미아' amphidromia라는 기념 잔치를 열었다. 이 기념 잔치에서 아이는 이름을 갖게 되었고, 초청된 여러 사람들 앞에서 그 아이의 아버지가 누구인지를 공식적으로 선포했다. 암피드로미아에 초대된 사람들은 훗날 법정에서 아이의 부모가 누구인지 밝혀줄 증인의 자격을 갖추게 된다. 또 증인 자격을 갖는 다른 사람들은 그 아이와 같은 프라트리와 데모에 속한 회원들이었다. 그들은 법정에서 그 아이의 부모가 누구인지 확인해주는 증언을 할 수 있었다. 왜냐하면 프라트리와 데모의 회원들은 새로운 회원들을 받을 때 그들의 부모가 누구인지, 그들이 집단에 들어올 자격이 있는지를 심사했

기 때문이다. 주10)

물론 아폴로도르스는 프로크세노스와 아리스톤이 합법적인 아테네 시민이 아니라는 사실을 증명할 필요가 있었다. 그러나 그가 프로크세노스와 아리스톤의 암피드로미아에 참석하지 않았다는 것을 증언해줄 아테네 시민들을 증인단으로 모은다는 것은 사실상 불가능한 일이었다. 그러나 그가 그것보다 그 소년들이 합법적인 아테네 시민이 아니라는 사실을 증명하기 어려웠던 이유는, 그가 자신의 연설에서 밝힌 바와 같이 그 소년들은 이미 스테파노스의 프라트리와 데모에 가입되어 있었던 탓이 크다.

따라서 아폴로도르스에게는 그 아이들이 네아이라의 자식이라는 사실을 밝혀줄 증거는 거의 없었다. 그래서 아폴로도르스는 앞으로 스테파노스가 전개할 반박을 미리 평가 절하할 필요가 있었다. 재판 절차상 아폴로도르스가 배심원들에게 연설한 후 그의 적수인 스테파노스가 자신을 변호하는 연설을 하게 되어 있었다. 아폴로도르스는 선수를 쳐서 스테파노스가 반박할 만한 주장들을 미리 열거하면서 그것들이 염치없는 변명이라고 매도했다. 더불어 그는 이번 소송에서 스테파노스가 거짓 증언을 하도록 증인들을 매수했다고 비난했다. 아폴로도르스는 "스테파노스의 염치없는 주장과 거짓 증언을 하도록 매수된 증인들에게 단호히 대처해야" 한다고 말했다.

이러한 중상모략이나 부정적인 정보조작을 빼고 아폴로도르스가 스테파노스를 공격할 무기는 하나밖에 없었다. 그러나 아폴로도르스가 프로크세노스와 아리스톤이 합법적인 시민이 아니라는 것을 증명할 수 있는 유일한 증거는, 앞으로 보면 알겠지만 그다지 신빙성이 없다.

재판 과정에서 일어나는 고문

아주 예외적인 몇몇 경우를 제외하고는 아테네 법정은 노예들의 증언을 법적 증거로 채택하지 않았다. 그러나 그 증언이 노예를 고문한 후 얻어진 것이라면 사정이 달라졌다. 일부 사람들은 고문이 노예에게 가장 정확한 정보를 얻어낼 수 있는 심문 수단이라고 생각했다. 데모스테네스는 「오네토르를 반박하며」에서 "일반적으로 사람들은 노예를 고문하는 것이 사적인 문제나 공적인 문제에서 가장 정확한 증거들을 얻어낼 수 있는 방법이라고 생각"한다고 말한다. 그리고 이런 말도 한다.

"노예나 자유인 양쪽을 증인으로 쓸 수 있을 때, 또 그들 양쪽에서 정보를 얻을 수 있을 때는 자유인을 증인으로 내세우지 말아야 합니다. 그보다는 노예를 고문해서 진실을 밝히는 편이 훨씬 낫습니다. 배심원으로 있는 신사들도 자유인의 증언보다 고문을 통해서 얻어진 노예의 증언이 더 믿을 만하다고 봅니다. 아마도 배심원 여러분은 과거에 진실이 아니라 거짓 증언을 하는 증인을 본 적이 있을 겁니다. 그러나 자유인의 증언을 의심하는 배심원들조차 노예를 고문해서 얻어진 증거에 대해서는 아무런 의심을 품지 않습니다. 노예를 고문해서 얻어진 증언이 거짓일 리가 없다고 생각하기 때문입니다."

데모스테네스는 노예를 고문해서 얻은 증언의 가치를 크게 찬양했는데, 아폴로도르스가 이번 소송에서 증거로 내세우려는 것도 바로 그것이었다. 아폴로도르스는 네아이라의 노예들을 고문해서 그들로부터 그 아이들이 네아이라의 아이들인지 아닌지를 밝히려고 했다. 그러나 노예를 고문해서 증언을 얻는다는 것에 대해서 스테파노스의 입장은 아폴로도르스와 달랐다.[주11)]

아테네 법정에서 고문을 통해서 얻어낸 노예의 증언은 증거로 채택될 수 있었다. 그러나 노예를 통해 증거를 얻는 것은 원고 측이나 피고 측 모두가 그에 찬성했을 때나 가능한 일이었다. 노예로부터 증언을 얻는 데 관심이 있는 소송 당사자는 상대방에게 자신의 노예를 넘겨줄 테니 데려가 고문하든지 아니면 상대방의 노예를 끌고 와 고문하자고 제안했다. 소송 당사자 모두가 노예를 고문하는 데 찬성을 하면, 그 다음에 그들은 어떤 식으로 노예를 고문할 것인지, 그 노예의 증언에 따라 그 후 어떤 식으로 소송을 해결할 것인지에 대한 계약을 맺었다. 계약이 체결된 후 증언을 하게 될 노예는 법정 안이 아니라 법정 밖으로 끌려갔다. 노예는 피고와 원고 앞에서 고문을 전문적으로 하는 관리에게 고문을 받았다. 노예는 고문을 당하는 도중에 피고와 원고 양측에서 연속적으로 던지는 질문들에 대답해야만 했다.[주12)]

아리스토파네스는 자신의 희곡 『개구리』에서 노예를 고문해 증언을 얻으려는 상황에서 발생한 논쟁들을 패러디했다. 이 희곡에는 아이아코스와 크산티아스라는 두 명의 인물이 등장한다. 아이아코스는 크산티아스를 자신의 개를 훔쳤다는 혐의로 고소했다. (그 개는 세 개의 머리를 가진 지옥을 사수하는 케르베루스였다.) 그들은 끝나지 않는 논쟁을 해결하기 위해 크산티아스의 노예를 고문해 증언을 얻기로 했다. 그런데 재미있는 것은 이 노예가 자신이 디오니소스 신이라고 주장하고 있다는 점이다. 그 두 사람은 고문 절차에 대해서 금세 동의했다. 그들은 노예에게 어떤 종류의 고문을 가할 것인지, 어디서 그를 고문할 것인지, 노예의 증언에 따라 어떻게 분쟁을 해결할 것인지, 만약 고문 중에 노예가 부상을 입으면 그에 대해 보상을 할 것인지에 대해 의논했다.

크산티아스 : 제우스에게 맹세컨대, 내가 이곳에 와 당신의 머리카락 하나라도 훔쳤다면 당장 죽어도 할 말이 없소. 그러나 나는 여기서 나의 무죄를 증명하기 위해 당신에게 한 가지 고귀한 제안을 할까 하오. 여기 있는 이 노예를 데려가 고문하시오. 그에게서 내가 잘못했다는 증거를 찾는다면 나를 데려다 죽이시오.

아이아코스 : 그럼 그를 어떻게 고문하길 원하오?

크산티아스 : 당신이 원하는 대로 고문하시구려. 그를 사다리에 묶든가, 그를 밧줄에 매달든가, 그를 억센 채찍으로 때리든가, 그의 가죽을 벗기든가, 그를 할퀴든가, 그의 코에 식초를 붓든가, 그의 머리 위에 벽돌을 쌓든가, 당신이 원하

는 모든 고문을 하시오. 단, 그를 부추나 양파로 때리는 것을 제외하고 말이오.

아이아코스: 당신이 하는 말은 합당해보이오. 좋소, 내가 만약 당신의 노예를 때려서 그에게 부상을 입힐 경우엔 나도 노예의 상처를 치료할 수 있는 보상금을 걸겠소.

크산티아스 : 그런 일에 신경 쓰지 마시오. 어서 그를 데려가 때리시오.

아이아코스 : 나는 여기서 그 노예를 고문할까 하오. 그래야 당신도 그의 앞에서 질문을 할 수 있을 게 아니오?

이 장면에서 가장 우스꽝스러운 점은, 그들이 고문하려는 노예가 바로 디오니소스 신이라는 것이다. 무슨 이유에서인지 디오니소스는 크산티아스의 노예와 옷을 바꿔 입고 있었다. 디오니소스 신은 이제 고문을 피하기 위해서 자신이 신이라는 사실을 증명해야 할 처지에 놓이게 되었다. (그리스 신들은 아테네 시민들이 자신의 시민권을 증명하기 위해 고생하는 것처럼, 자신이 신이라는 사실을 증명하기 위해 고역을 치르는 것 같다.) 주13)

아리스토파네스의 희곡에 나오는 이 장면에서, 크산티아스는 자신이 개를 훔치지 않았다는 것을 증명하기 위해 아이아코스에게 자신의 노예를 고문해보라고 제안하고, 아이아코스는 그 제안을 흔쾌히 받아들인다. 그러나 아이아코스는 그 제안이 마음에 들지 않는다면 거절할 수도 있다. 아테네의 법률 세계에서는 소송 상대방에게 노예를 고문하자는 제안을 받는다고 해서 꼭 그 제안을 받아들일 의무는 없었다.

리시아스의 연설문 「올리브 나무 그루터기에 대하여」를 보면, 노예를 고문하자는 이런 제안이 거절당한 사례가 나온다. 노예를 고문해서 얻어내는 증거가 그리 확실할 리 없다고 여겨졌던 것이다. 리시아스에게 이 법정 연설문을 써달라고 청탁했던 고객은 자신의 땅에 있는 성스러운 올리브 나무 그루터기를 뽑았다는 이유로 고소를 당했다. 그 올리브 나무는 도시국가 아테네에 등록된 나무들 중 하나였기 때문이다. 옛날 신화시대에 아테나 여신은 아크로폴리스에 올리브 나무를 심었다. 사람들은 리시아스의 고객의 땅에 서 있던 그 나무가 아테나 여신이 심었던 올리브 나무의 씨앗에서 자라난 것이라고 믿었다. 지금 우리의 입장에서 보면 이 소송은 너무나 사소한 것처럼 보인다. 그러나 리시아스의 고객은 그 사건 때문에 혹독한 처벌을 받을 처지에 몰리게 되었다. 그는 잘하면 아테네에서 추방되는 데 그치거나 잘못되면 목숨을 잃을 지경이었다. 리시아스의 고객은 자신의 무죄를 증명하기 위해 원고에게 자신의 노예를 고문해보라고 제안했다. 그러나 원고는 그의 이러한 제안을 거절했다. 주14)

"나는 목격자들을 증인으로 데리고 그(원고)에게로 갔습니다. 그리고 그에게 말했습니다. '내가 그 땅을 양도받았을 때 함께 있던 내 노예들 모두를 데려왔으니, 원하면 그들을 고문해보시오.' 나는 노예들의 증언을 통해서 그가 말한 것이 옳은가 아니면 내가 주장한 것이 옳은가를 분명히 밝혀낼 수 있다고 생각했습니다. 그러나 그는 나의 제안을 거절하면서 하인들의 말을 믿어줄 사람은 없다고 말했습니다. 그는 노예들이 고문 도중에 자신의 주인에게 불리한 증언을 하게 되면 나중에 그것 때문에 주인의 손에 죽게 될 것이 뻔하다고 했습니다. 그렇기 때문에 노예들은 증언을 해서 주인을 화나게 만들고 결국 주인 손에 죽기보다 차라리 입을 다물고 고문을 견디는 편을 더 좋아한다고 말입니다. 그러나 나에게는 그의 이러한 주장이 비정상적인 것처럼 보입니다.”[주15)]

아폴로도르스도 리시아스의 고객만큼 운이 좋지 않았다. 그는 스테파노스에게 고문을 통해서 증거를 찾도록 네 명의 노예들을 넘겨달라고 주장했다. 그 노예들 중 두 명은 트라타와 코크카리네였다. 프리니온의 집을 떠나 메가라로 이주했을 때부터 거의 30년 동안 네아이라는 그들을 데리고 있었다. 그리고 나머지 두 명은 크세니스와 도리시스였다. 스테파노스와 아테네에서 새 살림을 차린 후 네아이라는 그들을 구입했다. 아폴로도르스는 이들 여자 노예들이 다른 노예들과 달리 좋은 대접을 받고 있다고 주장했는데, 그것은 그 여자 노예들이 네아이라와 스테파노스가 감추고 싶어 하는 아이들의 출생의 비밀을 알고 있기 때문이라고 했다. 아폴로도르스는 만약 스테파노스가 그 노예들을 고문하자는 제안을 받아들이면, 그 노예들의 증언에 따라 자신이 고소한 이 소송을 취소할 수도 있다고 말한다.

“만약 노예들을 고문한 결과, 이곳에 있는 스테파노스가 과거에 시민권을 가진 여자와 결혼했고, 아이들 또한 네아이라가 아니라 그 여자와의 사이에서 태어난 것이라는 사실이 밝혀지면, 나는 기꺼이 이 소송을 포기하고 고소를 취소하겠습니다."

그러나 아폴로도르스는 이 구절에서 노예들의 증언이 불리하게 나오면, 네아이라와 스테파노스가 어떤 처벌을 받게 되는지에 대해서는 상세히 설명하지 않았다. 아마도 노예들이 불리한 증언을 하게 되면 네아이라는 다시 노예로 팔리게 되고, 그 아이들은 외국인 취급을 받게 될 것이다. 다행히 외국인 신세로 전락하지 않게 된다고 해도, 그 아이들은 그들의 시민권을 의심하는 소송에서 불리한 위치에 처하게 될 것이다. [주16)]

스테파노스 가족의 미래는 여자 노예 네 명의 증언에 달린 셈이었다. 그러나 이 여자 노예들이 고문의 혹독한 시련 속에서 어떤 증언을 할 것인지 아무도 예측할 수 없었다. 475년 무렵에 살인자로 몰린 한 사람은 배심원 앞에서 이렇게 말한다.

"나는 여러분도 잘 알고 있으리라 생각합니다. 고문당하는 노예들은 자신에게 가장 심한 고문을 하는 사람이 듣고 싶어 하는 대답을 말한다는 사실을 말입니다."

이런 점을 고려할 때, 스테파노스가 노예를 고문하자는 아폴로도르스의 제안을 거절하고 법정에서 자신을 변호하는 쪽을 선택한 것은 그다지 놀라운 일이 아니다. 사실, 육체적 고통을 당하는 노예들이 어떤 증언을 할지 모르는 상황에서, 그는 네아이라의 자유와 아이들의 시민권을 위험하게 만들 수도 있는 제안을 받아들일 만큼 어리석지 않았다. 또한 그는 고문당하게 될 자신의 노예들을 동정해서 아폴로도르스의 제안을 거절했을 수도 있다. 그 재판이 벌어질 당시 트라타와 코크카리네는 사십대 중반이었다. 어쩌면 그보다 더 나이가 많았을 수도 있다. 그들은 지난 30년 동안 네아이라를 위해 일해 왔다. 사실, 집안에서 오래 일해 온 노예와 그들의 주인 사이에 어느 정도 애정이 존재했다고 해도 이상한 일은 아니다.[주17)]

스테파노스는 노예들을 고문하자는 아폴로도르스의 제안을 거절했다. 그런데 아폴로도르스는 스테파노스가 자신의 제안을 거절한 것이 바로 그가 유죄라는 증거라고 주장한다. 그는 그런 식으로 자신의 연설이 끝난 다음에 시작될 스테파노스의 변호 연설을 반박하려고 했다. (아폴로도르스는 스테파노스가 그 아이들이 네아이라가 아니라 아테네 시민이었던 여자의 자식들이라고 주장하리라는 것을 예상하고 있었다.) 그는 자신의 연설이 끝나기 몇 분 전에 자신에게는 그 아이들이 네아이라의 자식이 아니라는 사실을 반박할 아무런 증거도 없음을 스스로 고백한다. 아폴로도르스는 말한다.

“나는 여기에 있는 신사 스테파노스에게 노예를 고문하자는 제안을 했습니다. 그러나 그는 그 제안을 받아들이지 않았습니다. 스테파노스가 그런 결정을 내린 것은 다 나름대로 계산한 것이 있기 때문입니다. 스테파노스는 내가 제기한 이번 소송에서 네아이라가 저지른 죄를 감추려 하고 있습니다. 나는 배심원 여러분에게 진실을 말했고, 그것이 진실이라는 것을 노예들을 고문하면서 밝히려고 했습니다. 다시 말해, 그가 앞으로 배심원 여러분에게 할 이야기는 다 거짓말이라는 것을 알리려고 했습니다. 그러나 그는 네 명의 여자 노예를 고문해 진실을 밝히자는 내 제안을 정정당당하게 받아들이지 않았습니다. 그 대신 스테파노스는 배심원 앞에서 이치에 닿지 않는 변명을 늘어놓으려 하고 있습니다. 친애하는 배심원 여러분, 여러분도 저와 같은 생각을 하고 있지 않습니까?"

이런 말까지 하는 것을 보니 아폴로도르스의 처지가 꽤나 절박했나 보다. 우리는 스테파노스가 노예들을 고문하라고 넘겨주는 것이 현명하지 못한 계책이라는 사실을 알아보았다. 결국 이 소송을 건 아폴로도르스는 네아이라가 프로크세노스와 아리스톤의 어머니라는 사실을 입증할 만한 충분한 근거를 대지 못한 셈이다. 주18)

스테파노스의 세 아들

아폴로도르스는 그 소년들의 어머니가 네아이라라는 사실을 증명하지 못했을 뿐만 아니라, 우리로 하여금 그의 의도를 의심하게 만드는 억지스러운 주장을 하고 있다. 우리가 살펴본 것처럼 프로크세노스와 아리스톤은 스테파노스에 의해서 프라트리와 데모에 소개되었다. 프라트리와 데모에 들어가기 위해서 그 소년들은 그들의 부모 모두가 아테네 시민이라는 것을 검증받아야 했고, 그 과정을 거친 후에나 그 집단의 일원으로 등록할 수 있었다. 만약 그들이 프라트리와 데모에 들어가기 위해 심사받는 과정에서 그들의 자격에 대한 의문이 제기되었다면, 아폴로도르스가 그 사실을 자신의 주장을 뒷받침할 증거로 사용하지 않았을 리가 없다.

이와 같은 논리는 안티도리테스가 네아이라의 셋째 아들이라는 아폴로도르스의 주장을 반박하는 데도 그대로 적용된다. 아폴로도르스는 자신의 연설 끝부분에서 처음으로 안티도리테스를 언급했다. 그는 자신이 고문하자고 제안했던 네 명의 노예들에 대한 이야기를 꺼내면서 이렇게 말한다.

"이 여자(노예)들은 이미 죽은 프로크세노스와 아직도 살아있는 아리스톤, 달리기 주자인 안티도리테스 그리고 전에는 스트리벨레라고 불렸던 파노가 네아이라의 아이들이라는 것을 잘 알고 있습니다."

알려진 바에 의하면, 스테파노스의 아버지는 안티도리테스라는 이름을 가지고 있었다. 아테네 사람들은 흔히 아들에게 할아버지의 이름을 붙여주었다. 그렇다면 우리는 안티도리테스가 스테파노스의 아들이라는 사실을 쉽게 추측해낼 수 있다. 할아버지의 이름을 따른 것으로 보아,

안티도리테스는 스테파노스의 첫째 아들이었을 것이다. 안티도리테스는 어쩌면 네아이라가 스테파노스와 아테네로 이주한 뒤 낳은 아들일 수도 있다. 만약 안티도리테스가 네아이라가 스테파노스의 집에 들어온 후에 낳은 아이라면, 이럴 경우 스테파노스가 안티도리테스를 자신의 프라트리와 데모에 소개했을 때 그의 자격을 의심받았을 테고, 그가 그 집단에 들어가는 데에는 심한 저항이 따랐을 것이다. 그러나 아폴로도로스는 안티도리테스가 합법적인 아테네 시민이 아니라는 다른 증거들을 끌어들이지 못했다.

그와 달리 스테파노스는 안티도리테스, 프로크세노스, 아리스톤이 합법적인 아테네 시민이라는 사실을 기꺼이 증언해줄 증인들을 확보할 수 있었다. 우리가 살펴본 것처럼, 아폴로도로스는 스테파노스가 그 자신에게 유리하도록 증인들을 매수해 거짓말을 시켰다고 주장하면서, 스테파노스가 변호를 시작하기 전에 그의 신뢰성을 떨어뜨리려고 했다.

스테파노스가 정당한 변호를 하려고 했던 것일 수도 있고, 아니면 아폴로도로스가 법정에서 거짓 증언을 하려는 증인에 맞서 미리 피고를 공격한 것일 수도 있다. 그러나 우리가 볼 때 스테파노스가 진실을 말한 것처럼 보인다. 아마도 스테파노스가 진실을 말했다면 안티도리테스, 프로크세노스 그리고 아리스톤은 그가 네아이라와 함께 아테네로 이주해오기 전에 아테네 시민인 여자와의 사이에서 낳은 아이들이라고 믿어도 좋을 것이다. 주19)

아폴로도로스가 배심원들에게 그 사내아이들이 네아이라의 자식이라는 사실을 믿게 하기 위해서 어떤 수사학적 전략을 사용했는지 알아보려면, 우리는 네아이라의 삶에 대해서 그가 했던 이야기들을 살펴볼 필요가 있다.

아폴로도로스가 전하는 바에 따르면, 스테파노스는 메가라에서 네아이라를 데리고 아테네로 돌아가기로 마음먹었으며, 네아이라를 구해줄 자비로운 구원자가 되겠다고 약속했다. 그는 그녀를 프리니온에게서 구해주고 그녀의 자식들을 합법적으로 아테네 시민 집단에 가입시켜 주겠노라 장담했다. 아폴로도로스는 스테파노스가 확실히 네아이라에게 그런 말을 했다고 주장한다. 그러나 아폴로도로스가 자신의 연설 속에서 언급하고 있는 스테파노스와 네아이라의 약속은 그의 상상이거나 소문에 지나지 않았다. 스테파노스가 그러한 약속을 했는지 불확실한 데다가 네아이라가 프로크세노스와 아리스톤의 어머니가 아닐 가능성도 매우 크다.

제4장

스테파노스, 생계를 책임지는 가장

아폴로도르스는 네아이라가 아테네에 살면서 스테파노스와의 관계 속에서 많은 것을 얻어냈다고 말한다. 스테파노스 덕분에 그녀는 프리니온으로부터 자신을 보호할 수 있었고, 부수입으로 자신의 아이들을 시민으로 만들 수 있었다. 우리에게는 그녀가 그 아이들의 어머니라는 아폴로도르스의 주장을 의심할 만한 이유가 있다. 다음 장에서 자세히 살펴보겠지만, 프리니온은 네아이라와 스테파노스에게 실질적인 위협이 되지 못했다. 아마도 네아이라는 한 남자가 제공할 수 있는 안전하고 안정적인 관계를 갈망했던 것 같다.

스테파노스는 네아이라를 자신의 집에 데리고 올 그 나름의 이유가 있었다. 그가 네아이라를 집으로 데려온 이유 중에 가장 분명한 이유는 네아이라가 매력적인 여자였다는 것이다. 네아이라는 남자들이 원하는 짝이 되도록 어려서부터 훈련을 받은 여자였다. 우리가 생각했던 것처럼 만약 스테파노스가 네아이라를 만났을 때 이미 두 명 혹은 세 명의 자식을 둔 아버지였다면, 그는 네아이라가 자신의 배우자가 되어 그 아이들을 키우는 데 도움이 되기를 바랐을 것이다. (스테파노스가 그 아이들의 어머니라고 주장한 아테네 시민이었던 그의 아내는 그 이후 그의 삶에서 등장하지 않는다. 아마도 그녀는 그 당시 이미 죽은 사람이 아니었나 싶다.) 결국 메가라에 머무는 동안 스테파노스와 네아이라는 순수한 사랑의 감정으로 얽힌 것 같다.

아폴로도르스는 스테파노스가 네아이라를 그의 집으로 데려온 가장 큰 이유를 다른 곳에서 찾았다. 그는 이렇게 말한다.

"그가 네아이라와 함께 아테네로 돌아온 데에는 두 가지 이유가 있었습니다. 그 첫 번째 이유는 대가를 치르지 않고 아름다운 헤타이라를 가질 수 있다는 점이고, 두 번째 이유는 네아이라가 돈을 벌어 그의 가정에 필요한 물건을 대줄 수 있다는 점이었습니다. 왜냐하면 그는 밀고자 노릇을 해서 버는 돈을 제외하고는 아무런 수입이 없었기 때문입니다."

물론 우리는 아폴로도르스가 말하는 첫 번째 이유가 틀렸다고 부정할 수 없을 것이다. 그러나 스테파노스가 네아이라를 아테네로 데리고 온 것은 네아이라가 매춘을 해서 그의 가난한 집을 부양하기 위해서였다는 원고 아폴로도르스의 두 번째 주장에 대해서는 보다 꼼꼼하게 살펴볼 필요가 있을 것 같다. 스테파노스가 매춘을 시켜 돈을 벌기 위해 네아이라를 아테네로 데려왔고, 네아이라가 이번에는 그녀 자신뿐만 아니라 그녀의 연인과 아이들을 부양해야만 하는 처지에 놓인 것일까? 과연 그녀는 그런 일을 강요하는 남자에게 애착을 가질 수 있었을까?

밀고자 노릇하기

우리가 먼저 따져봐야 할 것은 아폴로도르스가 스테파노스의 재정 상태, 즉 그의 부양 능력에 대해 거짓 없이 말하고 있느냐 하는 점이다. 아폴로도르스는 그 당시에 스테파노스가 매우 가난했다고 말한다. 아폴로도르스는 자신의 이러한 주장을 뒷받침하기 위해서 스테파노스가 네아이라를 데려왔던 집의 가격에 대해 말한다.

"스테파노스는 네아이라와 그 아이들을 작은 집으로 데려왔습니다. '속삭이는 헤르메스' (이 동네가 어디에 있는지는 밝혀지지 않았다.) 근처에 있는 그 집은 엘레우시스의 도로테오스가 사는 집과 크레이노마코스의 집 사이에 있었습니다. 현재 그 집에 살고 있는 사람은 스피타로스인데, 그는 그 집을 스테파노스에게서 7미나이(700드라크마)에 샀다고 합니다."

4세기경 아테네의 집값은 300드라크마에서 12,000드라크마 사이였다고 알려져 있다. 아폴로도르스가 말한 그 집의 가격이 틀림없다면, 스테파노스가 살았던 집이 싼 집이었다는 그의 지적에도 일리가 있다. 그런데 스테파노스의 이웃이었던 도로테오스는 상당한 재산가로 알려진 사람이다. 366년과 357년, 그는 '트리에라크' trierach로 공직에 봉사했다. 트리에라크는 아테네 군함인 갤리선의 선장이자 그 배의 재정적 지원자를 말한다. 따라서 트리에라크는 가장 부유한 아테네 시민만이 맡을 수 있는 공직이었다. 사실, 스테파노스의 이웃이 아테네의 유명한 부자였다는 것이 그의 집도 비싸다는 것을 증명해주지는 못한다. 아마도 스테파노스의 집은 부유한 이웃의 집들 사이에 끼어 있는 초라한 집이었는지도 모른다. 혹은 도로테오스는 부자임에도 불구하고 소박한 집에 살면서 자신의 재산을 과시하기 싫어했는지도 모른다. 그러나 스테파노스와 네아이라가 살았던 집 옆에 도로테오스의 집이 있었다는 것은 부유한 사람들이 그의 집을 이웃에 두기 꺼릴 만큼 초라하지는 않았다는 반증으로도 풀이된다. 주1)

더 나아가 아폴로도르스는 그 작은 집이 스테파노스의 유일한 재산이었다고 말한다.

"스테파노스에게는 그 집 외에는 그 어떤 재산도 없었습니다."

그러나 그는 스테파노스의 재정 상태에 대한 이러한 자신의 주장을 뒷받침해줄 증거를 대지 못했다. 스테파노스가 네아이라를 데리고 아테네로 이주해온 지 15년쯤 지난 후에 아테네에 자신의 토지를 갖고 있었던 것만큼은 확실해 보인다. 그러니까 우리는 스테파노스가 네아이라를 데리고 아테네에 왔던 371년 무렵에 이미 그 토지를 가지고 있었다고 추측해볼 수 있다. 350년경 스테파노스는 3,000드라크마의 지참금을 주어 파노를 시집보낼 만큼 여유가 있었다. 스테파노스가 파노의 지참금으로 준 돈은 그가 네아이라를 데리고 왔던 집값의 4배에 달하는 액수이다. 이 사실로 보아 371년에 스테파노스의 재산이 오로지 집 한 채 뿐이었다는 아폴로도로스의 주장과 달리, 그 당시 스테파노스는 토지를 소유하고 있었다고 봐도 좋을 것이다. 어쩌면 아폴로도로스는 그 당시 스테파노스의 재산에 대해서 진실을 말하고 있었는지도 모른다. 그러나 그의 이러한 주장을 뒷받침해줄 증거는 아무것도 없다. [주2)]

두 번째로 아폴로도로스는 스테파노스가 '밀고자' sycophant 노릇을 해서 버는 돈을 제외하고는 아무런 수입이 없었다고 주장했다. 그의 이 말을 이해하기 위해서는 설명이 필요하다. 아폴로도로스가 말하는 고대 그리스의 법정에서 사용되는 '밀고자' 라는 말의 뜻은 지금의 우리가 알고 있는 말뜻과 다르기 때문이다. 그러나 고대나 현대나 밀고자라는 말이 모욕적인 표현이라는 점에서는 한결같다. 아테네 법정에서는 그 고소가 정당한 것인지 아닌지 상관없이, 피고들이 자신에게 소송을 건 원고를 밀고자라고 불렀다. 아폴로도로스가 스테파노스를 밀고자라고 부른 것은, 스테파노스가 민회에 참가할 수 있고 법정에 소송을 걸 수 있는 아테네 시민의 권리를 이용해서 돈을 벌었다고 주장하기 위해서였다.

밀고자의 행위에 해당되는 항목들은 아주 다양했다. 민회에서 계속 반복적으로 법률을 제안하는 것도 밀고자의 행위에 포함되었다. 아테네 민회에서는 현재 정부의 정책과 갈등을 일으킬 만한 법률을 제안할 때는, 직접 당사자가 그 법률을 제안하지 않고 다른 사람을 고용해서 간접적으로 제안하게 되어 있었다. 이렇게 고용된 사람을 밀고자라고 불렀는데, 그는 돈을 받고 자신의 이름으로 민회에서 법률을 제안했다. (밀고자가 법률을 제안하는 사례에 대해서는 제7장에서 자세히 알아볼 것이다.) 이와 비슷한 예로 아테네에서는 상대방을 고소하고 싶을 때, 직접 자신이 나서지 않고 다른 사람을 시켜서 고소하기도 했다. 아테네 사람들이 자신이 직접 고소를 하지 않고 다른 사람을 통해서 고소하려고 했던 것은, 자신이 직접 법정에 나서 연설할 자신이 없었기 때문이거나 소송이 실패했을 때 기소자가 내게 되는 벌금을 피하기 위해서였다. (아테네에서 소송 당사자들은 법정에서 자신의 입장을 대변해줄 변호사를 고용할 수 없었다.) [주3)]

아테네 사람들이 직접 법률을 제안하거나 고소를 하고 싶어 하지 않았기 때문에, 그들은 밀고자라는 불명예스러운 호칭을 얻을망정 돈을 벌 수 있었다. 또한 이러한 밀고자들에게 유리한 법률제도도 있었다. 예를 들어, 승소를 한 원고는 피고가 내는 벌금의 일부를 가질 권리가 있었다. 소송에 이기면 얻게 되는 이런 돈 때문에 기꺼이 자발적으로 자기가 남들 대신 기소를 하려는 사람들도 있었다. 아테네의 법률제도는 이러한 자발적인 지원자들을 바탕으로 하고 있었다. 그러나 바로 그런 점 때문에 소송이 남용되는 경우도 적지 않았다. 밀고자들은 아테네 법률제도의 이러한 점을 이용해서 습관적으로 소송을 걸었다. 그들이 소송을 거는 목적은 자신의 법정 경력에 또 하나의 승리를 더하겠다는 잘못된 야심 때문이었다. 그보다 더 질 나쁜 밀고자들은 상대방에게 소송을 빌미로 협박하는 부류였다. 이런 경멸받아 마땅한 밀고자들은 자신에게 돈을 지불하지 않으면 상대방에게 소송을 걸겠다고 위협했다. 죄가 없는 사람들도 성가신 재판 과정이나 소송에 패할 위험을 피하기 위해 이런 협박꾼들에게 돈을 쥐어주곤 했다.[주4)]

아폴로도르스는 이러한 밀고자들의 행태를 비판한 다음, 네아이라를 데리고 아테네로 돌아온 후 스테파노스가 했던 밀고자 행위들에 대해서 늘어놓았다.

“여기 있는 스테파노스의 정치적 경력에 대해서라면 말할 가치도 없습니다. 왜냐하면 그는 대중 연설가라기보다는 여전히 밀고자에 불과하기 때문입니다. 그는 연설가의 연단 옆에 서서 소리를 지르거나 돈을 받고 기소나 탄핵을 도맡는 무리 중 하나였습니다. 또한 다른 사람의 활동에 이름이나 빌려주는 사람이었습니다. 그 시절 그는 아피드나 데모의 칼리스트라토스의 명령을 받으며 활동했습니다.”

여기서 아폴로도르스가 비판하는 내용은 애매하며 그다지 믿을 만한 것이 아닌 것 같다. 왜냐하면 아폴로도르스는 연설의 다른 부분에서 스테파노스가 소송을 거는 밀고자 이상의 사람이었다는 것을 자세하게 설명하고 있기 때문이다.

아폴로도르스는 스테파노스가 칼리스트라토스와 함께 일하기 전에는 밀고자로 활동했다고 말했다. 칼리스트라토스는 그 당시 아주 유명한 정치가였다. 결국 스테파노스가 칼리스트라토스와 함께 일했다는 아폴로도르스의 비난은 그 당시 스테파노스가 전형적인 정치적 행보를 보였으며 아주 전도가 유망했다는 반증이기도 하다. 그러나 아폴로도르스는 그 사실을 다 밝히지 않고, 다만 스테파노스가 칼리스트라토스와 친교를 맺고 있었다는 사실만 언급하고 있다. 적어도 우리는 369년에 시인 크세노클레이데스가 칼리스트라토스를 민회에서 반대한 후 스테파노스가 크세노클레이데스를 고소했다는 사실을 알고 있다. 스테파노스는 이 소송에서 승리했는데, 그 덕분에 크세노클레이데스는 시민권을 박탈당했다. 아폴로도르스는 스테파노스가 이 소송을 건 것은 네아이라 때문이라고 설명한다. 왜냐하면 크세노클레이데스는 네아이라가 니카레테의 유곽에서 일할 때 그녀를 찾아오던 연인 중 한 사람이었기 때문이다. (아폴로도르스가 주장하는 것이 사실이라면, 이 소송은 참 미묘한 사건임에 틀림없다. 그러나 크세노클레이데스가 자신의 시민권을 박탈한 스테파노스를 조롱하기 위해 자신이 네아이라의 연인 중 한 명이었노라 떠벌였는지도 모른다.) 아폴로도로스는 말한다.

"그 후에도 우리가 잘 알다시피 그녀는 코린스에서 드러내놓고 매춘을 했습니다. 그의 수많은 연인 중에는 시인 크세노클레이데스와 배우 히파로코스가 있습니다. 그들은 돈을 지불하고 그녀와 잤습니다. 그러나 나는 애석하게도 이 자리에 크세노클레이데스를 불러 여러분에게 그 사실을 증명하게 할 수가 없습니다. 왜냐하면 법이 그의 시민권을 박탈해 버렸기 때문입니다. 칼리스트라토스는 민회를 설득해 스파르타에 구원병을 보내자고 했습니다. 그때 크세노클레이데스는 스파르타에 구원병을 보내자는 그의 주장에 반대했습니다. 그 당시 크세노클레이데스는 (특정한 세금을 징수하는 책임 때문에) 법률상 징집이 면제된 상태였습니다. 그래서 그는 원정에 참여하지 않았던 것입니다. 그러나 여기 있는 스테파노스는 병역을 마치지 않았다는 이유로 그를 고발했습니다. 크세노클레이데스는 법정에서 중상모략을 당해 유죄 판결을 받았습니다. 그리고 자신의 시민권을 잃고 말았던 것입니다."

스테파노스가 소송을 걸어 그 재판에서 승리하면서 크세노클레이데스는 더 이상 민회나 법정에서 말할 수 없는 신세가 되었다. 그 덕분에 칼리스트라토스는 간단히 자신의 정적 하나를 처리하게 되었다. 어쩌면 칼리스트라토스는 스테파노스가 우연히 크세노클레이데스에게 소송을 건 결과로 뜻하지 않은 행운을 얻은 것일 수도 있다. 아니면 칼리스트라토스는 이번 소송에 대한 계획을 짜고 스테파노스를 시켜 그 계획을 수행하게 했는지도 모른다. 이 사건을 자세히 들여다보면, 첫 번째 시나리

오보다 두 번째 시나리오가 더 현실성이 있어 보인다. 주5)

그러고 나서 아폴로도르스는 아마도 스테파노스 쪽에서 제기했던 또 다른 두 건의 소송에 대해서 이야기했다. 아폴로도르스는 이 두 건의 소송에서 피고 쪽의 입장에 서 있었다. 우리는 제7장에서 보다 자세하게, 네아이라의 재판보다 시기적으로 앞서 일어났던 이 두 건의 소송에 대해서 살펴볼 것이다.

아마도 스테파노스는 자신의 정치적 경력 때문에 당사자 대신 소송을 하는 밀고자 노릇을 했던 것 같다. 그러나 아폴로도르스가 주장하는 대로 그가 돈을 벌기 위해 습관적으로 소송을 거는 밀고자였는지는 알 수 없다. 스테파노스가 돈 몇 푼을 벌기 위해 기꺼이 자신의 시민권을 이용해 먹는 사람이라면, 자신이 사랑하는 여자를 구해주는 기사도를 발휘하지는 못했을 것이다. 우리는 다음 단락에서 아폴로도르스가 주장한 것처럼 네아이라가 스테파노스 집안의 생계를 유지하기 위해 매춘을 했는지, 스테파노스가 네아이라의 포주처럼 행동했는지 아닌지를 살펴볼 것이다.

무를 사용하는 여러 가지 방법

아폴로도르스는 스테파노스의 작은 집을 심하게 헐뜯고 나서 이렇게 말한다.

"그와 살면서 그녀는 전과 마찬가지로 계속 매춘을 해야만 했습니다. 그리고 그녀는 자신과 자고 싶어 하는 남자들에게 이제 자신이 남편과 함께 살고 있는 처지라는 점을 들어 전보다 더 많은 돈을 요구했습니다. 스테파노스는 네아이라와 한 조가 되어 그들의 고객을 협박하곤 했습니다. 그의 집에 한때 네아이라의 연인이었던 돈 많고 경험이 없는 외국인이 찾아왔을 때, 스테파노스는 그에게 '모이코스' moichos라는 죄명을 씌워 그를 집안에다 가두고 벌금으로 많은 돈을 요구했습니다"

'모이코스'라는 개념은 흔히 간통자로 번역되고 '모이케이아' moicheia라는 개념은 흔히 간통으로 번역된다. 그러나 모이코스는 정확히 간통자라는 말뜻과 일치하는 것은 아니다. 모이코스는 모이케이아를 저질렀다는 것을 의미한다. 다시 말해, 그것은 한 남자가 다른 남자에게 의지하고 있는 자유인 여자와 섹스를 했다는 것을 의미한다. 다른 남자에게 의지하고 있는 자유인 여자란 그 남자의 아내만을 가리키는 것이 아니라, 그가 법적으로 보호하고 있는 그의 딸, 그의 어머니, 그의 조카, 그의 첩 모두를 포함한다. 아폴로도르스는 스테파노스가 네아이라의 침대에서 멍청한 외국인을 발견하는 습관을 가지고 있다고 주장한다. 아폴로도르스에 따르면, 스테파노스는 네아이라와 외국인이 한 침대에 있는 현장에 쳐들어와 그들의 행위에 분노하는 척하며 다른 사람이 그 멍청한 외국인의 몸값을 내주거나 혹은 그의 몸값을 지불하겠다는 계약을 할 때까지 그를 집에 구금했다고 한다. 주6)

만약 네아이라가 매춘을 하고 있는 현장이 아니라면, 스테파노스가 다른 남자와 네아이라가 한 침대에 있는 모습에 분노하여 그를 구금하고 몸값을 요구하는 것은 정당한 권리였다. 자신의 법적 보호 아래 있는 여성이 모이코스와 성교하는 것을 목격했을 때, 아테네 시민은 이 상황을 여러 가지 방식으로 처리할 수 있었다. 모이코스를 집안에 가두는 것은 여러 가지 처리 방식 중에 하나일 뿐이다. 자신의 여자를 빼앗긴 그 남자는 현장에서 들킨 모이코스를 법정에 세울 수도 있었다. 또한 그가 약간의 위험을 감수한다면 처벌받지 않고 모이코스를 죽일 수도 있었다. 그는 살인자로 고소당할지도 모르지만, 그가 성교하고 있는 모이코스를 목격하고 그 자리에서 그를 죽였다는 것을 증명할 수만 있다면 그는 처벌을 면할 수 있었다.

앞에서 우리는 「에라토스테네스 살인 사건에 대하여」라는 리시아스의 연설문을 살펴보았다. 그것은 에우필레토스가 자신의 아내의 침대에 있던 에라토스테네스를 처벌한 사건이었다. 법정에서 에우필레토스는 에라토스테네스가 자신을 잡아두면 몸값을 지불하겠다고 제안했지만, 그는 에라토스테네스의 제안을 무시하고 그를 죽였다고 말했다. 에우필레토스는 벌거벗은 채 묶여있던 에라토스테네스를 죽이기 전에 약간의 대화를 나누었던 모양이다. 에우필레토스는 에라토스테네스에게 이렇게 말했다고 한다.

"내가 너를 죽이는 것이 아니다. 네가 자신의 쾌락을 위해 가볍게 무시했던 도시국가 아테네의 법이 너를 죽이는 것이다."

에우필레토스는 배심원 앞에서 연설을 하며 에라토스테네스는 여자를 타락시키는 기술을 가진 남자라고 불렀다. 오쟁이 진 남편 에우필레토스가 에라토스테네스에게 이런 식의 송별사를 했다는 것은 한 편의 멜로 드라마가 아닐 수 없다. 주7)

자신의 여자를 빼앗긴 남자가 모이코스를 처벌하는 또 다른 방법은 그를 신체적으로 학대하는 것이다. 이러한 신체적 학대는 모이코스를 때리거나 채찍질하는 형태로 구현할 수도 있다. 그러나 자신의 여자를 빼앗긴 남자가 모이코스로 하여금 다시는 남의 여자에 손을 대지 못하도록 훈계하고 싶을 때에는 다양한 방법으로 제약 없이 고문할 수 있었다. 그들은 자신의 여자에게 손을 댄 모이코스를 사회적으로 망신을 주는 아주 영리한 방법들을 찾아냈다. 아리스토파네스의 희곡 『구름Clouds』에는 '부당한 담론' unjust discourse, '정당한 담론' just discourse이라고 이름 붙여진 두 명의 캐릭터의 대화가 나온다. 이 두 명의 캐릭터는 재수 없는 모이코스를 괴롭힐 아주 유명한 두 가지 처벌 방식에 대해서 이야기하고 있다. 첫 번째 처벌 방식은 공공장소에서 범법자의 엉덩이 사이에 무를 집어넣는 것이고, 두 번째 처벌 방식은 공공장소에서 뜨거운 재를 사용해서 범법자의 사타구니 털을 제거하는 것이었다.

부당한 담론: 만약 누군가가 모이코스로 잡힌다면 그는 그녀의 남편에게 자신

은 아무런 잘못도 없다고 말할 것이오. 그러면서 제우스의 경우를 예로 들 것이오. 그는 어떤 사랑도 어떤 여자도 마다하지 않았소. 그런데 결국 죽어 없어질 인간이 신보다 더 강할 수 있단 말이오?

정당한 담론: 만약 당신의 충고를 따른 모이코스가 잡혀 엉덩이 사이에 무를 꽂고 뜨거운 재로 털이 뽑힌다면 어떻게 할 것이오? 그가 자신의 항문이 넓어지는 것을 막기 위해서 무엇을 할 수 있겠소?

부당한 담론: 만약 그의 항문이 넓어진다고 한들 그것이 무슨 큰일이겠소?

정당한 담론: 세상에 그보다 더 끔찍한 일이 어디 있겠소?

(아리스토파네스의 『구름』 중에서)

모이코스의 범죄를 처벌하는 방법 중에 한 가지는 그에게 강제로 여성의 역할을 시키는 것인데, 그의 엉덩이 사이에 채소 뿌리를 끼우고 여자처럼 그의 성기 주위의 털을 뽑는 것이다. 자신의 여자를 빼앗긴 남자는 모이코스의 엉덩이 사이에 꽂을 무를 고를 수 있었다. 그들이 고르는 무는 요즘 우리가 샐러드에서 발견하는 맛좋은 빨간 무가 아니다. 그들은 다양한 채소 중에서 항문에 커다란 구멍을 낼 수 있는 무를 골랐다. 오쟁이 진 남편들은 자신이 겪은 불쾌감을 표시하기 위해 당연히 커다란 무를 찾으려고 했다. (어떤 학자는 이렇게 기록하고 있다. 비역질의 도구가 되는 채소의 크기는 두 가지 조건에 따라 선택되었다. 하나는 그것으로 항문을 관통할 수 있어야 한다는 것이었고, 두 번째는 그때 엄청난 고통이 뒤따라야 한다는 것이었다.)

희곡 시인 크세나르코스는 호색한 모이코스가 겪게 될 위험에 대해서 이렇게 말했다. 지금 우리가 보면 믿기 어렵지만 말이다.

"여주인이신 바다의 아프로디테여! 그들은 어떻게 결혼한 여자와 간통을 유지할 수 있었을까요? '드라코의 법률' 을 기억하면서 어떻게 여자들을 찾아갈 수 있었을까요?" 주8)

참고로, 드라코의 법률이란 당시 아테네에서 악명을 떨친 법률로 거의 모든 죄에 대해 사형에 처하도록 했다. 게으른 사람이나 채소나 과일을 훔친 사람도 살인자와 똑같은 처벌을 받았다.

여기서 잠시 다른 학자들이 아테네의 오쟁이 진 남편들에 대해서 말한 것을 살펴보는 것도 의미가 있을 것이다. 다른 학자들에 따르면, 오쟁이 진 남편들은 모이코스의 엉덩이에 무가 아니라 물고기를 꽂고 싶어 했다고 한다. 그것도 보통 물고기가 아니라 쏨뱅이를 엉덩이 사이에 집어넣기를 원했다는 것이다.

"그들은 지중해에서 흔히 잡히는 쏨뱅이가 크기나 형태 면에서 딱 적합하다고 보았다. (길이는 25센티미터 가량이고 두께는 5×3센티미터) 게다가 쏨뱅이에는 독이 든 가시들이 돋쳐 있다."

그러나 어떤 학자는 쏨뱅이가 항문 속으로 들어오는 형벌이 얼마나 끔찍한가를 설명하면서 무 대신 쏨뱅이를 고문 도구로 골랐다는 이러한 견해를 반박했다.

"쏨뱅이가 처벌의 도구로 사용되었다고 가정해보자. 그러나 쏨뱅이의 길이나 두께 그리고 그 표면에 달린 가시를 보건대, 쏨뱅이가 사람의 항문 속으로 들어간다는 것은 힘들어 보인다. 그리고 일단 쏨뱅이가 사람의 항문 속으로 들어갔다고 해도, 특별한 수술 없이 쏨뱅이를 항문 속에서 꺼내는 것은 불가능하다. 수술로 항문에서 쏨뱅이를 꺼낸다고 해도 문제는 여전히 남아 있다. 왜냐하면 쏨뱅이가 항문에 들어갈 때 찔리고 박혔던 가시들이 쏨뱅이를 꺼낸 후에도 직장 벽에 그대로 남아 있을 것이기 때문이다. 쏨뱅이 가시는 직장 내부를 심하게 손상시킬 뿐만 아니라, 직장 벽을 찢고 출혈을 일으킬 것이 뻔하다. 또한 쏨뱅이 가시에 있는 독이 퍼지면 직장이 부어오를 것이고, 결국 그 고문을 견디지 못하고 항문이 파열될 것이다. 아무리 노련한 의사가 직장에 있는 독을 솜씨 좋게 제거한다고 해도 직장에 남아 있는 가시들 때문에 생기는 부종과 고통은 여전할 것이다. 당시의 의료 기술로는 그것까지 치료할 수 없기 때문에 그 후유증은 치명적이라고 할 수 있다."

아테네 법정은 자신의 여자를 빼앗긴 남자가 현행범으로 잡힌 모이코스를 처벌하는 것을 용서했다. 그러나 목숨을 잃을 만큼 잔인한 고문을 가하는 것은 아테네 인들의 사고방식에 맞지 않았고, 모이코스의 처벌을

규정한 아테네 법률의 의도와도 맞지 않았다. 주9)

물론 스테파노스는 모이코스를 처벌하는 수많은 잔인한 방법이 있었음에도 이상적인 정의보다는 현실적인 이득에 더 많은 관심을 보였다. 또는 아폴로도로스가 말한 것처럼 스테파노스는 네아이라의 외국인 손님을 집에 가두고 그의 몸값을 흥정해서 돈을 빼앗았는지도 모른다.

그러나 우리는 아폴로도로스의 말을 있는 그대로 믿을 수 있을까? 우리가 지금까지 살펴보았던 것처럼 아폴로도로스가 주장했던 말은 그 말이 진실인지 아닌지 확인할 수가 없다. 물론 아폴로도로스가 주장한 것이 진실일지도 모른다. 스테파노스가 사기를 친 것이 사실이라면, 멍청한 모이코스를 유혹해서 그에게서 돈을 빼앗는 스테파노스의 사기 수법은 아테네의 사기꾼들이 흔히 쓰는 수법이었다. 그 반대로 아폴로도로스가 거짓말을 했다면, 그것은 스테파노스의 명성을 더럽히기 위한 수단이었을 것이다. 사실, 아폴로도로스가 네아이라를 고소한 것도 그녀의 연인 스테파노스에게 벌을 주기 위해서였다.

어쨌거나 아폴로도로스는 스테파노스와 네아이라가 이러한 사기 수법을 사용했다는 그 어떤 증거도 제시하지 못했다. 또한 그는 스테파노스와 네아이라에게 속아 돈을 빼앗긴 외국인들 중에 그 누구도 법정에 나와 그때 일을 증언하도록 설득하지 못했다. 어쩌면 스테파노스와 네아이라에게 그런 식으로 사기를 당한 외국인들을 아예 찾을 수 없었는지도 모른다. 주10)

또한 아폴로도로스는 네아이라가 스테파노스와 함께 아테네로 온 후에도 계속 매춘을 했다는 자신의 주장을 뒷받침해줄 아무런 증거도 제시하지 못했다. 우리는 제1장에서 희곡 작가 필레타이로스의 작품 『여자 사냥꾼』에서 그가 그 희곡을 쓰기 오래전부터 이미 매춘부로 유명했던 네아이라와 다른 여자들에 대해 농담한 것을 살펴본 적이 있다. 필레타이로스는 네아이라가 너무 섹스를 많이 해서 몸이 닳아 없어질 지경이라고 말했다. 이 희곡은 370년과 365년 사이에 쓰였다. 그 연도들이 옳다면, 이 연극이 공연된 것은 스테파노스와 네아이라가 아테네에 이주해온 371년에서 그리 멀지 않다. 만약 네아이라가 아테네로 이주한 후에도 계속 매춘을 했다면, 필레타이로스는 오래전에 네아이라가 동료들과 매춘했던 일을 언급하는 대신, 최근 아테네에서 그녀가 벌였던 활동에 대해서 말했을 것이다. 그러나 필레타이로스의 대사를 너무 심각하게 해석할 필요는 없다. 그것은 농담에 불과했고 그 농담 속에서 역사적 사실을 찾는다는 것은 무리한 일이기 때문이다. 필레타이로스는 네아이라가 스테파노스를 만나기 전, 다시 말해 그녀가 그와 함께 아테네로 오기 전에 메가라에서 몸을 팔아 생계를 유지하던 시절의 성생활을 조롱한 것으로 보인다.

365년에 네아이라는 이미 스테파노스와의 아테네 생활에 완전히 정착해 있었고, 그녀의 나이도 많게는 서른다섯 살로 추정된다. 그 당시 그녀가 몸이 닳을 정도로 섹스를 했다는 것은 무리가 있다. 오히려 그녀가 몸이 닳을 정도로 섹스를 했던 것은 메가라에서 매춘부로 일할 무렵이었다고 보는 것이 옳다. 왜냐하면 메가라에 있을 때 그녀의 나이는 겨우 스물아홉 살에 불과했기 때문이다. 물론 서른다섯 살이나 스물아홉 살이나 창녀로서의 전성기를 한참 지난 때이기는 마찬가지지만 말이다.[주11)]

우리는 스테파노스와 네아이라가 자신의 집안을 유곽처럼 운영했다는 아폴로도르스의 말을 믿을 필요가 없다. 그들은 아마도 전직 창녀와 평범한 아테네 시민이 결혼을 하지 않은 채 네 명의 아이들을 기르는 상당히 정상적인 가정을 꾸렸을 가능성도 크기 때문이다. 스테파노스와 네아이라는 아티카의 어느 곳에서 단정한 가정을 꾸미고 한가로운 세월을 보냈을 지도 모른다.

그러나 그들이 정상적인 가정을 꾸렸다고 해도, 그들 앞에는 또 한 차례의 시련이 다가오고 있었다.

화해

네아이라가 스테파노스와 아테네에서 살림을 차린 지 얼마 안 돼서, 프리니온이 다시 한 번 그녀의 삶 속에 등장했다. 아폴로도르스의 말에 따르면, 프리니온은 시내에서 네아이라가 돌아왔다는 소문을 듣고 그녀가 어디 사는지를 알아냈다. 그는 몇몇 젊은 남자들을 데리고 그 길로 스테파노스의 집으로 쳐들어갔다. 프리니온과 그의 일행은 네아이라를 스테파노스의 집에서 끌어내려고 했다. 프리니온은 이런 행동을 하면서 자신이 도망간 노예를 잡으러 왔다는 것을 주위에 알렸다. 그 당시에는 어떤 사람이 자신의 노예라는 사실을 주장하기 위해서는, 제일 먼저 그 사람을 노예 취급을 하며 끌어내야 했다.[주12)]

프리니온은 사실상 네아이라에 대한 법률적 권리를 가지고 있었는지도 모른다. 네아이라는 코린스에서 티마노리다스와 에우크라테스에게 자신의 자유를 샀을 때 프리니온에게 빌린 돈을 갚지 않은 것 같다. 우리는 그 당시 프리니온이 네아이라에게 돈을 빌려주면서 어떤 계약을 했는지 알 수 없다. 어쩌면 그 계약은 네아이라가 프리니온이 빌려준 돈을 갚지 못한다면, 그녀는 다시 프리니온의 노예가 된다는 내용이었는지도 모른다.

그러나 네아이라가 프리니온과 그런 식의 계약을 맺은 것 같지는 않다. 그것은 두 가지 이유 때문이다. 만약 네아이라가 돈을 갚지 않으면 다시 프리니온의 노예가 된다는 계약을 맺었다면, 아폴로도로스는 배심원들에게 네아이라가 스테파노스와 함께 아테네에 왔을 때 사실상 그녀가 프리니온의 노예 신분이라는 사실을 알리려고 했을 것이다. 그러나 아폴로도로스는 프리니온이 네아이라를 체포하고 그 후에 스테파노스와 프리니온 사이에 중재가 이루어지는 과정에 대해서 아무런 설명도 하고 있지 않다. 더 나아가 프리니온이 사실상 네아이라를 그의 노예라고 주장할 권리가 있었다면, 네아이라는 메가라에서의 생활이 아무리 힘들고 스테파노스의 품이 아무리 따뜻하다고 해도 절대로 아테네로 돌아올 리가 없기 때문이다.

프리니온이 네아이라를 자신의 노예라고 주장하며 그녀를 스테파노스의 집에서 끌어냈을 때, 프리니온은 아마도 스테파노스가 그녀를 변호하기 위해서 필요한 법률적 수속을 밟지 않기를 바랐을 것이다. 또 만약 스테파노스가 법률적 수속을 밟는다고 해도 그가 네아이라가 자유인이라는 충분한 증거를 제시하지 못하기를 바랐을 것이다. 반면 프리니온이 네아이라를 끌어낸 것이 법률적인 의미 없이 단순히 비이성적인 격분 상태에서 나온 행동이라면, 그 행위는 2년 전 그녀가 프리니온의 곁을 떠날 때 그의 소유물까지 함께 가져간 것에 대한 보복이었을지도 모른다.

프리니온이 무엇을 기대하고 네아이라를 끌어냈는지 모르지만, 스테파노스는 네아이라를 위해 훌륭하게 행동했다. 그는 프리니온의 행동에 대항하여 네아이라가 자유인 여자임을 증명하는 적절한 법률적 수속을 밟았다. 이제 네아이라가 자유인이냐 아니냐는 법이 판가름할 문제였다.

그러자 프리니온은 스테파노스에 맞서 소송을 걸었다. 사실 그것은 아주 자연스러운 법정 싸움의 절차였다. 네아이라의 문제가 법정으로 옮겨지자 이제 네아이라가 노예냐 자유인이냐 하는 문제를 판결하는 것은 배심원들의 몫이 되었다. 소송이 진행되는 동안 스테파노스는 네아이라의 보증인 입장에 서서 자신의 친구인 두 남자와 함께 심문을 했다. 스테파노스와 그의 친구들은 재판이 진행되는 동안 네아이라가 아테네에 머물 것이라는 점을 보증해야만 했다. 그것은 소송의 원고나 피고 중 한 사람이 아테네에 거주하는 외국인일 경우에 항상 제기되는 표준적인 절차였다. 왜냐하면 외국인은 아테네 시민에 비해 재판 도중에 아테네를 떠나버릴 가능성이 컸기 때문이다.

아마도 이 재판이 계속되었다면 스테파노스와 함께 보증을 선 그의 친구들은 네아이라가 프리니온에게 입힌 재산상의 손실을 보상하라는 판결을 받았을 것이다. 혹은 배심원들은 스테파노스와 그의 친구들에게 네아이라가 코린스에서 프리니온에게 빌린 돈을 갚으라는 판결을 내렸을 지도 모른다. 주13)

그러나 불행히도 이 소송은 법정까지 가지는 않았다. 이 논쟁에 휘말린 원고와 피고는 '사적인 중재'를 통해 이 문제를 해결하려고 했기 때문이다. 고대 아테네에서는 '공적 중재'라는 제도가 있었다. 그것은 특정한 소송에 말려든 원고와 피고가 소송 초기 단계에서 서로 중재하는 제도였다. (군대에 봉사할 수 없는 예순 살 이상의 모든 남자들은 '공적인 중재자'라는 공직을 맡아 봉사해야만 했다.) 그러나 프리니온과 스테파노스 간의 소송 중재는 국가가 지정해준 공적인 중재자가 아니라 자발적으로 이루어졌다. 두 사람을 중재해준 것은 바로 두 사람의 친구들이었다. 프리니온과 스테파노스는 중재인들이 내놓은 중재안에 찬성했다. 그렇게 중재가 이루어지자 공적인 중재자에 의해 중재가 이루어졌을 때와는 달리 더 이상 법정에 갈 필요가 없어졌다. 주14)

프리니온과 스테파노스는 세 명의 중재인을 선택했다. 세 명의 중재인 중 두 명은 각각 프리니온과 스테파노스를 대변해줄 사람이었고, 세 번째 중재인은 두 사람 모두에게 중립적인 입장을 취하는 사람이었다. 그들은 함께 사원에 모였다. 사적 중재는 원래 공적인 장소에서 이루어지는 것이 규칙이었다. 양쪽의 주장을 들은 후 세 명의 중재자는 해결책을 내놓았다. 그것은 프리니온과 스테파노스 어느 쪽이 이겼다고 말하기 힘든 중재안이었다. 사적 중재는 그 특성상 한쪽에 승리를 몰아주기보다 소송에 관련된 양쪽 모두가 만족할 만한 타협안을 내놓는 것을 목표로 했다. 사실, 중재인들이 내놓은 해결책은 지금의 우리가 보면 괴상하기 짝이 없지만, 프리니온과 스테파노스는 어느 정도 이 해결책에 만족한 것 같다. 아폴로도르스는 말한다.

"그들은 모두 사원에 모였습니다. 중재인들은 양쪽으로부터 사건에 대해 설명을 듣고 나서 그 여자가 하는 이야기도 들었습니다. 그런 후 그들은 자신의 의견을 내놓았습니다. 그러자 그 두 남자는 중재인들의 의견을 받아들였습니다. 그들의 중재안은 이랬습니다.

'여자는 자유로우며 그 자신의 주인이다. 또한 그녀는 프리니온이 그녀를 위해 사주었던 옷과 장신구 그리고 여자 하인들을 제외하고 프리니온에게서 가져간 것들을 되돌려주어야 한다. 그녀는 이 두 남자와 같은 기간 동안 교대로 함께 살아야 한다. 그러나 만약 논쟁을 벌였던 두 사람이 서로 동의하는 또 다른 중재안을 낸다면 그 중재안은 유효하다. 그 여자와 동거하는 동안에 그 여자의 생계는 그녀와 동거하는 남자 쪽에서 책임을 진다. 논쟁을 벌였던 양쪽은 앞으로 사이좋게 지내야 하지만 상대방의 악의를 참아줄 필요는 없다.'" [주15)]

중재인들은 네아이라가 프리니온의 노예가 아니라 자유인이라는 사실을 확정해주었다. 이 소송의 명백한 승리자가 있다면 그것은 네아이라 자신이었다. 그러나 이러한 이론적인 자유에도 불구하고 네아이라의 생활은 티마노리다스와 에우크라테스의 섹스 노예 시절보다 더 나아지지 않았다. 진정한 의미에서 그녀는 예전에 그랬던 것처럼 그들이 원할 때 그녀의 몸을 요구할 수 있는 남자들의 지배 아래 있었다.

이 소송 이후 스테파노스와 프리니온 사이에 더 이상의 문제는 없었던 것처럼 보인다. 틀림없이 그들은 한동안은 돌아가면서 네아이라와의 교제를 즐겼을 것이다. 아폴로도르스는 스테파노스와 프리니온이 화해를 한 후 두 사람과 그들의 화해를 이루어낸 중재인들이 때때로 네아이라가 머물고 있는 집에 모였다고 말한다. 게다가 이런 말까지 덧붙이고 있다.

"네아이라는 그들과 함께 헤타이라가 그러는 것처럼 먹고 마셨습니다."

그리고 자신의 이런 이야기를 증명해줄 증인을 부르기까지 했다. 내가 생각하기로 아폴로도르스의 이러한 주장은 사실인 것 같다.

중재인들이 이끌어냈던 이 화기애애한 화해에 대해서는 더 이상 알려진 것이 없다. 아폴로도르스는 이 중재 사건을 끝으로 자신의 연설에서 더는 프리니온에 대해서 언급하지 않았다. 실제로 그 어떤 자료에서도 그 후 프리니온의 행동에 대해서 알려주는 정보를 찾을 수 없다. 아마도 프리니온은 네아이라와 재판을 한 이후부터 공적인 무대에서 사라진 것 같다. 어쩌면 그는 죽었는지도 모른다. 아니면 그는 어느 시점에 스테파노스와 네아이라가 일부일처제 형태의 관계를 맺을 수 있도록 동의하는 계약을 맺었는지도 모른다.

제5장

파노의 첫 번째 결혼

네아이라의 몸을 놓고 프리니온과 스테파노스가 중재를 벌였던 그 시절로부터 12년 혹은 그 이상의 세월이 흐른 후, 아폴로도르스가 네아이라의 딸이라고 주장하는 파노가 스테파노스를 떠나 아테네의 시민인 아길리아 데모의 프라스토르와 결혼했다. [주1)]

불완전한 결혼

우리가 파노의 신랑에 대해서 알 수 있는 것은 네아이라를 고소한 아폴로도르스의 이야기를 통해서 뿐이다. 아폴로도르스에 따르면 프라스토르는 근검절약해서 돈을 모은 사람이었다. 상상해보건대, 그는 그랜트 우드의 그림에 나오는 삼지창을 든 농부와 같은 사람이었던 것 같다. 그러나 그는 그런 자신의 본성에 어울리지 않게 방탕한 여자의 딸을 몰락시키는 일을 하게 된다.

프라스토르는 그랜트 우드가 그린 농부처럼 나이가 많지는 않았다. 그러나 그가 파노보다 나이가 많았던 것만큼은 확실하다. 비록 그 당시 여자들은 사춘기를 넘긴 지 얼마 안 되는 십대 후반에 결혼을 했지만, 남자들은 종종 삼십대가 넘어 첫 결혼을 하곤 했다.(사진10) (여자의 결혼적령기가 십대 후반으로 그렇게 낮아진 데는 몇 가지 이유가 있다. 그 시대 사람들은 십대 후반에 시집을 가야 여자들이 처녀성을 유지할 수 있다고 생각했다. 또한 그 시대 사람들은 본성적으로 여자가 남자보다 훨씬 더 호색하다고 생각했다. 전설적인 예언자인 티레시아스 또한 여자가 훨씬 더 호색하다고 인정했는데, 그는 여자가 남자보다 섹스를 아홉 배나 즐긴다고 말했다.)

프라스토르가 파노와 결혼한 것이 그의 첫 번째 결혼이었는지에 대해서는 알려진 바가 없다. 우리에게 알려진 것은 그가 파노와 결혼할 때까지 합법적인 자식들을 거느리고 있지 않았다는 사실뿐이다. 그런데 그가 파노와 결혼한 것이 삼십대 혹은 사십대였다면 그는 파노보다 열다섯 살에서 스무 살 가량 많은 나이였고, 새 아내를 맞이했다고 해도 자신이 몇 십 년 동안 지속해온 소박한 삶의 방식을 바꿀 수는 없었을 것이다. 젊은 아내의 입장에서는 프라스토르의 이러한 생활 태도에 적응하기가 쉽지 않았을 것이다. 아폴로도르스는 그에 대해 이렇게 말하고 있다.

(사진10) 새로 결혼한 부부가 신랑의 집으로 노새가 끄는 마차를 타고 가고 있다. 메트로폴리탄 예술 박물관 소장.

"그녀(파노)가 프라스토르의 집에 왔을 때 그의 습관을 어떻게 따라야 할지 몰랐습니다. 더군다나 그녀는 자기 어머니의 생활 습관과 그 집 안의 방탕함을 추구하고 있었습니다. 내가 생각하건대, 그녀는 그런 식으로 자라났던 것 같습니다." [주2)]

아폴로도르스의 이야기를 통해서 우리가 확인할 수 있는 한 가지 명백한 사실은 파노와 남편의 사이가 그다지 좋지 않았다는 것이다. 그리고 그 사실은 프라스토르를 난감하게 만들었다. 파노는 그가 결혼 시장에서 구했던 순종적이고 온순한 여자와는 거리가 멀었다. 다만 아폴로도르스는 그녀가 결혼 전에 다른 남자와 관계를 맺고 있었는지 혹은 결혼 후에 그런 관계가 있었는지에 대하여 아무런 말도 하지 않고 있다. 아폴로도르스가 그런 말을 하지 않았다는 것은 파노가 그가 주장하는 것만큼 바람둥이가 아니었다는 뜻이기도 하다. 아마도 파노는 프라스토르에게 순결을 바치고 그를 위해 정절을 지켰는지도 모른다. 그리고 그녀가 프라스토르에게 시집갔을 때 그녀가 처녀였을 가능성도 크다. 그럼에도 불구하고 그들은 성격적으로 맞지 않았고, 결국 프라스토르는 파노를 집 밖으로 쫓아내고 만다. 그가 그녀를 집 밖으로 쫓아냈다는 것은 그녀와 이혼했다는 것을 의미했다. 한 여자가 남편 집에서 밖으로 나온다는 것은 남편이 쫓아내서 그랬건 여자가 제 발로 나왔건 그 부부 사이에 이혼이 성립되었다는 것을 의미했다. 프라스토르는 파노와 1년 남짓 결혼 생활을 한 후 이혼했다. 프라스토르에게 이혼당했을 때 파노는 이미 그의

아들을 임신한 상태였다.[주3)]

아폴로도르스는 우리에게 프라스토르가 자신의 아내에게 환멸을 느꼈던 두 번째 이유에 대해서 말했다. 그에 따르면, 프라스토르는 스테파노스에게 속아 파노가 스테파노스와 아테네 시민이었던 여자 사이에서 낳은 딸이라고 믿고 그녀와 결혼했는데, 뒤늦게 파노가 네아이라의 딸이라는 사실을 알고 이혼했다는 것이다. 다시 말해, 프라스토르는 소문을 듣고 파노가 아테네 시민이 아니라는 사실과 그녀가 낳은 아이가 아테네 시민이 될 수 없다는 사실을 알게 되었다는 것이다. 아폴로도르스는 스테파노스가 법을 어기고 파노를 프라스토르에게 시집보냈다고 주장한다.

"프라스토르는 그녀(파노)의 처신이 반듯하지 못하고 그녀가 자신에게 기꺼이 순종하지 않는다는 것을 깨닫게 되었습니다. 동시에 그는 그즈음에 그녀가 스테파노스의 딸이 아니라 네아이라의 딸이라는 사실을 알게 되었습니다. 그는 자신이 속아서 결혼했다는 것을 깨달았습니다. 결혼할 무렵 그는 파노가 네아이라의 딸이 아니라 스테파노스가 네아이라를 만나기 전에 함께 살았던 아테네 시민 여자가 낳은 딸이라고 알고 있었기 때문입니다. 프라스토르는 다른 무엇보다 파노가 네아이라의 딸이라는 사실에 분노했습니다. 그는 스테파노스 집안 사람들에게 부당한 대우를 받았으며 철저히 기만당했다고 느꼈습니다. 그래서 그는 파노와 1년도 못 살고 임신한 것을 알았음에도 그녀를 집 밖으로 내쫓았습니다. 그리고 그는 파노를 내쫓고도 그녀의 지참금을 돌려주지 않았습니다."

우리는 여기서 잠시 아폴로도르스가 얼마나 열심히 배심원들에게 네아이라가 외국인임에도 불구하고 아테네 시민인 스테파노스의 아내로 살고 있었다는 것을 증명하려고 애썼는지를 떠올려보는 것이 좋을 것이다. 아폴로도르스는 자신의 법정 연설에서 파노에 대한 세 가지 사건을 이야기했다. 파노와 프라스토르의 결혼 관계는 그 세 가지 사건 중 첫 번째 이야기다. 아폴로도르스는 파노에 대한 이야기를 꺼냄으로써 자신이 네아이라를 고소한 두 가지 이유를 밝히려고 했다. 아폴로도르스가 스테파노스와 배심원들에게 밝히고자 하는 첫 번째 논지는 파노가 프라스토르에게 이혼당한 것이 그녀가 아테네 시민이 아니라 외국인이었기 때문이며, 그녀는 바로 네아이라의 딸이라는 사실이다. 또한 두 번째 논지는 (표면상으로 볼 때는 첫 번째 논지와 반대되는 것 같지만) 스테파노스가 네아이라의 딸 파노를 아테네 시민으로 대우했다는 사실을 들춰냄으로써 스테파노스가 파노의 어머니, 즉 네아이라를 아내로 대우했다는 것이었다.

스테파노스가 파노를 아테네 시민과 결혼시킨 것은 그녀를 아테네 시민으로 대우했다는 명백한 증거이다. 그러나 우리가 제3장에서 이미 살펴보았듯이, 그 사실이 스테파노스와 네아이라가 결혼한 사이라는 증거가 되는 것은 아니다. 만약 스테파노스가 파노를 아테네 시민으로 대우했다는 것이 스테파노스가 네아이라를 아내로 삼았다는 증거가 되기 위해서는, 우선 파노가 네아이라의 딸이라는 것이 확실해야 한다. 그러나 파노와 세 명의 아들이 스테파노스와 네아이라 사이에서 태어났다는 아폴로도르스의 주장은 허술하기 짝이 없다. 그가 자신의 연설에서 주장하는 내용이란 고작 그 아이들이 아버지 혹은 아버지들이 누구인지는 모르지만, 어쨌든 네아이라의 자식들이고 그 때문에 그 아이들에게 합법적인 아테네 시민권이 없다는 것이다. 그러나 아폴로도르스는 배심원들이 이 두 가지 사실을 믿게끔 네아이라가 스테파노스와 결혼한 상태에서 같이 살았다는 점을 증명하지 못했다. 만약 증거를 보여주었다면 분명히 배심원들의 유죄 판결을 얻어낼 수 있었을 것이다. 만약 아폴로도르스가 스테파노스가 아테네 시민이 아닌 아이들을 아테네 시민 집단에 가입시켰다는 것만 입증할 수 있었다면, 배심원들은 아폴로도르스가 네아이라를 기소한 이유를 입증하지 못했다는 점을 눈치 채지 못했을 지도 모른다. 혹은 배심원들은 그가 관련도 없는 고소, 즉 네아이라를 탄핵하는 방식으로 스테파노스를 처벌하려고 했던 것을 알아차리지 못했을 것이다.

우리가 이 시점에서 알아야 할 것은 아폴로도르스의 이러한 교묘한 논쟁이 사실이냐 아니냐를 떠나서, 그가 구태여 이런 논쟁을 통해서 배심원들에게 네아이라의 삶을 있는 그대로 보여줄 생각이 없었다는 점이다. 네아이라는 진짜로 파노의 어머니였을까? 그리고 스테파노스가 파노를 아테네 시민과 결혼시킴으로써 법률을 어겼을까? 우리는 이러한 의문점을 갖고 아폴로도르스가 언급한 파노의 세 가지 이야기를(프라스토르, 에파이네토스, 테오게네스와 파노와의 관계에 대한 설명) 살펴봐야 할 것이다.

프라스토르와 파노의 이혼 이야기는 그녀가 사실상 네아이라의 딸이라는 증거를 제공해주는 것 같다. 프라스토르는 아폴로도르스가 네아이라를 고소한 법정에서 적어도 아폴로도르스의 주장의 일부가 옳다고 증언해주었기 때문이다. 그러나 결국 프라스토르가 증언한 것은 파노가 네아이라의 딸이 틀림없다는 이야기를 소문으로 들었다는 것이다. 그 소문을 들은 후 그는 자신이 스테파노스에게 속았다는 것을 깨닫고 파노를 자신의 집 밖으로 쫓아내버렸다. 그러나 아폴로도르스는 프라스토르가 어디서 그런 소문을 들었는지에 대해서 아무 말도 하고 있지 않다. 우리는 아폴로도르스와 프라스토르의 입을 통해서만 파노가 네아이라의 딸이고, 바로 그러한 사실 때문에 프라스토르가 파노와 이혼했다는 주장을 들었을 뿐이다. 아폴로도르스는 승소하기 위해서라면 파노의 출생 신분에 대해 거짓말이라도 할 사람이었다. 그러나 파노가 아테네 시민이 아니라는 의심을 퍼뜨린 궁극적인 원인 제공자는 바로 프라스토르였다. 어쩌면 파노가 네아이라의 딸이고, 그렇기 때문에 시민권이 없다는 소문을 퍼뜨린 사람은 바로 프라스토르 자신이었는지도 모른다.

고소와 맞고소

파노가 프라스토르와 결혼했을 때, 스테파노스는 그녀에게 3,000드라크마의 지참금을 주었다. 파노가 지참금을 가지고 시집갔다는 것은 하나도 이상한 일이 아니었다. 그 당시 신부들이 지참금을 가지고 시집가는 것은 일반적인 관습이었고 3,000드라크마라는 지참금의 양도 평균적인 것이었다. 신부가 시집갈 때는 꼭 지참금을 가져가야 한다는 법률은 없었지만, 그 당시 아테네 사회에서는 아주 가난한 신부조차도 지참금을 가지고 시집을 갔다. 지참금이 많은 신부는 더 쉽게 신랑감을 구할 수 있었고, 또 결혼 생활에서도 자신의 입지를 탄탄히 다질 수 있었다. 신랑은 신부가 지참금으로 가져간 돈이나 재산을 받아 결혼 생활 동안 그것을 운용할 수 있었다.

그러나 그 지참금은 신랑의 소유가 아니라 신부의 소유였다. 결혼이 지속되는 동안은 지참금이 누구의 소유냐 하는 것이 별로 중요한 문제가 아니지만, 결혼이 깨지게 될 경우에는 사정은 달라졌다. 이혼의 원인이 무엇이냐에 상관없이, 또 누가 먼저 이혼을 하자고 요구했느냐에 상관없이, 이혼을 하게 되면 신랑은 신부의 지참금을 되돌려주어야 했다. 만약 이혼할 때 바로 지참금을 돌려줄 수 없다면, 신랑은 지참금을 돌려줄 때까지 1년에 18퍼센트나 되는 이자를 지불해야만 했다.

지참금 제도는 결혼 생활에서 여자의 입지를 탄탄하게 만들어주었는데, 이혼하면 지참금을 돌려주어야 한다는 점 때문에 신랑은 신부를 함부로 대하거나 그녀에게 이혼을 요구할 수 없었기 때문이다. 또한 여자 입장에서는 이혼할 때 돌려받은 지참금을 밑천으로 다른 곳으로 시집을 갈 수 있었기 때문이다. 주4)

프라스토르는 파노가 자신의 권위를 무시하고 자신이 원하는 만큼 순종적이지 않다는 점에 불만을 품었다. 그러나 그는 이러한 지참금의 전통을 지킬 만큼 체면을 중요시하는 사람은 아니었던 모양이다. 그는 파노를 자신의 집 밖으로 내쫓을 때 그녀의 지참금을 돌려주지 않았다. 그에게는 그녀의 지참금을 가로챌 그 어떤 권리도 없었다. 파노는 스테파노스의 집으로 돌아왔다. 그 후 스테파노스는 프라스토르에게 파노의 지참금 3,000드라크마를 돌려달라는 반환 소송을 냈다. 아폴로도로스는 그때 일을 이렇게 말한다.

"스테파노스는 생계를 유지하기 위해 오데움에서(오데움은 아크로폴리스 서쪽 경사면에 있는 음악 극장이었다. 그곳은 때로는 법정으로 사용되기도 했다.) 프라스토르를 고소했습니다. 법률은 아내의 지참금에 대해 이렇게 규정해 놓고 있습니다. 만약 누군가가 이혼한다면 그는 지참금을 돌려주어야 합니다. 만약 그가 지참금을 돌려주지 못한다면 한달에 9오볼씩 이자를 지불해야만 합니다. (100드라크마 당 한달에 9오볼, 다시 말해 1드라크마와 반을 이자로 지불해야 한다. 이율로 치면 18퍼센트에 해당된다.) 이혼한 아내의 보호자는 그녀를 위해 오데움에서 소송을 걸 수 있습니다." 주5)

이 소송 때문에 프라스토르는 곤경에 처하게 되었다. 만약 스테파노스가 제기한 소송에서 지게 되면, 지참금을 파노에게 돌려줄 때까지 매달 45드라크마를 지불해야만 하기 때문이다. 소송에 출석한 그는 자신이 이혼할 수밖에 없었던 몇 가지 이유에 대해 변명하면서 법정이 자신의 편이 되어주기를 바랐다. (프라스토르가 법정에서 주장한 이혼 사유는 아폴로도르스가 주장한 것과 많이 달랐다.) 그러나 법정은 그가 아니라 스테파노스의 손을 들어주었다. 그러자 그는 스테파노스에게 맞고소를 했다. 프라스토르가 기소한 이유는 스테파노스가 외국인 여자의 딸을 자신의 친척이라고 속여서 자기한테 시집보냈다는 것이다. [주6]

프라스토르는 이렇게 고소한 뒤 배심원들에게 스테파노스를 엄히 처벌해달라고 요구했다. 만약 스테파노스가 법정에서 그가 외국인의 딸을 아테네 시민이라고 속여서 아테네 시민 남자에게 시집보냈다는 것에 대해 유죄 판결이 내려지면, 스테파노스는 엄청나게 가혹한 형벌을 받게 되었다. 이럴 경우 그는 '아티미아' atimia라는 형벌을 받게 될 수도 있었다. 아티미아는 시민의 권리와 아고라나 사원에 들어갈 권리를 박탈당하는 형벌이었다. 아니면 스테파노스는 사유재산을 몰수당하는 형벌을 받게 될 수도 있었다. 그렇게 몰수된 스테파노스의 재산은 재판에 이긴 프라스토르에게 돌아간다. 확실한 것은 스테파노스가 이 재판에서 지게 될 경우, 그가 입는 손해는 3,000드라크마 수준이 아니라는 것이다. [주7]

프라스토르가 고소한 이 재판에서 이기기 위해서, 스테파노스는 파노가 진짜로 아테네 시민이라는 것을 증명해야만 했다. 우리는 제3장에서 남자들이 자신의 아테네 시민권을 증명하기 위해 어떤 증거를 제시하는지 살펴보았다. 남자들의 경우 자신의 시민권을 증명하기 위해서는 그가 출생한 후 열리는 기념 잔치, 즉 암피드로미아에 참석했던 사람이나 그의 아버지가 소속된 프라트리나 데모에 소속된 사람이 법정에 증인으로 나와 증언을 해주면 그만이었다. 이러한 증언들은 법정에서 그가 아테네 시민이라는 명백한 증거로 여겨졌다.

여자가 자신이 아테네 시민이라고 증명하는 것 또한 증인들의 증언에 의지할 수밖에 없다. 여자아이는 남자아이와 달리 아버지의 데모에 가입하지 않았지만, 종종 아버지의 프라트리에 가입하는 경우가 있었다. 이럴 경우 프라트리의 사람들이 그녀의 시민권을 법정에서 증언해주면 되었다. 그렇지 않으면 그녀의 친척들이 그녀가 살아오는 동안 합법적인 아테네 시민으로 대우받았다는 것을 증명하면 되었다. 예를 들어, 그녀는 자신의 아버지에게 친딸로 대우받고 자라나 누구에게도 그녀의 신분에 대해서 의심받지 않은 채 아테네 시민인 남자와 결혼했다는 식으로 말이다.[주8)]

네아이라의 재판이 일어났던 345년 무렵에 에우시테우스라는 남자가 법정에서 자신이 아테네 시민이라는 사실을 증명하려고 시도한 적이 있었다. 그는 배심원들에게 자신의 어머니가 아테네 시민이었음을 증명해줄 수많은 증인들을 소개했다.

"나의 어머니 니카레테는 멜리테 데모의 다모스트라토스의 딸이었습니다. 어머니의 친척들 중 어느 분께서 그 사실을 제일 먼저 증명해주시겠습니까? 첫 번째는 어머니의 조카분이 증언해주시고, 그 다음은 어머니의 다른 조카들의 두 아이들이 증언해주십시오. 그 다음에 어머니의 사촌의 아들이 증언해주시고, 그 다음에는 내 어머니의 첫 번째 남편의 아들이었던 프로토마코스의 아들이 증언해주십시오. 그런 다음에는 내 여동생의 남편인 코라르고스 데모의 에우니코스가 증언해주시고, 마지막으로 내 동생의 아들이 증언하십시오. 그들 말고도 내 친척들이 소속된 프라트리와 데모의 사람들이 내 어머니가 아테네 시민임을 증언해줄 겁니다. 배심원 여러분, 더 많은 증언들이 필요하십니까?"

에우시테우스는 자신을 위해 그의 어머니가 아테네 시민이었다는 사실을 증언해줄 친척들과 지인들의 행렬을 법정에 불러들였다. 이러한 사례는 신분을 보증해줄 문서들이 부족했던 사회에서 자신의 신분을 증명하는 일이 얼마나 어려웠는지를 단적으로 보여준다.[주9)]

만약 파노가 진짜 네아이라의 딸이었다면, 사실상 스테파노스는 프라스토르를 속여 그녀와 결혼시킨 것이 된다. 그런데 그렇다면 왜, 프라스토르는 파노의 지참금 문제 때문에 불거진 소송에서 그녀가 아테네 시민이 아니라는 결정적인 사실을 증언하지 않았던 것일까? 그가 그때 소송에서 그 사실을 밝히지 않았던 것은 그 당시에 그녀가 아테네 시민이 아니라고 위증해줄 증인들을 구하지 못해서가 아닐까? 만약에 파노가 아테네 시민이라면, 다시 말해 스테파노스가 아테네 시민 여자와 낳은 딸이라면, 파노와 그녀 뱃속의 아이는 자칫 잘못하면 재판 결과에 따라 자신의 정당한 신분적 권리를 잃게 될 위기에 처하게 된다. 스테파노스의 재산과 시민으로 활동할 수 있는 권리가 달렸다는 것을 제외하고 말이다. 과연 그럴 경우 스테파노스가 안심할 수 있을 정도로 배심원들 앞에서 파노의 시민권을 증언해줄 수많은 친척들과 지인들을 모을 수 있었을까?

비록 파노가 아테네 시민이라고 해도, 친척들과 지인들이 법정에서 그 사실을 증언해준다고 해도, 배심원들이 이 재판에서 어떤 결정을 내릴지는 알 수 없는 일이었다. 더군다나 스테파노스는 이러한 곤경에서 빠져나오는 더 쉬운 방법을 알고 있었다. 스테파노스는 이 문제를 법정 안에서가 아니라 법정 밖에서 해결했다. 아폴로도르스에 따르면, 스테파노스는 프라스토르에게 지참금을 되돌려 받는 것을 포기하고, 생계를 유지하기 위해 그를 고소한 소송을 취하했다. 그 대가로 프라스토르는 자신이 스테파노스에게 매겼던 벌칙을 포기했다. 스테파노스와 그의 집안은 그렇게 3,000드라크마를 잃게 되었다. 그들은 결국 프라스토르와의 치킨 게임에서 패자가 되었지만, 재판에 졌을 경우 잃게 될 파노의 시민권을 지킬 수 있었다.

파노는 정말 아테네 시민이었을까? 우리에게는 그녀가 아테네 시민이었는지 아닌지를 알 수 있는 증거가 너무 적다. 왜냐하면 파노가 네아이라의 딸이든 아니든 간에, 프라스토르가 파노와 이혼하고 스테파노스에 맞서 소송을 건 이유를 완벽하게 설명할 수 있기 때문이다. 어쩌면 프라스토르는 파노가 아테네 시민이 아니라는 결정적인 증거를 가지고 있었을지도 모른다. 그리고 바로 그 이유 때문에 파노와 이혼을 결심했는지도 모른다. 그러나 그와 반대로 그는 파노의 지참금을 불법적으로 빼앗은 뒤, 그것을 돌려주기 싫어서 거짓 소문을 퍼뜨렸을지도 모른다. 파노가 아테네 시민이 아니라는 사실을 알고 그녀와 이혼을 했다는 프라스토르의 주장은 자신이 꾸며낸 이야기일 수도 있다. 네아이라는 아주 오랫동안 스테파노스의 집에서 살아왔기 때문에, 파노가 네아이라의 딸이라는 소문이 나면 그 집안의 내력을 모르는 사람들은 그 말을 쉽게 믿어버렸을 것이다. 그 때문에 프라스토르는 아주 쉽게 사람들이 파노가 아테네 시민이 아니라고 의심을 하게 만들었다. 그리고 이러한 파노에 대한 소문은 재판 당시에는 널리 퍼져 있었다. 프라스토르는 스테파노스에게 아주 무거운 벌칙을 매겼기 때문에, 스테파노스가 소송에서 질 경우에 그가 당할 불이익을 생각해서 자신에 대한 고소를 취하하고 되돌려 받아야 할 지참금을 포기할지도 모른다고 생각했을 것이다. 프라스토르는 파노가 네아이라의 딸이라는 소문을 이용해 그의 의부(義父, 또는 법률상 아버지 같은 인물)였던 스테파노스를 공격했다. 그렇다고 해서 그 소문이 사실이라고 생각할 필요는 없다.

죽음을 앞둔 상황에서 고려할 것들

파노를 집 밖으로 내쫓은 뒤 얼마 지나지 않아 프라스토르는 아주 심각한 병을 앓았다. 그가 앓아누웠을 때 그를 간호해주었던 것은 파노와 네아이라였다. 프라스토르는 바로 이 시기에 파노가 낳은 아이를 자신의 합법적인 아들로 인정했다. 사실, 파노가 낳은 아들을 합법적인 아들로 인정했다는 것은 파노를 아테네 시민권을 가진 아내로 인정했다는 말이

된다. 이것은 틀림없이 일어난 사건이었다.

프라스토르가 파노의 아들을 자신의 합법적인 아들로 인정했다는 것은 네아이라에게 소송을 건 아폴로도로스에게는 불리한 증거일 수 있다. 왜냐하면 파노의 아들이 합법적인 아들로 인정받았다는 것은 그녀가 아테네 시민이라는 증거가 되기 때문이다. 그래서 아폴로도로스는 프라스토르가 파노의 아들을 인정한 이유를 설명할 필요가 있었다. 아폴로도로스는 자신의 연설에서 프라스토르가 이러한 행동을 하게 된 여러 가지 이유들을 설명하고 있다. [주10)]

아폴로도로스가 설명하는 첫 번째 이유는 프라스토르가 파노의 아들을 제외하고는 다른 자식이 없었다는 것이다. 당시 그는 병으로 죽어가고 있었기 때문에 (적어도 병으로 죽어가는 것처럼 보였기 때문에) 그에게 자식이 없다는 것은 큰 문제였다. 왜냐하면 그가 자신의 가족을 제외한 다른 사람 혹은 다른 사람들에게 유산을 넘겨주겠다는 유언을 남기지 않는다면, 그가 힘들게 일해서 모은 재산은 법률에 따라 그의 친척들에게 상속될 것이기 때문이다. 아버지 쪽의 친척들은 상속받는 순서에 따라 그의 재산을 상속받을 첫 번째 권리가 있었다. 상속받는 순서는 형제들과 배다른 형제들 그리고 그들의 자손들이 첫 번째이고, 그 다음 순서가 자매들과 배다른 자매 그리고 그들의 자손들이었다. 그리고 그 이외의 친척은 그 다음 순서였다. 만약 아버지 쪽의 친척들 중에 상속받을 사람이 전혀 없다면 상속권은 어머니 쪽 친척들에게 넘어갔다. 그런데 아폴로도로스에 따르면, 프라스토르는 자신의 재산을 상속받게 될 친척들을 미워했다는 것이다. 아폴로도르스는 이렇게 말한다.

"그와 그의 친척들은 오랫동안 싸움을 하고 있었습니다. 그들은 서로에게 화가 나 있고 서로를 미워했습니다. 프라스토르는 결코 자신의 유산이 그들에게 넘어가기를 원하지 않았을 겁니다." 주11)

아마도 프라스토르뿐만 아니라, 그 당시 아테네 남자들에게 합법적인 자식 없이 죽는다는 것은 매우 심각한 문제였을 것이다. 아테네 사람들이 가장 끔찍하게 생각했던 미래는 자신의 가문, 다시 말해 '오이코스' oikos가 끊어지는 것이었다. (오이코스는 집과 그 집안에 살고 있는 가족을 뜻한다.) 만약 한 가문의 '키리오스' (kyrios, 그 집안의 가장을 뜻한다.)가 대를 이을 합법적인 자식들을 낳지 못하고 죽었다면, 혹은 그가 아테네 시민권을 가진 아이를 자신의 양자로 삼아 대를 잇지 않았다면 그의 오이코스는 그가 죽은 후 사라지게 된다. 이렇게 오이코스가 끊어져 조상의 묘를 돌보거나 조상에게 제물을 바칠 가문의 사람이 없어진다는 것은 아테네 사람들에게는 매우 심각한 문제였다. 주12)

4세기 중반에 활동했던 웅변가 이사에우스의 연설문 「메네클레스의 부동산에 대하여」를 보면, 법정에서 메네클레스가 몇십 년 전에 양자를 입양한 이유를 설명하는 부분이 나온다.

"메네클레스는 자신이 끝내 아이들을 갖지 못하면 어떻게 될까 걱정했습니다. 내가 늙으면 과연 나를 돌봐줄 사람이 있을까, 내가 죽으면 나를 묻어줄 사람들이 있을까, 내가 죽은 뒤에 때마다 나에게 제사를 지내주는 사람이 있을까…를 심각하게 걱정했습니다."

이 시기에 쓰인 또 다른 연설문에서 이사에우스는 죽음을 앞둔 사람들에게 자신의 가문을 유지하는 것이 얼마나 중요한 일인지를 설명하고 있다.

"죽음을 눈앞에 둔 모든 남자들은 자신이 죽은 후의 장래에 대해서 생각합니다. 어떻게 하면 대를 끊지 않고 가문을 유지할 수 있을까? 그들은 죽은 사람에게 제사를 지내고 자신을 위해 관습적인 제례를 올려줄 자를 남겨놓고 싶어 합니다. 그래서 그들은 자식이 없이 죽게 될 경우 양자를 들여 자신의 가문을 계승하는 것입니다."

이러한 사례를 통해 볼 때, 죽음을 앞둔 프라스토르가 자신의 가문을 물려줄 합법적인 자식을 두고 싶어 했다는 것은 지극히 당연한 일이다. 프라스토르가 파노가 낳은 아이를 합법적인 아들로 인정하지 않은 상태에서 병상에 누워 죽음을 기다리고 있었다면, 당연히 그는 가문의 장래와 죽은 후에 누가 자신을 위해 제사를 지내줄까 걱정했을 것이다. 주13)

그렇다면 그는 자신이 죽은 뒤 재산과 가문을 물려받을 사람이 있었으면 좋겠다고 생각했을 테고, 그것을 위해서는 양자를 들이거나 파노의 아이를 합법적인 아들로 인정해야겠다고 마음먹었을 것이다. 아폴로도르스가 여기서 주장하는 것은, 이러저러한 상황을 고려해볼 때 프라스토르가 병에 걸려있는 동안 파노의 아이를 합법적인 아들로 인정하도록 설득당했다는 것이다. 네아이라와 파노는 겉으로는 친절하게 그를 간호했지만 속으로는 교활한 음모를 꾸미고 있었다는 것이다. 아폴로도르스는 이렇게 말한다.

"(프라스토르가 친척들과 사이가 나빴다는 것)을 제외하고도, 그는 자식들이 없었으며 또한 자신을 간호해주는 네아이라와 그 딸에게 속고 있었습니다. (왜냐하면 그들은 그가 아픈 동안 그의 집을 방문했습니다. 그리고 다른 사람들이 그를 간호하지 못하게 했으며, 그들이 직접 그를 치유할 물건들을 가져왔고 그를 돌봐주었습니다. 여러분도 경험을 통해서 병들어 아픈 남자에게 그를 간호해주는 여자가 얼마나 소중한 존재인지 잘 알고 있을 겁니다.) 결국 프라스토르는 파노와 이혼한 후 그녀가 낳은 아이를 다시 받아들이고 그를 합법적인 아들로 인정해달라는 네아이라와 그 딸의 설득에 넘어갔습니다.

그는 파노가 임신했을 때 그녀가 스테파노스의 딸이 아니라 네아이라의 딸인 것을 알고 그녀를 집 밖으로 쫓아냈습니다. 그는 자신이 속았다는 사실에 몹시 분개했습니다. 프라스토르는 제대로 판단할 줄 아는 이성적인 사람이었지만 병상에 누워있는 동안 앞으로 더는 살 가망이 없다는 생각에서, 또 그의 친척들이 자신의 재산을 상속받게 되는 것이 싫어서, 또 자식 없이 죽게 되는 것이 두려운 나머지 그릇된 판단을 하고 맙니다. 그는 파노의 아이를 자신의 합법적인 아들로 인정했고 다시 그의 집에 받아들였습니다."

아폴로도르스의 말에 따르면, 프라스토르가 그 아이를 자신의 합법적인 아들로 받아들인 것은 그가 죽을병에 걸렸기 때문이기도 하지만, 네아이라와 파노의 집요한 설득에 넘어갔기 때문이기도 하다. 이런 상황에서 남자는 판단력을 잃고 비이성적인 결정을 내릴 가능성이 크다. 아테네의 법률은 다음과 같은 몇 가지 경우에는 유언의 효과가 상실된다고 정해놓았다. 자식이 없는 병자가 판단력을 잃고 유언을 작성했거나 간호하는 여자가 그를 설득해 유언을 작성했을 경우에는 그가 죽은 후 그의 유언에 따라 재산을 분배하는 것이 금지되었다. 아폴로도르스는 배심원들에게 프라스토르가 자신의 자유 의지에 따라 그런 결정을 내린 것이 아니라는 것을 증명하기 위해 애썼다. 병에 걸려 다 죽어가는 상황에서 프라스토르가 그런 결정을 내린 것은 당연했다. 그러나 그가 그런 상황에 처하지만 않았다면 그는 절대로 그런 결정을 내리지 않았을 것이다. 이것이 아폴로도르스가 주장하는 요지였다. 주14)

아폴로도르스의 이러한 주장은 상당히 타당해 보인다. 아폴로도르스는 프라스토르가 그런 결정을 내릴 수밖에 없었던 이유들을 열거했다. 프라스토르는 자신이 죽어간다는 사실이 두려웠고 그의 친척들이 자신의 유산을 상속받는 것이 싫었다. 또한 그의 가문을 유지하고 싶었다. 그런데 그런 상황에서 그를 간호해주었던 네아이라와 파노는 계속해서 그에게 그 걱정거리를 한 번에 해결할 방법이 있다고 속삭였다. 결국 프라스토르는 이러저러한 사정을 고려해서 자신이 외국인이라고 주장했던 파노가 낳은 아이를 합법적인 아들로 인정하기로 마음먹었다. 그러나 그럼에도 불구하고 아폴로도르스는 프라스토르의 행동에 대한 자신의 해석이 옳다는 것을 증명해 보이지 못했다.

우리는 다음 단락에서 프라스토르가 강요에 의해서 파노의 아이를 합법적인 아들로 인정했다는 것을 증명하기 위해 아폴로도르스가 제시한 증거가 과연 타당한 것인지 살펴볼 것이다. 프라스토르가 파노의 아이를 자신의 합법적인 아들로 인정한 것은 병상에 누워있을 때 파노의 집요한 설득에 넘어갔기 때문만은 아니었다.

중재자 앞에서의 맹세

아폴로도르스는 만약 프라스토르가 아프지 않았다면 절대로 파노의 아이를 합법적인 아들로 인정하지 않았을 것이라고 주장했다. 그리고 그 사실을 증명하기 위해 아폴로도르스는 프라스토르가 병에서 회복되고 얼마 지나지 않아 아테네 시민인 여자와 결혼했다는 사실을 증거로 제시했다.

"나는 배심원 여러분에게 프라스토르가 건강했다면 결코 그 아이를 인정하지 않았을 것이라는 강력하고 명백한 증거를 제시하려고 합니다. 병에서 회복되어 기분이 좋아지고 이성적인 판단력이 돌아오자마자 프라스토르는 아테네 시민인 여자와 법률이 정해놓은 바에 따라 결혼했습니다. 그의 새 아내는 멜리테 데모의 사티로스의 합법적인 딸이자 디필로스의 누이였습니다. 나는 이 사실을 배심원 여러분 앞에 명백한 증거로 제시하는 바입니다. 왜냐하면 이 사실은 그가 병에 결려서 자식 없이 죽어가지만 않았다면, 그가 싫어하는 친척들이 그의 재산을 상속하게 될까봐 두려워하지만 않았다면, 또 그를 간호해준 여자들에게 설득당하지 않았다면, 그 아이를 합법적인 아들로 인정하지 않았을 것이라는 사실을 명백히 밝혀주기 때문입니다."

아폴로도르스가 내세운 주장은 논리적으로 매우 취약하다. 아폴로도르스는 하나하나 자세하게 논증하는 대신, 프라스토르가 합법적인 후계자를 낳기 위해 아테네 시민인 여자와 결혼했다고 주장했다. 프라스토르는 파노의 아이가 자신의 합법적인 아들이 될 수 없다고 보았기 때문에 정상적인 후계자를 낳아줄 여자와 결혼했다는 것이다. 그러나 이러한 아폴로도르스의 주장은 사실일 수도 있고 아닐 수도 있다. 더군다나 이러한 아폴로도르스의 주장은 별로 설득력이 없는데, 왜냐하면 프라스토르가 다른 여자와 결혼한 것이 파노의 아들에게 아테네 시민권이 없다는 결정적인 증거가 될 수 없기 때문이다. 프라스토르가 병에서 회복되고 얼마 지나지 않아 재혼을 했다는 사실은 프라스토르가 파노의 아이가 합법적인 아테네 시민이 아니라고 믿었다는 명백한 증거가 되지는 못한다.

아폴로도르스가 내세운 두 번째 증거는 프라스토르가 파노의 아들을 그의 프라트리와 게노스(genos, 프라트리처럼 게노스는 합법적인 아테네 시민 남자들만이 가입할 수 있는 친족집단이다.)에 등록할 때 어려움을 겪었다는 것이다. 프라스토르가 이들 집단에 그 아이를 소개시켰을 때, 그의 게노타이(gennetai, 게노스의 회원을 뜻한다.)들은 그 소년의 가입을 거부했다. 아폴로도르스는 그들이 소년의 가입을 거부한 이유가 그 소년의 어머니가 네아이라의 딸 파노라는 것을 알았기 때문이라고 설명했다. 게노스의 회원들은 프라스토르와 파노가 이혼했다는 사실을 알고 있었으며, 그가 죽음에 임박해서 그 소년을 자신의 합법적인 아들로 인정했다는 사실을 알고 있었다는 것이다. [주15)]

그러나 프라스토르가 그 아이를 자신의 프라트리와 게노스에 가입시키는 데 어려움을 겪었다고 해도 그것은 그다지 놀라운 일이 아니다. 프라스토르는 스테파노스를 고소하면서 그 아이의 어머니 파노가 아테네 시민이 아니라 외국인이라고 증언했기 때문이다. 그가 재판 도중에 했던 말은 법정 밖에서도 소문이 돌았을 것이고, 프라트리와 게노스의 회원들이라고 해서 그 소문을 못 들었을 리가 없기 때문이다. 프라스토르가 소송을 걸면서 생겨난 그 소문은 그가 소송을 철회하면서 약화되었을 것이다. 그러나 게노스와 프라트리의 회원들은 그 소문 때문에 그의 아들이 가입하는 것을 거부했을 것이다. 우리는 게노스와 프라트리의 회원들이 그 소문 말고 달리 파노의 출생에 대해 알고 있었을 것이라고 가정할 필요는 없다.

프라스토르는 게노스가 자기 아들의 가입을 거절했다고 해서 거기서 포기하지 않았다. 그는 게노스를 상대로 소송을 냈고 그 소송은 공적 중재자에 의해서 결말지어졌다. 아폴로도르스에 따르면, 소송을 낸 뒤 프라스토르는 중재 재판소에서 자신이 그 아이를 합법적인 아들로 인정한 것은 자신이 원해서가 아니라 상황 때문이었다고 주장했다고 말한다.

"게노스의 회원들은 공적 중재자 앞에서 프라스토르가 희생 제물을 앞에 두고 그 소년이 합법적인 절차에 따라 결혼한 아내에게서 태어난 그의 합법적인 아들이라는 사실을 맹세할 것을 요구했습니다. 그러나 게노스 회원들이 중재자 앞에서 이런 맹세를 요구했을 때, 프라스토르는 그들이 시키는 대로 선서나 맹세를 하지도 않았습니다."

프라스토르가 맹세를 거부했다는 것은 얼핏 보기에 그가 자신의 아들을 합법적인 시민으로 여기지 않았다는 증거처럼 보인다. 그러나 아폴로도르스는 이야기하지 않았지만 그가 맹세를 거부한 데는 여러 가지 이유가 있었다.[주16)]

첫째로, 프라스토르가 그의 아들을 프라트리에 가입시킬 때 그는 이미 그곳에서 그 아이가 아테네 시민인 아내에게서 낳은 합법적인 아들이라는 사실을 맹세하거나 서약했던 것으로 짐작된다. 만약 그랬다면, 그는 오래전에 중재 재판소에서 게노스 회원들이 요구한 맹세를 한 셈이다. 그렇다면 그가 맹세를 거부한 것은 그다지 이상한 일이 아니었다.[주17)]

두 번째, 아폴로도르스는 게노스 회원들이 프라스토르에게 맹세를 요구했다는 것이 마치 자신의 주장을 뒷받침하는 증거인양 말하지만, 그러나 그것은 거짓말이다. 만약 프라스토르의 아들이 네아이라의 재판이 벌어졌을 당시까지 게노스에 가입하지 못했다면, 아폴로도르스의 이러한 주장은 타당성을 가졌을 것이다. 그러나 모든 증인들이 말하는 것은 프라스토르의 아들이 처음 게노스에 가입하려 했을 때 반대에 부딪혔다는 것뿐이었다. 아폴로도르스가 신청한 증인들은 게노스와 프라트리의 중재 재판이 어떤 식으로 결론이 났는지에 대해 아무런 말도 하고 있지 않다. 아폴로도르스는 말한다.

"헤칼레의 티모스트라토스, 에로이아다이의 크산티포스, 팔레론의 에우알케스, 라키아다이의 아니토스, 아이길리아의 에우프라노르, 케팔레의 니키포스는 이렇게 증언합니다. 그들은 모두 아길리아의 프라스토르가 소속된 브리티다이 게노스의 회원들입니다. 그들은 프라스토르가 자신의 아들을 게노스에 가입시키려고 했을 때 반대에 부딪혔다고 증언하고 있습니다. 왜냐하면 그 소년은 프라스토르와 네아이라의 딸 사이에서 태어난 아이였기 때문입니다."[주18)]

결국 아폴로도르스는 그 아이가 게노스와 프라트리에 들어가는 것에 대해 중재 재판소가 어떤 결론을 냈는지를 말하고 있지 않다. 우리는 프라스토르가 맹세를 거절했다는 사실을 알고 있다. 그러나 맹세를 거절했다고 프라스토르가 법정에서 반대 심문조차 하지 못했을 리는 없다. 그가 맹세를 거절했다고 중재자는 프라스토르의 주장을 묵살하고 게노스의 편을 들어주었을까? 아폴로도르스는 프라스토르가 법정에서 아무런 변론도 못했고, 중재자는 일방적으로 게노스를 지지하는 판결을 내렸다고 암시한다. 그러나 정말 그랬다면, 아폴로도르스는 왜 자신의 연설에서 게노스가 승소했다는 것을 분명히 말하지 못했던 것일까? 왜 아폴로도르스는 공적 중재자가 파노와 그의 아들이 외국인이라는 판결을 내렸다고 말하지 못한 것일까?

프라스토르가 그 소년이 아테네 시민 여자에게서 태어났으며, 따라서 당연히 시민권을 가지고 있다는 맹세를 하지 않았다고 해서 그의 아들을 게노스에 가입시키는 데 실패한 것 같지는 않다. 그렇다면 왜 프라스토르는 맹세를 거부했을까? 나는 프라스토르가 맹세를 거부한 이유를 어떤 학자의 지적에서 찾고 싶다. 그 학자는 아폴로도르스가 게노스 회원이 어떤 맹세를 요구했는지에 대해서 아무런 설명도 하지 않고 있다는 점을 지적했다. 우리는 제3장에서 소송 당사자가 자신의 주장을 증명하기 위해 교활하게도 노예를 고문하자고 제안하는 경우를 살펴보았다. 그리고 그럴 경우 노예가 고문에 못 견뎌 잘못된 증언을 하게 되는 위험을 감수하기보다 그러한 요구를 거절하는 편이 현명하다는 사실도 배웠다. 노예를 고문하라는 요구처럼 맹세를 하라는 요구도 비겁한 수단으로 사용될 수 있다. 프라스토르의 경우, 게노스의 회원들은 자신들에게 유리한 방식으로 프라스토르가 맹세해야 할 서약문을 작성했을 수도 있다. 게노스가 요구한 맹세를 재인용하면서 아폴로도르스는 자신도 모르게 그 서약문 중에서 프라스토르에게 불리한 단서를 밝히고 있다. 우리가 살펴본 것처럼, 원고인 아폴로도르스는 프라스토르가 "그 아들이 그가 법률에 따라 결혼했던 아테네 시민 여자에게서 태어났다"고 맹세하는 것을 거부했다고 말했다.

어쩌면 프라스토르는 그가 합법적으로 결혼했던 파노가 아니라 다른 아테네 시민 여자와의 사이에서 그 아이가 태어났다고 맹세할 것을 요구받았는지도 모른다. 아폴로도르스는 고의로 그 맹세를 왜곡했기 때문에 감히 법정에 증인을 불러 그 중재 재판에서 어떤 판결이 내려졌는지를 묻지 못하고, 그 대신 증인들에게 게노스가 처음에는 프라스토르의 아들을 가입시키는 것을 거절했다는 증언만 받아낸 것이다. 아폴로도르스는 중재자가 게노스의 편을 들어주는 판결을 내렸는지, 게노스가 계속 프라스토르의 아들의 입회를 반대했는지, 아니면 나중에 그 아들의 입회를 허락했는지, 프라스토르의 아들은 네아이라의 재판 당시 아테네 시민으로 살고 있었는지에 대해서 아무것도 정확하게 밝히지 않았다. (아마도 아폴로도르스와 네아이라의 재판이 벌어졌을 당시, 그 아이는 그의 아버지 데모에 가입할 만한 나이가 되지는 않았을 것이다.)[주19)]

아폴로도르스가 파경으로 끝난 프라스토르와 파노의 결혼에 대해서 주장하는 바는 오로지 파노는 외국인이며 그녀의 아들에게는 아테네 시민권이 없다는 것뿐이다. 따라서 그는 파노가 네아이라의 딸이며, 스테파노스는 그런 파노를 아테네 시민인 프라스토르에게 시집을 보내 법을 어겼다는 확실한 증거를 (그 재판에서 판결을 내렸던 배심원들보다 그의 주장에 대해서 차근차근 따져볼 기회가 있는) 우리에게 제시하지 못했다.

제6장

집에 온 손님과 남편

이혼 후 파노는 그녀의 부모님 집에서 살았다. 그녀와 프라스토르 사이에서 낳은 아들은 아마도 그 아버지의 집에서 자랐을 것이다. 아테네에서는 아이들은 어머니보다는 아버지의 집안에 속해 있었다. 파노의 아들을 돌본 것은 프라스토르 집안의 하인들과 병에서 회복한 뒤 그가 새로 결혼한 아테네 시민 여자였을 것이다.

파노는 짧은 결혼 생활을 끝내고 이혼한 뒤에도 여전히 젊었고 다른 남자들이 결혼하기를 원했을 것이다. 비록 그녀는 첫 번째 결혼할 때 가져갔던 지참금 3,000드라크마를 더는 사용할 수 없게 되었지만 말이다. 우리가 기억하는 것처럼, 프라스토르는 스테파노스에게 제기한 소송을 법정 밖에서 해결하는 조건으로 그녀의 지참금을 돌려주지 않았다. [주1)]

손님과 놀아나기

파노가 이혼하고 얼마 후, 그러니까 아마도 350년대 중반이나 후반 무렵에 스테파노스의 집안은 또 한 차례의 소송 사건, 혹은 소송 취하 사건을 겪어야만 했다. 네아이라와 스테파노스는 에파이네토스 가문의 한 사람을 알고 있었다. 그는 에게 해에 있는 안드로스 섬에 사는 사람이었다. 아폴로도르스는 에파이네토스가 네아이라의 옛 애인이었다고 말한다. 그의 이러한 주장은 사실일 수도 있지만, 앞으로 전개할 이야기를 더 추잡하게 만들고자 하는 작은 복선일 수도 있다. 네아이라와 스테파노스가 어떻게 에파이네토스와 친교를 맺게 되었는지는 모르지만, 그는 아테네를 방문할 때면 늘 스테파노스의 집에 들렀다. 확실한 것은 아니지만, 그는 어쩌면 자신의 배우자와 함께 아테네에서 벌어지는 몇몇 종교적 희생제의에 참가하고자 스테파노스의 집을 방문했을지도 모른다. 주2)

그러나 에파이네토스의 이러한 방문은 별로 아름답지 못한 결과를 불러왔다. 어느 날 스테파노스는 자신의 집안을 거닐다가 에파이네토스가 파노와 섹스하는 장면을 목격하게 된다. 파노가 네아이라의 딸인지 아니면 스테파노스의 딸인지는 알 수 없지만, 어쨌든 파노는 스테파노스의 집에서 그의 법적 보호 아래 살고 있었다. 스테파노스는 똑같은 경우에 맞닥뜨린 다른 집안의 가장들처럼 행동했다. 그는 리시아스의 연설문 「에라토스테네스 살인 사건에 대하여」에 나오는 가장처럼 격분해서 파노의 연인을 죽일 수도 있었다. (제4장 참조) 그러나 그는 파노의 연인을 죽이지는 않았다. 또한 그는 에파이네토스에게 수치심을 주는 처벌도 내리지 않았다. 그 대신 스테파노스는 에파이네토스를 감금하고 그를 안전하게 풀어주는 대가로 3,000드라크마를 요구했다. 에파이네토스는 그 조건에 동의했다. 그리고 그는 두 명의 아테네 친구를 보증인으로 내세워 스테파노스가 요구한 몸값을 갚지 못할 경우 그 돈을 대신 지불하도록 했다. 스테파노스는 에파이네토스가 약속한 몸값을 지불할 것으로 믿고 그를 풀어주었다.

여기까지의 이야기는 아폴로도르스가 스테파노스를 공격하기 위해 근거 없이 지어낸 내용이 아니라 꾸밈없는 사실이다. 이러한 스테파노스와 에파이네토스의 행동은 이와 비슷한 상황에서는 흔히 예상되는 반응이었다. 자기 집안의 여자와 함께 있는 에파이네토스를 발견하고 그를 집에 가둔 스테파노스의 행동은 그 당시 아테네 인들의 행동 양식에서 크게 벗어나지 않는다. 그는 특별히 에파이네토스에게 수치심을 주고 싶지 않았으며 또한 그를 죽일 생각도 없었다. 그러나 그는 에파이네토스에게 그가 저지른 잘못에 대한 대가를 금전적으로 치르게 하는 것을 마다하지도 않았다. 만약 아폴로도르스가 말한 금액이 정확한 것이라면, 스테파노스가 에파이네토스에게 벌금으로 요구한 3,000드라크마는 정확히 그가 프라스토르에게 빼앗긴 파노의 지참금에 해당하는 돈이었다. 스테파노스가 다른 사람들 모르게 법정이 아니라 비공식적으로 에파이네토스에게 벌금을 요구한 것은 그 사건이 공개적으로 소문나기를 바라지 않았기 때문이다. 어쩌면 스테파노스는 에파이네토스에게 받을 벌금 3,000

드라크마를 지참금으로 해서 파노를 이 사건에 대해서 전혀 모르는 남자에게 시집보낼 생각을 했을 수도 있다.

아폴로도로스는 배심원들이 이 사건에 대해 부정적인 인상을 갖게끔 이 기본적인 사실들을 새롭게 각색했다. 무엇보다 아폴로도로스는 이 사건이 스테파노스의 더러운 탐욕과 사악함 때문에 발생했다고 주장했다. 원고 아폴로도로스는 스테파노스가 에파이네토스의 돈을 빼앗기 위해서 파노와 함께 사기극을 꾸몄다고 주장했다. 그의 주장에 따르면, 스테파노스는 희생 제의를 구실로 에파이네토스를 아테네로 초대했다. 그리고 파노를 시켜 에파이네토스를 유혹하게 해놓고는 둘이 섹스하는 장소에 들이닥쳤다. 아폴로도로스의 주장은 요컨대 파노가 에파이네토스와 정분이 난 것도 우연이 아니며 스테파노스가 그들의 밀회 장면을 발견한 것도 우연이 아니라는 것이다. 그의 가족은 순진한 손님을 속여 돈을 갈취하려고 작정을 하고 사기극을 꾸몄다는 것이다. 아폴로도로스는 이렇게 말한다.

"스테파노스는 안드로스의 에파이네토스를 속여 넘길 사기극을 꾸몄습니다. 에파이네토스는 네아이라의 옛 애인이었고 그녀에게 수많은 돈을 썼던 사람이었습니다. 그는 네아이라에 대한 애정 때문에 아테네를 방문할 때면 언제나 그녀가 살고 있는 스테파노스의 집에 머물렀습니다. 스테파노스는 에파이네토스에게 아테네에서 열리는 희생 제의에 참가하라고 설득했습니다. 에파이네토스가 그의 집에 머무는 동안 스테파노스는 그를 파노와 간통을 저지른 현행범(모이코스)으로 몰아 그를 감금했습니다. 그리고 스테파노스는 그를 협박해서 30미나이를 빼앗았던 것입니다. 이때 에파이네토스를 위해 스테파노스에게 채무 보증인이 되어준 사람이 바로 …아리스토마코스와 나우시필로스…입니다. 스테파노스는 에파이네토스가 약속한 돈을 지불할 것이라고 믿고 그를 풀어주었습니다."

우리는 에파이네토스가 스테파노스가 꾸민 사기극의 희생자였다는 아폴로도로스의 주장이 사실인지 아닌지 확인할 길이 없다. 아폴로도로스는 그의 연설에서 항상 스테파노스를 악당으로 묘사했다. 그런 그가 한 말을 그대로 믿는다는 것은 무리가 있다. 또한 아폴로도로스의 주장이 타당성을 가지려면, 스테파노스가 에파이네토스를 파노와 한 침대에 밀어 넣기 위해서 그를 아테네로 초대했다고 가정해야 된다. 그러나 스테파노스가 자신의 딸을 외간 남자의 침대에 밀어 넣는 음모를 꾸몄다는 것이 사실인지는 알 수가 없다.

불법적인 구금

스테파노스에게서 풀려난 후 에파이네토스는 그에게 주기로 약속했던 3,000드라크마를 지불하지 않았다. 대신 그는 자신을 불법적으로 구금했다는 이유로 스테파노스를 고소했다. 에파이네토스는 자신은 모이코스가 아니기 때문에 스테파노스가 자신을 구금한 것은 불법적인 행위였다고 주장했다. 또한 그는 자신이 파노와 섹스를 했다는 사실은 인정했지만, 그것은 스테파노스 집안의 여자를 성적으로 침범한 행위가 될 수 없다고 주장했다. 왜냐하면 에파이네토스의 주장에 따르면 파노는 매춘부였고 스테파노스의 집은 유곽이었기 때문이다. 아폴로도르스는 이러한 에파이네토스의 주장에 대해 이렇게 말한다.

"에파이네토스는 그 여자와 섹스를 했다는 사실을 인정했습니다. 그러나 그가 모이코스라는 사실은 인정하지 않았습니다. 왜냐하면 그의 말에 따르면 그녀는 스테파노스의 딸이 아니라 네아이라의 딸이었고, 그녀의 어머니는 딸이 에파이네토스와 이미 정을 통한 사이라는 것을 알고 있었습니다. 에파이네토스는 그들에게 많은 돈을 지불했고, 그리고 아테네를 방문할 때면 그들의 집에 머물면서 생계에 보탬이 되었습니다. 구금에서 풀려난 에파이네토스는 그들을 고소했습니다. 그의 고소는 한 남자가 유곽에서 공개적으로 몸을 파는 여자와 섹스를 했을 경우, 그런 남자는 모이코스로 규정하지 않는다는 법 규정을 근거로 한 것이었습니다. 그는 자신이 바로 그런 경우에 해당된다고 주장했습니다. 스테파노스의 집은 사실상 유곽이었고 그들은 매춘을 통해서 대부분의 돈벌이를 하고 있었다는 것입니다."

아폴로도르스가 말하는 에파이네토스의 법정 주장은 상당히 정확할 것이다. 우리는 구태여 그 사실을 의심할 필요는 없다. 아폴로도르스는 네아이라의 재판에서 자신의 주장을 증명해줄 증인으로 아리스토마코스와 나우시필로스를 법정에 세웠다. 이 두 남자는 에파이네토스가 스테파노스의 집에 구금되었을 때 자신의 보증인으로 내세웠던 사람들이며, 나중에 에파이네토스와 스테파노스의 소송을 중재해주는 사적 중재인 노릇을 했던 사람들이다. 그들은 누구보다 에파이네토스가 스테파노스를 고소하기 전과 후의 상황을 잘 알고 있었고, 또 그들이 어떻게 소송을 철회하고 중재를 했는지에 대해서 잘 알고 있었다. 에파이네토스가 주장하는 바에 따르면, 파노는 사실상 매춘부였고 (적어도) 네아이라는 자신과 파노가 벌인 정사에 대해서 알고 있었다는 것이다.

그러나 에파이네토스의 이러한 주장을 사실일까? 아폴로도르스는 배심원들 앞에서 에파이네토스의 주장을 설명하면서 파노가 다른 남자들과 정사를 즐겼다는 아무런 증거도 제시하지 못했다. 또한 아폴로도르스는 파노가 매춘부라는 에파이네토스의 주장을 인용하기는 했지만, 자기 스스로는 파노를 매춘부라고 부르지도 않았다. 그리고 파노가 프라스토르와 에파이네토스를 제외한 다른 남자와 성적인 관계를 맺었다는 말도 하지 않았다. 그런 점으로 미루어볼 때, 아폴로도르스는 아무리 파노를 조사해봐도 더는 그녀의 지저분한 남자관계를 찾아내지 못한 것이 아닐까 싶다. 또한 지금 우리의 입장에서는 과연 네아이라가 에파이네토스와 파노의 정사 사실을 알고 있었는지, 그것을 스테파노스에게 감추었다는 주장이 사실인지를 밝힐 방법이 없다.

에파이네토스는 파노가 매춘부라는 확실한 증거를 제공한 것 같지는 않아 보인다. 그러나 비록 그가 법정에서 파노의 매춘 행위를 증명해줄 그녀의 고객 명단을 제시하지 못했다고 해도, 배심원들에게 그와 파노의 관계가 모이코스와 희생자의 관계가 아니라는 사실을 설득할 수는 있었을 것이다. 왜냐하면 어쨌든 파노는 유명한 고급 창녀 네아이라 밑에서 자라났으며, 네아이라는 파노에게 잘못된 본보기를 제시했을지도 모르기 때문이다. 아마도 어떤 배심원들은 파노가 매춘 행위를 했으며, 그녀의 가족 전체가 스테파노스가 꾸몄다는 그 사기극에 가담했다고 믿었을지도 모른다.

운이 좋다면 에파이네토스는 스테파노스를 상대로 제기했던 이 소송에서 이길 수도 있었다. 만약 그랬다면 그는 스테파노스의 덫에서 풀려나왔을 뿐만 아니라 그에게 3,000드라크마를 줄 필요도 없고 파노와 섹스한 것에 대한 어떤 벌칙도 받을 필요가 없었다. 그러나 이 소송에서 졌을 때는 그 이후 그가 치르게 될 대가는 매우 혹독했다. 에파이네토스가 스테파노스를 상대로 제기했던 소송과 관련된 법률에 따르면, 에파이네토스가 모이코스로 판결나는 경우 그가 받게 될 벌칙은 이랬다. 만약 고소자, 즉 에파이네토스가 모이코스라는 것이 밝혀지면 그의 보증인들은 에파이네토스를 피고에게 넘겨주어야 한다. 그리고 피고는 법정에서 칼을 사용하는 것만 제외하고는 그가 원하는 그 어떤 방법으로도 모이코스라는 것이 밝혀진 원고를 처벌할 수 있다.

피고가 원고의 엉덩이 사이에 무를 찔러 넣으려고 할 경우, 원고는 그나마 법률이 피고가 칼을 사용하는 것을 금지했다는 사실에 작은 위안을 받아야 할지도 모른다.

에파이네토스는 틀림없이 자신이 법정에서 유리한 위치에 있으며, 스테파노스는 결국 이 문제를 대중에게 공개하기보다는 소송을 취하하는 방법을 택할 것이라고 믿고 있었을 것이다. 사실상 에파이네토스는 전에 프라스토르가 그랬던 것처럼 스테파노스와 치킨 게임을 벌이고 있었던 셈이다. 프라스토르는 소송에 져서 스테파노스에게 파노의 지참금 3,000드라크마를 돌려주어야만 할 상황이 되자, 스테파노스의 가문을 협박하기 위해 맞고소를 했다. 프라스토르는 맞고소를 함으로써 파노의 시민권과 아직 태어나지 않은 파노 자식의 시민권에 대한 의문을 제기했고, 스테파노스의 시민으로서의 권리와 그의 재산을 위협했다. 프라스토르처럼 에파이네토스도 스테파노스에게 3,000드라크마를 지불해야 할 처지가 되자 그 돈을 내지 않기 위해 그에게 맞고소를 했다.

그러나 스테파노스는 에파이네토스의 맞고소로 인해 그다지 많은 것을 잃지는 않은 것 같다. 아폴로도로스는 연설에서 불법적인 구금과 관련된 법률에 대해 언급하고 있는데, 그 법률에 따르면 스테파노스는 소송에 진다고 해도 에파이네토스를 구금한 것에 대해서는 처벌받지 않았다. (비록 그가 그 이후 에파이네토스가 연달아 제기할 소송에서 불리한 입장에 처하게 될지는 모르지만 말이다.) 소송에서 질 경우 스테파노스는 에파이네토스에게서 몸값 3,000드라크마를 받을 수 없었고, 그를 법정에서 마음껏 고문할 수도 없었다. 그러나 그것을 제외하고는 스테파노스는 그 어떤 벌칙도 받지 않았다. 그럼에도 불구하고 에파이네토스가 건 소송은 스테파노스에게 위협적이었다. 일단 소송이 벌어지면 스테파노스가 그 소송에서 이기든 지든 간에 파노의 성행위가 대중에게 공개될 것이 뻔했다. 그렇게 되면 스테파노스 집안은 톡톡히 망신을 당하게 된다. 망신을 당한다고 해서 그의 집안이 망할 일은 없겠지만, 더 큰 문제는 그렇게 되면 파노가 앞으로 재혼할 수 있는 기회를 잃게 된다는 것이었다. 모이코스와 함께 있는 것이 발각되거나 모이코스와 밀회를 즐겼다는 사실이 밝혀진 여자들은 아테네에서 불명예스럽게 살아야 했다. 그들은 법률에 따라 제약을 받았는데, 예를 들어 그런 여자들이 여염집 여자와 어울리게 되면 순결한 여자들마저 타락할지 모른다는 이유로 공식적인 희생 제의에 참가하는 것이 금지되었다. (이 부분에 대해서는 나중에 다시 언급된다.) 파노의 정사가 공식적으로 폭로되면 그녀는 사회적으로 몰락할 수밖에 없었다. 그리고 그것은 스테파노스의 정치적 경력에도 큰 타격을 입힐 것이 뻔했다. 주3)

에파이네토스는 스테파노스에게 3,000드라크마를 지불하지 않으려고 그를 맞고소했다. 그는 파노의 문란한 남성편력을 세상에 공개하겠다고 협박하면 결국 스테파노스가 물러날 수밖에 없을 것이라고 계산했는지도 모른다. 결국 스테파노스는 전에 프라스토르의 위협에 못 이겨 소송을 취하했듯이 이번에도 에파이네토스와 소송하는 것을 회피했다. 에파이네토스는 게임의 승자가 되었다. 스테파노스는 이 문제를 공적인 법정이 아니라 사적인 중재에 맡기기로 했다. 둘 사이에서 중재인이 되어준 것은 스테파노스에게 에파이네토스의 몸값을 대신 지불해주겠다고 나섰던 그 보증인들이었다.

중재인들은 이 소송에 대한 이야기를 듣고 양쪽에게 모두 공평해 보이는 결론을 이끌어냈다. 아폴로도로스는 중재안에 대해 이렇게 말하고 있다.

"스테파노스는 그 어떤 법적 투쟁도 할 수 없었습니다. 그러나 그는 에파이네토스가 네아이라의 딸이 앞으로 시집갈 때 필요한 지참금의 일부를 부담해야 한다고 생각했던 모양입니다. 그는 자신이 파노에게 지참금을 줄 재원이 없다는 것과 파노가 프라스토르와의 결혼 생활에서 어떤 불행을 겪었는지 설명했습니다. 그리고 그녀가 지참금을 돌려받지 못했기 때문에 앞으로 다시 파노를 결혼시키지 못할 수도 있다는 점을 밝혔습니다. 그리고 나서 그는 에파이네토스에게 말했습니다. '당신은 그녀와 관계를 맺었다. 그러니 당신은 그녀에게 어떤 식으로든 대가를 치러야 하지 않겠는가?' 그는 에파이네토스에게 마땅히 돈을 지불해야 한다고 말했습니다. 그가 하는 말은 구걸하는 거지나 궁지에 몰린 사람이 외치는 호소와 비슷했습니다. 중재인들은 양쪽이 하는 말을 다 듣고 나서 그들을 화해시켰습니다. 그리고 에파이네토스에게 네아이라의 딸이 지참금으로 쓰도록 1,000드라크마를 지불하라고 설득했습니다." [주4)]

스테파노스는 에파이네토스에게 받고자 했던 돈의 3분의 1만 받고 협상 테이블을 떠나야만 했다. 그리고 에파이네토스는 파노와 섹스를 한 대가로 그가 치러야 할 뻔했던 돈보다 훨씬 적은 돈을 지불했다. 그러나 그보다 더 중요한 것은, 스테파노스나 에파이네토스 둘 다 벌건 대낮에, 그것도 많은 사람들이 모인 법정에서 자신들의 수치스러운 일들이 낱낱이 공개되는 망신을 피했다는 사실이다. 그렇게 해서 에파이네토스는 패소했을 때 법정에서 당할 지도 모르는 그 망신스러운 고문에서 벗어났다. 그래서 두 사람 다 모든 면에서 이 문제를 법정에서 해결하지 않고 사적 중재인에게 맡긴 것에 만족했을 것이다.

아폴로도로스는 에파이네토스의 이야기를 배심원들에게 소개하면서 그와 파노의 간통 사건이 네아이라가 아테네 시민이 아니라는 결정적인 증거라고 주장했다. 아폴로도로스는 말한다.

"여기 있는 스테파노스의 추악한 탐욕과 악랄함을 잠시 생각해보십시오. 그러면 배심원 여러분은 네아이라가 아테네 시민이 아니라는 사실을 알게 될 것입니다."

에파이네토스 사건은 아폴로도로스가 스테파노스와 다른 사람들이 파노를 아테네 시민이 아니라 외국인으로 간주했다는 증거로 제시한 세 가지 이유 중 두 번째였다. 또한 파노가 외국인이라는 사실은 그의 어머니 네아이라가 외국인이라는 증거이기도 했다. 그러나 앞서 우리가 살펴본 것처럼 파노가 네아이라의 딸이며 매춘부로 일했다는 에파이네토스의 고소 내용이 꼭 사실이라고 생각할 필요는 없다. 스테파노스는 이 소송을 법정으로 가져가 에파이네토스의 주장이 옳은지 그른지를 검증하지 않았기 때문이다. 스테파노스가 파노의 경솔한 성행위가 법정에서 공개되지 않기를 바랐던 것은 그리 놀라운 일이 아니다.

그러나 우리로서는 스테파노스가 에파이네토스의 고소를 법정에서 공개적으로 방어하지 않았다는 점과 아폴로도르스가 에파이네토스의 고소 내용을 좀 더 자세히 다루지 않았다는 점이 못내 아쉽다. 바로 그런 이유로 우리는 지금으로부터 2500년 전 네아이라와 그녀의 가족들이 겪었던 문제를 명확하게 파악할 수 없기 때문이다. 이쯤에서 에파이네토스의 고소 사건에 대한 이야기를 접고, 지금부터는 파노가 두 번째 결혼에서 겪게 될 어려움에 대해서 살펴볼까 한다.

민주사회에서의 왕권

파노는 스테파노스의 정치적 계략에 따라 에르키아 데모의 테오게네스와 결혼했다. 아폴로도르스에 따르면, 테오게네스는 대대로 부유한 아테네 귀족 출신이었다. 그러나 테오게네스는 정치적으로 경험이 부족했고 경력도 일천했다. 그런데 그런 테오게네스가 아테네 행정관들의 왕이라 불리는 '아르콘 바실레우스' archon basileus 직책을 맡게 되었다.

물론 테오게네스가 아르콘 바실레우스가 되었다고 해서 그가 제왕처럼 모든 권력을 누릴 수 있게 되었다는 뜻은 아니다. 전통적으로 행정관들의 왕이라는 공직은 이미 사라진 고대 아테네 왕권의 흔적에 불과했다. 고전시대의 아테네 민주사회에서 왕권은 다른 도시국가들처럼 그것을 행사할 수 있는 경우가 규정되어 있었으며 그 이외에는 엄격히 제한되었다. 행정관들의 왕인 아르콘 바실레우스의 임무는 주로 종교적인 행사와 재판에 한정되어 있었다. 아르콘 바실레우스 직책을 맡은 1년 동안 테오게네스가 해야 할 일은 엘레우시스 제전을 총감독하고 불경죄를 다루는 재판을 주재하는 것이었다. [주5)]

대부분의 아테네 행정관처럼 아르콘 바실레우스 또한 제비뽑기를 통해 뽑았다. 아르콘 바실레우스가 되려면 두 번의 추첨을 통과해야 한다. 첫째는 아르콘(행정관)을 뽑는 추첨에서 당첨되어야 하고, 두 번째는 그렇게 해서 뽑힌 아르콘들 중에서 아르콘 바실레우스를 뽑는 추첨에 다시 한 번 당첨되어야 했다. 아테네는 지역에 따라 10개의 부족으로 나뉘어 있었다. 10개의 부족은 각각 행정관 직책을 맡을 10명의 후보자를 뽑았다. 그러니까 결과적으로 10개의 부족에서 100명의 행정관 후보가 나오는 셈이다. 두 번째 제비뽑기를 통해서 각 부족에서 한 명의 행정관을 뽑았다. 이렇게 해서 10개의 부족에서 10명의 행정관이 선출된다. 마지막으로 이 10명의 행정관들이 다시 한 번 제비뽑기를 한다. 그리고 여기서 뽑힌 10명 중 한 사람이 그 해의 바실레우스로 임명된다. 테오게네스는 이런 과정을 거쳐서 바실레우스로 선출된 것이다. [주6)]

아테네에서는 모든 공직이 추첨이나 선거에 의해서 선출되었다. 그리고 공직에 지원하는 후보자들은 사전에 그가 공직을 맡을 만한 자질을 갖췄는지를 시험하는 정밀 조사를 거쳐야만 했다. 이러한 사전 정밀 조사를 '도키마시아' dokimasia라고 한다. 예를 들어 후보자들은 그의 부모가 모두 아테네 시민인지, 그가 군복무를 마쳤는지에 대한 일련의 질문을 받는다. 그런 후에 시민 중에서 후보자가 공직을 맡는 데 반대하는 사람들이 자신의 불만을 제기한다. 후보자에 대한 질문을 마치고 반대자들의 의견을 모두 청취한 뒤, 그 후보자에게 공직을 맡길 것인지 말 것인지를 투표로 결정하게 된다. 아테네에서 바실레우스와 아르콘을 제외한 다른 행정관들은 이러한 후보자 자질 검사를 단 한 차례만 거치지만, 바실레우스와 아르콘은 두 번에 걸쳐 서로 다른 검사위원회에 의해 후보자의 자질 검사 과정을 거친다. [주7)]

아폴로도르스의 말에 따르면, 테오게네스는 정치에 입문했을 당시에 경력도 일천한 데다 순진했다. 그래서 그는 정밀한 자질 검사를 받는 과정에서 자신보다 훨씬 정치적 경험이 풍부한 동료의 도움을 받아야만 했다. 아폴로도르스는 테오게네스가 도키마시아를 거치는 동안 스테파노스가 그를 도왔다고 말한다. 그 덕분에 테오게네스는 아르콘 바실레우스에 선출될 수 있었다. 그가 공직을 맡게 되자, 스테파노스는 다시 한 번 그를 지원하게 된다. 그는 테오게네스가 자신의 새로운 직위로 인해 지출하는 경비의 수지를 맞추는 일을 도왔다. 아폴로도르스의 말대로라면, 스테파노스가 적절한 시기에 테오게네스를 도왔던 것은 새로운 바실레우스의 비위를 맞추기 위해서였다. 스테파노스가 테오게네스를 도운 데에 다른 속셈이 있었는지는 알 수 없지만, 스테파노스는 그럭저럭 테오게네스의 호의를 사는 데는 성공한 것 같다. 테오게네스가 스테파노스의 도움을 받은 후 그를 두 명의 '파레드로이'paredroi 중 한 명으로 임명한 것은 당연한 수순이었다. 파레드로이는 아르콘 바실레우스가 공직에 봉사하는 1년 동안 그의 임무를 도와주는 보좌관을 말한다.

아르콘 바실레우스와 그 보좌관의 관계는 그 후에도 계속 가까워졌다. 테오게네스는 공직을 맡고 스테파노스를 보좌관으로 임명한지 얼마 안 돼서 스테파노스 집안의 파노와 결혼했다. 파노는 한 번의 이혼과 한 번의 정사 사건을 겪은 뒤 아테네의 종교 행사를 주관하는 수장의 아내로서 새로운 삶을 시작하게 된 것이다. [주8)]

왕과 결혼하기

아르콘 바실레우스의 아내는 '바실리나'basilinna 혹은 여왕이라고 불렸다. 그녀가 담당하는 임무는 하나 이상의 아테네의 종교적 축제에서 중요한 역할을 수행하는 것이었다. 사흘 동안 계속되는 '안테스테리아'anthesteria 축제는 대략 2월 말에 열렸다. (안테스테리아는 아테나 여신에게 바쳐진 달인 안테스테리온anthesterion의 11, 12, 13일에 열렸다.)

그때 바실리나는 아테네의 번영을 위하여 비밀스러운 제물을 바치고

'존경받는 고위 여사제' 앞에서 맹세를 집행해야 했다. 고위 여사제는 바실리나가 희생 제의를 잘 치를 수 있도록 도왔고, 모르긴 해도 다른 축제에도 참여했을 것이다. 안테스테리아에서 가장 흥미로운 장면은 디오니소스의 성소가 있는 마르쉬스(marshes, 아직 이 장소가 어디인지 명확히 밝혀지지 않았다.)에서 아르콘 바실레우스의 거주지인 보우코레이온까지 이어지는 결혼 행렬이었다. 비록 자세한 내용에 대해서는 알려지지 않았지만, 이러한 디오니소스와 바실리나의 결혼은 신방을 치르면서 완성되었다. 신과 여왕의 결합은 바실리나가 디오니소스 신으로 가장한 남자(아마도 그녀의 남편)와 성행위를 하는 방식으로 치러졌을 것이다. 아니면 바실리나는 헤름herm을 가지고 결혼식 날 성행위를 상징하는 제의를 치렀을 것이다.[사진11] (헤름은 그리스에서 흔히 볼 수 있는 조각상이다.) 이 조각상은 막대 기둥 위에 보통 헤르메스 신의 반신상이 달려 있었는데, 중간 부분에는 발기된 팔루스(phallus, 남근의 상징)를 가지고 있었다. 헤름은 수호신의 기능을 했는데, 그 때문인지 아테네의 교차로나 집 앞에 많이 세워졌다.[주9]

아폴로도르스는 파노가 아르콘 바실레우스의 아내로서 신성한 제의를 수행했다고 주장했다. 그는 다시 한 번 그녀가 외국인이라는 사실을 강조하면서, 그런 그녀가 아테네를 대표하여 신을 모시는 제의를 치렀다는 사실을 강력하게 비난했다. 아폴로도르스의 말을 들어보자.

(사진11) 헤름herm은 아테네의 교차로나 집 앞에서 흔히 볼 수 있는 특정한 형태의 그리스 조각상이다.

"이렇게 이 여자는 아테네 시를 위해 비밀스러운 제물을 바치는 희생 제의를 수행했습니다. 그녀는 외국인의 신분으로서는 결코 봐서는 안 될 것들을 보았던 것입니다. 그리고 그녀는 아르콘 바실레우스의 아내가 아니면 위대한 아테네 시민들도 범접할 수 없는 성소에 들어갔습니다. 그녀는 제의를 돕는 존경받는 고위 여사제 앞에서 맹세를 집행했습니다. 또한 그녀는 디오니소스 신의 아내로서 신방을 차렸습니다. 그녀는 아테네 시를 위한 신성하면서도 비밀스러운, 우리의 조상 대대로 내려오는 수많은 제의를 치렀습니다. 아테네 시민 모두가 이 신성한 제의에 대해서 듣는 것조차 허락되지 않는데, 어떻게 저런 방탕한 여자가 저 신성한 제의들을 수행한다는 말입니까?"

스테파노스와 네아이라는 그들이 키우고 보살핀 어린 소녀가 프라스토르와 이혼하고 에파이네토스와 불미스러운 정사 사건을 겪은 후에도, 그렇게 좋은 곳에 시집을 가 아테네 시의 종교적 행사에서 중요한 역할을 맡게 된 것에 대해 무척이나 자랑스러워했을 것이다. 아폴로도르스는 스테파노스와 네아이라가 그렇게 많은 사람들을 감쪽같이 속인 것에 대해 매우 자랑스러워했다고 말한다. 그들이 아테네에서 유력한 시민을 적절히 속여 코린스 창녀의 딸과 결혼시켰을 뿐만 아니라, 방탕한 외국인으로 하여금 신성한 제의를 수행하도록 함으로써 모든 아테네 시민을 속였다는 것이다. 만약 스테파노스와 네아이라가 자신들의 성과를 자축하고 있었다면, 그런 분위기는 오래가지 못했을 것이다. 우리는 여기서 파노의 실각이 그녀가 외국인이었다는 증거인지에 대해서 살펴볼까 한다.

안테스테리아가 끝나고 얼마 지나지 않아 테오게네스가 바실레우스의 임기를 채우기도 전에, (테오게네스가 바실레우스로 봉사한 것은 아마도 350년대 후반 무렵인 것 같다.) 다시 말해 그 해 2월 말부터 한여름 사이에 테오게네스가 새로운 아내, 새로운 장인과 맺었던 행복한 관계는 갑작스럽게 종말을 맞고 말았다.

아레오파고스 회의(areopagos council, 살인죄, 상해죄, 방화죄, 독살죄를 재판하는 아테네의 가장 존경받는 위원회)는 안테스테리아 축제를 계기로 테오게네스의 아내에 대해 관심을 갖게 되었다. 아레오파고스 회의는 파노의 배경을 조사하고 그녀가 바실리나의 임무를 수행하는 데 적합한지를 판단했다. 아폴로도르스의 말에 따르면, 아레오파고스 회의는 최근에 치러진 비밀스러운 제의에 대한 스캔들이 나는 것을 원치 않았기 때문에 이 문제를 조용히 해결하려고 했다. 또한 테오게네스도 자신의 명성을 손상하지 않은 채 이 문제가 해결되기를 바랐다. (아폴로도르스는 배심원들이 전에 이 사건에 대한 소문을 듣지 못한 것을 설명하기 위해 아레오파고스 회의가 파노를 비밀리에 조사했다는 점을 강조했다.)

그러나 아레오파고스 회의는 테오게네스가 스테파노스와 파노를 제대로 처벌하지 않는다면, 그에게 벌금형을 선고하겠다고 했다. 테오게네스는 아레오파고스 회의에서 자신이 무죄라는 것을 증명해 보이기 위해서 파노와 이혼을 하겠다고 제안했고, 아레오파고스 회의는 그의 제안을 받아들였다. 아테네 아르콘의 왕은 아레오파고스 회의와 은밀한 만남을 마친 후 집으로 돌아갔다. 그리고 집에 도착하자마자 그의 아내를 집 밖으로 내쫓았다. 더불어 스테파노스를 자신의 보좌관직에서 해임하는 것도 잊지 않았다. 주10)

적절치 못한 종류의 아내

대체 무슨 일이 일어났던 것인가? 아레오파고스 회의는 파노에 대한 어떤 사실을 발견했고, 테오게네스에게 벌금을 물리려고까지 했던 것일까? 도대체 아레오파고스 회의가 파노에 대한 어떤 사실을 발견했기에 테오게네스가 그녀는 물론 스테파노스와 맺은 관계까지 정리하기로 결심했던 것일까? 아레오파고스 회의와 테오게네스가 이런 조치를 취한 데 대해서는 몇 가지 이유를 생각해볼 수 있다. 아폴로도르스는 아테네에는 바실레우스의 아내, 즉 바실리나의 자격을 정해놓은 고대 법률이 있었다고 말한다. 아마도 그 법률은 4세기까지도 영향을 미치고 있었던 것 같다. 그는 말한다.

"그 아테네 시민(테오게네스)은 아르콘 바실레우스의 아내의 자격을 정해놓은 고대 법률에 대해서 듣게 됩니다. 그 법률에 따르면, 아르콘 바실레우스의 아내는 아테네 시민이어야 하고, 남편을 제외한 다른 남자와 섹스를 한 적이 없어야 하고, 결혼할 당시 처녀여야만 합니다. 아테네 시를 위한 비밀스럽고도 신성한 제의를 수행하기 위해서는, 또 경건함을 가지고 신들에게 관습적인 제물을 바치기 위해서는, 또 전통적인 관습을 간직한 채 전해져 내려온 제의를 그대로 유지하기 위해서는, 바실레우스의 아내는 이러한 자격을 갖춘 여자여야만 하는 것입니다."

그런 이유로 아르콘 바실레우스의 아내는 시민이어야 했고 결혼할 때 처녀여야만 했다. 아레오파고스 회의는 파노를 비밀스럽게 조사하는 과정에서 그녀가 이러한 자격 조건 중에서 한 가지 혹은 두 가지를 충족시키지 못했다는 증거를 발견했던 것 같다. 그러나 아레오파고스 회의가 파노가 바실레우스의 아내로서 자격이 없다고 판단한 것이 그녀가 네아이라의 딸이라서 그런 것인지, 아니면 그녀가 테오게네스와 결혼하기 전에 프라스토르와 이혼을 했고 에파이네토스와 정사 사건을 일으켰기 때문인지는 알 수가 없다. [주11)]

아폴로도르스는 파노가 외국인이고 또 그녀가 에파이네토스와 간통을 저질렀기 때문에 바실리나가 되는 것이 부적절하다고 주장했다. 그러나 아폴로도르스는 아레오파고스 회의가 테오게네스를 소환했던 그 결정적인 순간에 테오게네스가 했던 말을 되풀이하면서 마치 그가 아내의 시민권을 의심했던 것처럼 몰고 갔다. 아폴로도르스의 말을 들어보자.

"아레오파고스 회의는 그 문제에 관해서 의논했습니다. 그리고 테오게네스에게 불만족을 표시하며 그에게 벌금을 부과하기로 했습니다. 왜냐하면 그들로서는 테오게네스가 그런 아내를 받아들여 그녀로 하여금 아테네를 대표하여 신성한 제의를 수행하게 했다는 사실을 묵과할 수 없었기 때문입니다. 그러나 테오게네스는 그런 아레오파고스 위원들에게 간청하며 매달렸습니다. 그는 그녀가 네아이라의 딸인 줄 전혀 몰랐다고 말했습니다. 그는 아레오파고스 위원들에게 자신은 스테파노스에게 속아 파노가 그의 합법적인 딸인 줄로 믿고 아테네 법률에 따라 결혼했다고 호소했습니다. 그는 스테파노스가 자신을 잘 보좌해줄 것이라고 믿었기에 그를 파레드로이에 임명했다고 주장했습니다. 왜냐하면 그는 정치적 경력이 부족하고 책략을 꾸밀 줄 몰랐기 때문에 자신의 공직을 수행하기 위해서 스테파노스의 도움이 필요했고, 그 때문에 결혼을 통해 그와 친척 관계를 맺어두려 했다고 말했습니다. 그 당시 테오게네스는 이렇게 말했습니다. '내 말이 진실이라는 것을 보여주기 위해서 나는 여러분에게 강력하고도 명백한 증거를 제시하겠습니다. 나는 그 여자를 내 집에서 내쫓겠습니다. 왜냐하면 그녀는 스테파노스의 딸이 아니라 네아이라의 딸이기 때문입니다. 그녀를 내쫓겠다는 내 말이 (내가 속아서 그녀와 결혼했다는 것이) 진실이라는 것을 믿어주기 바랍니다. 만약 내가 그녀를 내쫓지 않는다면 신에게 불경한 짓을 한 죄를 물어 나를 처벌해도 좋습니다.'"

아폴로도르스는 상당히 설득력 있는 말을 했다. 그러나 그는 아레오파고스 회의가 파노가 외국인이었기 때문에 바실리나 역할로 적절치 못하다는 판결을 내렸다는 주장을 뒷받침할 만한 아무런 증거도 내놓지 못하고 있다. 또 아폴로도르스는 아레오파고스 위원을 불러서 그 사건에 대한 자신의 진술이 옳다는 것을 증명하지도 못했다. (아폴로도르스가 말한 것처럼 만약 아레오파고스 회의가 그 사건을 비밀에 부치고 싶어 했다면, 원고 아폴로도르스는 아레오파고스 위원들을 설득해서 자신에게 유리한 증언석에 세우지 못했을 것이다.) 아폴로도르스는 테오게네스가 아레오파고스 회의에서 했던 증언을 소개했다. 그가 소개한 테오게네스의 증언 중 적어도 일부는 사실임이 틀림없다. 그렇다고 하더라도 우리는 아폴로도르스가 테오게네스의 증언에 대해 언급한 아주 구체적인 사실까지 진실이라고 믿을 필요는 없다. 네아이라를 고소하는 아폴로도르스의 연설문에는 테오게네스의 파면을 요구하는 문서가 첨부되어 있다. 그러나 그런 문서가 진짜라는 보장은 없다. 만약 그 문서가 진짜였다고 해도 (혹은 그것이 원본 문서의 내용을 그대로 반영하고 있다고 해도) 테오게네스의 증언 속에는 아레오파고스 회의가 그에게 불만을 품은 이유가 명백하게 드러나 있지 않기 때문이다. 다시 아폴로도르스의 연설문을 보자.

"에르키아의 테오게네스는 그가 바실레우스였을 때 파노가 스테파노스의 딸이라 믿고 그녀와 결혼했다고 증언했습니다. 그리고 자신이 속았다는 것을 알아챘을 때, 그는 그 여자를 집에서 내쫓았고 더는 그녀와 살지 않았습니다. 더불어 그는 스테파노스를 파레드로이 자리에서 내쫓았으며 그가 다시는 자신의 보좌관 일을 하지 못하게 막았습니다."

이 문장을 얼핏 보면 테오게네스가 파면될 뻔한 이유가 스테파노스의 딸인 줄로 알고 속아서 파노와 결혼한 데 있는 것 같다. 그러나 자세히 읽어보면 금세 알겠지만, 이 문장 속에는 그가 파면될 뻔한 이유가 나타나 있지 않다. 정확히 테오게네스가 무엇에 속았는지에 대해서 이 문장에는 아무것도 구체적으로 드러나 있지 않기 때문이다. 주12)

그렇다면 우리는 아레오파고스 회의가 실제로 파노의 시민권에 대해서 샅샅이 조사했다고 봐도 좋을까? 우리는 아폴로도르스가 네아이라에게 불리한 쪽으로 사실을 조작한다는 점을 감안하여 그의 말을 들어야 할 것이다. 그 때문에 우리는 그가 하는 부정적인 말보다 긍정적인 말에 더 관심을 두어야 한다. 말하자면 아레오파고스 회의는 테오게네스를 심문한 뒤 그에게 벌금형을 부과하려고 했다는 것이다. 그런데 테오게네스는 아레오파고스 회의의 이러한 판결을 파노와 이혼하고 스테파노스를 자신의 보좌관 자리에서 내쫓는 것으로 무면했다. 만약 우리가 아레오파고스 회의가 심문을 통해 벌금형을 내리기로 결정했던 과정과 테오게네스가 그 결정에 대해 보인 반응을 재구성해본다면, 우리는 결국 앞뒤가 전혀 안 맞는 서로 모순된 결론에 도달하게 된다. 나는 이 사건의 전체 모습을 상상할 수 없으며, 이와 관련된 사람들의 동기를 제대로 설명할 수 없다는 사실을 고백한다.

한편, 파노에 대한 새로운 사실을 발견한 후 아레오파고스 회의가 테오게네스를 대하는 태도를 보면, 아레오파고스 회의는 그가 큰 잘못을 저질렀다고 판단하지는 않은 것 같다. 아폴로도르스는 아레오파고스 회의가 파노의 문제 때문에 테오게네스에게 법정 최고 벌금형을 부과하려 했다고 주장한다. 그러나 만약 아레오파고스 회의가 그에게 법정 최고 벌금형을 물릴 작정이었다면, 이 문제를 법정에 올려 재판할 준비를 했을 것이다. 재판에서 유죄가 선고되어야만 법이 정한 최고 벌금형을 물릴 수 있으니 말이다. [주13)]

그러나 아레오파고스 회의는 이 문제를 법정으로 가져가지 않고 테오게네스를 심문하는 선에서 끝냈다. 아마 아레오파고스 회의는 파노가 테오게네스와 결혼하기 전에 프라스토르와 결혼한 적이 있다는 사실을 발견하고 그 때문에 테오게네스를 소환한 것이 아닌가 싶다. 사실, 아레오파고스 회의는 조사를 통해서 아주 쉽게 파노가 테오게네스 이전에 다른 남자와 결혼한 적이 있다는 걸 찾아냈을 것이다. 아무래도 아테네에는 파노가 프라스토르와 결혼했다가 이혼했다는 소문이 파다하게 퍼졌을 것이다. 게다가 파노와 프라스토르 사이에서 낳은 아들은 그 아버지의 프라트리와 게노스에 들어가기 위해 한바탕 분쟁을 치러야만 했다. 또 많은 사람들이 파노가 안테스테리아 축제에서 공식적인 역할을 하는 것을 보고, 과연 파노가 그 제의를 수행할 만한 자격이 있는지를 의심했을 것이다.

아레오파고스 회의가 시중에 떠도는 이러한 소문과 의혹을 전혀 몰랐다는 것은 말이 안 된다. 아레오파고스 회의의 입장에서 보면, 파노가 테오게네스와 결혼하기 전에 다른 남자와 결혼한 적이 있다는 사실은 충분히 탄핵당할 사유가 되었다. 아폴로도르스가 인용한 아테네 법률에 따르면, 바실레우스는 처녀와 결혼해야만 한다. 파노가 이혼한 여자라는 사실을 알게 된 아레오파고스 회의는 어떤 방식으로든 테오게네스를 처벌해야 한다고 생각했을 것이다. 아마도 그들은 테오게네스에게 벌금형을 내리는 것이 적절하다고 판단했던 것 같다. 왜냐하면 파노가 바실리나의 자격 요건을 어긴 것은 그녀가 이혼했다는 것뿐만이 아니었기 때문이다.

만약 아레오파고스 회의가 파노가 에파이네토스와 정사를 벌였다는 사실을 알았다면, 결코 테오게네스에게 벌금을 내리는 것으로 일을 끝내려고 하지 않았을 것이다. 네아이라를 고소하는 이 연설문에서 아폴로도르스는 아주 기쁜 마음으로 배심원들에게 모이코스와 간통한 여자는 공식적인 희생 제의에 참가할 수 없다는 사실을 지적했다. 모이코스와 간통한 여자들은 혼자서 희생 제의를 치를 수는 있다. 그러나 만약 그런 여자가 법으로 제정된 공식적인 희생 제의에 참여한다면 그녀는 죽음을 제외한 그 어떤 형벌이라도 감수해야만 했다.

웅변가 아에스키네스는 이와 같은 법률을 다시 한 번 인용하고 있다.

"법률 제정자는 모이코스와 함께 있다 잡힌 여자가 스스로를 장식하고 공식적인 희생 제의에 참여하는 것을 금지시켰다. 그렇지 않으면 그녀는 흠이 하나도 없는 순결한 여자들과 어울리면서 그녀들을 타락시킬 것이기 때문이다. 만약 그런 여자가 스스로를 장식하고 희생 제의에 참여할 경우, 입법자는 그녀의 주위에 있는 남자들에게 그녀의 옷을 찢고 그녀의 장신구들을 벗기고 그녀를 때리라고 법으로 규정했다. 입법자는 이러한 법률을 제정함으로써 간통한 여자에게 수치를 주었고 그녀가 참기 힘든 삶을 살게 만들었다."

분명히 아테네 시민들은 아주 엄격하게 이런 종류의 여자들이 그들의 종교적 행사에 참여하는 것을 배제하려고 했다. 아마도 아레오파고스 회의가 파노와 에파이네토스의 정사 사건을 알았다면, 그녀가 안테스테리아 축제에서 희생 제의를 수행했다는 것을 심각한 범죄 행위로 인식했을 것이다. 그리고 그에 걸맞은 엄중한 처벌을 내렸을 것이다. 주14)

또 아레오파고스 회의가 파노가 아테네 시민이 아니라는 사실을 알았다면 다른 방식으로 처벌을 내렸을 것이다. 지금의 우리로서는 이혼 전력이 있는 여자가 바실리나 임무를 수행한 것이 더 괘씸한 죄인지, 아니면 외국 여자가 바실리나 임무를 수행한 것이 더 괘씸한 죄인지 알 수가 없다. 그러나 두 경우 다 아폴로도르스가 인용한 아테네 법률을 위반한 것이며, 또한 두 경우 다 신들에 대한 커다란 불경죄로 여겨졌을 것이 분명하다. 두 경우 다 파노가 바실리나의 임무를 수행하는 것은 불법이었다. 그러나 테오게네스의 입장에서 보면 이혼한 여자와 결혼했다는 것보다 외국인 여자와 결혼했다는 것이 더 근본적인 법률 위반 행위였을 것이다. 그러므로 우리는 아레오파고스 회의가 테오게네스가 이혼한 여자로 하여금 아테네 제의를 집행하게 한 것보다 외국인 여자에게 그러한 일을 맡겼다는 것을 더 큰 죄로 여겼을 것이라고 예상할 수 있다. 만약 파노가 외국인이라는 것이 밝혀졌다면 아레오파고스 회의는 즉각 그 문제를 법정으로 가져갔을 것이고, 그 이후의 재판 절차를 밟았을 것이다.

테오게네스를 심문한 이후 아레오파고스 회의가 보인 반응으로 미루어볼 때, 위원들이 밝혀낸 사실은 파노가 그 전에 한 번 더 결혼을 했었다는 것뿐인 것 같다. 그런데 테오게네스는 마치 자신이 그러한 일을 전혀 몰랐고 그 때문에 무척 화가 난 듯이 행동했다. 그는 벌금을 무는 것으로 끝내지 않고 (혹은 벌금은 무는 대신) 아레오파고스 회의와 면담이 끝난 후 집으로 돌아오자마자 파노와 이혼하고 스테파노스와 관계를 끊어버렸다. 아폴로도로스에 따르면, 테오게네스는 스테파노스에게 속은 것에 분노했다고 한다. 그리고 자신이 기만당한 것에 대해 보복하는 것처럼 행동했다.

그러나 과연 테오게네스는 스테파노스에게 무엇을 속았을까? 테오게네스는 정말 파노가 전에 프라스토르와 결혼했었다는 사실을 몰랐을까? 그런 것 같지는 않다. 스테파노스와 파노는 이미 그녀가 전에 한 번 결혼했었고 아들까지 두고 있다는 사실을 테오게네스에게 숨길 수 없었을 것이다. 또한 스테파노스와 파노가 그 사실을 숨겼다고 해도 특별히 이득을 볼 것도 없었다. (스테파노스는 바실레우스를 잠시 속여서 파노가 바실리나의 역할을 할 수 있도록 했을지는 모른다. 그러나 과연 그녀의 과거를 끝까지 속일 수 있었을까?) 테오게네스는 아레오파고스 회의에서 파노의 첫 번째 결혼 이야기를 듣고, 자신의 아내 때문에 문책당한다는 사실에 짜증이 났을지도 모른다. 그런데 그런 이유 때문에 그는 자신의 아내와 이혼을 했을까? 테오게네스가 그런 행동을 한 것은 아레오파고스 회의에서 파노와 에파이네토스의 간통 사건과 그녀가 아테네 시민이 아니라는 사실을 들었기 때문인지도 모른다. 그 이유가 무엇이든 간에 심문 이후에 테오게네스가 한 행동과 아레오파고스 회의가 취한 조치는 앞뒤가 맞지 않는다.

여기서 파노가 안테스테리아 축제에서 희생 제의를 집행한 것과 관련해서 또 다른 의문이 생긴다. 그녀는 자신이 전에 프라스토르와 결혼을 했기 때문에 그 제의를 집행해서는 안 된다는 사실을 알고도 왜 무리하게 제의를 집행했던 것일까? 테오게네스와 스테파노스는 어째서 바실리나와 관련된 법률을 무시했던 것일까? 왜 파노는 그 제의를 수행하기 전에 바실리나로서 그녀의 자격을 묻는 심사를 거치지 않았던 것일까? 어쩌면 스테파노스와 테오게네스는 (우리가 잘 모르는 이유 때문에) 파노가 처녀로 시집왔다고 주장하여 바실리나 자격 심사를 통과시켜버린 것이 아닐까? 결국 우리는 파노가 제의를 집행하게 된 과정에 대해서는 알 수가 없다. 그 사실을 알고 싶어서 미쳐버릴 것 같지만 말이다.

또한 우리는 파노가 네아이라의 딸인지 아닌지도 확신할 수가 없다. 만약 파노가 네아이라의 딸이라면, 우리는 파노를 아테네의 아르콘 바실레우스와 결혼시킨 스테파노스가 매우 멍청한 사람이거나 뻔뻔한 사람이라는 것을 인정해야만 할 것이다. 바실리나가 된 후 파노는 아테네에서 가장 널리 알려진 여자 중의 한 명이 되었을 것이다. 그리고 외국인인 그녀가 바실리나가 되었다는 것은 당연히 비난받아 마땅한 일이었다. 만약 파노가 외국인이었다면 스테파노스는 과연 혹독한 신분 검증을 받아야 하는 그 자리에 그녀를 시집보냈을까? 그러나 인간들이란 항상 이성에 따라 행동하는 것은 아니다. 현재나 고대나 그것은 마찬가지였을 것이다.

어쨌거나 아폴로도르스는 파노가 네아이라의 딸이며 아테네 시민이 아니라는 확실한 증거를 우리 앞에 내놓지 못한 것 같다. 그리고 우리는 또 다른 가능성에 대해서도 생각해봐야 할 것이다. 어쩌면 아폴로도르스가 제기한 이 사건은 원고인 그가 피고를 중상모략하기 위해 꾸며낸 이야기일 수도 있다. 그렇다면 그 고소 사건이 벌어진 지 2500년이나 지난 지금에도 아폴로도르스의 중상모략은 계속 되고 있는 셈이다.

【제3부】

네아이라 재판 이전의 소송 사건들

제7장

원한관계

스테파노스는 법적인 분쟁에 말려드는 특별한 재능이 있었다. 우리는 이미 그가 네아이라와 사는 동안 여러 번에 걸쳐 법률 소송으로 — 비록 그 중 몇 번의 분쟁은 법정까지 가지는 않았지만 — 고생을 했다는 사실을 살펴보았다. 그들이 함께 산 지 얼마 지나지 않아 스테파노스는 네아이라를 노예 신분으로 끌어내리려는 프리니온의 시도에 맞서 그녀를 보호한 적이 있었다. 그는 프리니온을 고소했지만, 결국 이 사건은 사적인 중재를 통해서 해결되었다.

그리고 얼마 지나지 않은 369년, 스테파노스는 스파르타 원정에 참가하지 않았다는 이유로 시인 크세노클레이데스를 고소했다. 스테파노스가 크세노클레이데스를 고소한 것은 다분히 정치적인 이유 때문인 것 같다. 그러나 아폴로도로스는 이들의 분쟁 이유를 보다 선정적인 데서 찾았다. 아폴로도르스의 주장에 따르면, 네아이라가 코린스에 살던 시절에 크세노클레이데스는 그녀의 애인이었다는 것이다. 350년대에 파노는 정 없고 무뚝뚝한 프라스토르와 결혼했다. 그러나 이 결혼은 얼마 못 가 이혼으로 끝나고 그 후 법적인 분쟁이 일어났다. 스테파노스는 파노의 지참금을 돌려받기 위해 소송을 냈고, 프라스토르는 그런 스테파노스를 맞고소했다. 그러나 그들은 법정 밖에서 이 분쟁을 해결했다. 그 후 에파이네토스는 스테파노스가 자신을 모이코스로 몰아 집에 불법 감금하고는 몸값을 요구했다는 이유로 그를 고소했다. 이 분쟁 또한 사적인 중재인들을 통해서 해결되었다. 그리고 직접적으로 법적 분쟁에 개입한 것은 아니지만, 스테파노스는 아레오파고스 회의가 파노를 조사하고 그녀에게 아테네의 바실리나로 활동하는 것이 적절치 않다는 판결을 내렸을 때, 옆에서 그 과정을 지켜보아야 했다.

또한 잘 알다시피 340년대 후반에 아폴로도르스가 네아이라를 고소한 소송 사건이 있었다. 아폴로도르스는 이 소송에서 사용할 연설문을 직접 작성했는데, 그것이 지금 우리가 살펴보고 있는 그 연설문이다. 우리가 네아이라라는 유명한 고급 창녀의 은퇴 후의 생애에 대해서 알 수 있는 것은 바로 아폴로도르스의 연설문 덕분이다. 그러나 아폴로도르스가 네아이라를 고소한 것은 스테파노스와 아폴로도르스가 치렀던 길고 긴 법정 분쟁의 역사 속에서 작은 부분에 지나지 않는다. 우리가 앞서 살펴본 바와 같이, 아폴로도르스와 스테파노스는 네아이라 재판 이전에도 법정에서 서로 다툰 경험이 있다.

분쟁의 시작

아테네는 법적 분쟁이 많기로 소문난 사회였다. 사람들은 자신의 개인적인 원한 때문에 상대방을 고소하고 법정으로 불러냈다. 소송 당사자들과 그들의 친척들과 친구들은 몇 년에 걸쳐 서로를 고소했다. 아폴로도로스와 스테파노스의 경우도 역시 이렇게 장기화된 법적 분쟁의 한 사례이다. 그리고 이 장기화된 두 사람의 법적 분쟁의 역사를 처음으로 시작한 것은 바로 스테파노스였다. 그가 먼저 아폴로도로스를 법정에 고소했기 때문이다. [주1)]

그들의 법적 분쟁의 원인은, 다시 말해 스테파노스가 아폴로도로스를 고소한 것은 그 당시의 중요한 정치적 문제와 연결되어 있었다. 그 당시 아테네에서 가장 중요한 정치적 이슈는 훗날 알렉산더 대왕의 아버지가 되는 마케도니아의 왕, 필리포스2세의 공세에 어떻게 대응할 것이냐 하는 문제였다. 필리포스2세의 공세를 막기 위해 아테네는 군사 원정을 감행해야 했는데, 문제는 원정을 보낼만한 자금을 어디서 마련하느냐 하는 것이었다. 그 당시 아테네는 만성적인 재정 적자에 허덕이고 있었다. 350년대부터 필리포스2세는 그리스 세계 전역을 지배하기 위해 군사적인 개입을 멈추지 않았다. 그리고 그 덕분에 그리스 북부 지역을 자신의 세력 범위에 넣을 수 있었다. 그는 357년 암피폴리스와 피드나를 복속했고, 이어서 356년에는 크레디데스를 정복했다. 훗날 필리포스2세는 크레디데스의 지명을 자신의 이름을 따서 필리피라고 개명했다. 더불어

354년에는 피드나의 북쪽에 있는 메소네를 정복했다. 그 과정에서 그는 날아오는 화살에 맞아 눈 한쪽을 잃었다. 348년 가을, 필리포스2세가 올린투스를 노리자 아테네는 원군을 파견했다. 그 원군이 너무 적고 늦었기 때문인지 올린투스마저 필리포스2세의 희생물이 되고 말았다. 그리하여 필리포스2세는 올린투스가 위치한 칼시드 반도까지 자신의 지배력을 확장했다. 그는 올린투스를 남김없이 파괴하고 그곳 사람들을 노예로 삼았다. 주2)

아폴로도르스가 스테파노스에 대해 원한을 품기 시작한 348년 여름은 아직 올린투스가 필리포스2세에게 점령당하기 전이었다. 다시 말해 아테네가 올린투스에 원군을 보내기 전이었다. 그래서 그 당시 아테네 시민들은 올린투스를 구하기 위해 북쪽으로 군대를 보내야 하는가를 결정해야만 했다. 그런데 문제는 이미 그때 아테네가 에우보에아에 군대를 보낸 후라는 점이었다. 에우보에아 섬은 원래 참주들이 다스리던 곳인데, 그곳의 왕정이 무너지기 일보직전이었다. 아테네가 원군을 보낸 것은 에우보에아의 왕정을 지키기 위해서였다. 정치적 상황이 이렇게 돌아가고 있던 그 해, 아폴로도르스는 추첨을 통해 아테네 500인 평의회의 한 사람으로 뽑혔다. 그는 500인 평의회에 하나의 법률안을 제안했다. 그리고 그 법률안은 정해진 순서에 따라 투표에 부쳐졌다. 그가 제안한 법률안 때문에 500인 평의회는 아테네가 보유하고 있는 잉여자금을 아테네 군사기금에 배당해야 하는지, 아니면 테오리카theorika 기금에 배당해야 하는지를 결정해야만 했다.

테오리카 기금은 우리에게 잘 알려지지 않은 아테네의 제도이다. 원래 이 기금은 축제 기간 동안 연극을 볼 수 없는 가난한 아테네 시민들을 보조해주기 위해 만들어졌다. (이 기금의 이름을 보면 그 유래가 명확해진다. 테오리카는 테오리아이theoriai에서 비롯된 말이다. 테오리아이는 공식적인 축제 기간 동안 극장에서 펼쳐지는 공연을 일컫는 말이다. 다시 말해, 테오리카는 가난한 시민들이 이러한 공연을 볼 수 있도록 나누어주던 기금을 말한다.) 4세기 중반에 테오리카 기금은 정치 지도자 에우보우로스에 의해서 그 중요성이 더욱 부각되었다. 이제 테오리카 기금은 극장표를 사는 일뿐만 아니라 건축공사 같은 목적에도 사용되었다. 그리고 테오리카 기금은 아무도 건드릴 수 없는 일종의 신성한 송아지로 굳어졌다. 때문에 어떤 목적을 위해서건 테오리카 기금을 아테네 군사기금으로 사용하는 것은 불법이었다. (그러나 아폴로도르스가 테오리카 기금을 군사기금으로 사용하자고 제안했을 때도 테오리카 기금의 용도 전환을 금지하는 법률이 시행되고 있었는지는 알 수 없다.) 한 자료에 의하면, 테오리카 기금의 용도를 바꾸자고 주장한 사람은 죽음의 형벌을 당하게 되어 있었다. [주3)]

아폴로도르스가 그러한 법률안을 제안하자, 아테네 시민들은 테오리카 기금을 군사기금으로 쓸 것인가 말 것인가에 따라 두 패로 갈려 논쟁을 벌였다. 웅변가 데모스테네스처럼 마케도니아 필리포스2세의 팽창정책을 막아야 한다고 주장하는 쪽은 그 기금뿐만 아니라 가능한 모든 돈을 끌어모아 군사 원정을 단행해야 한다고 생각했다. 그러나 에우보우로스를 비롯한 사람들은 전쟁보다는 평화적인 방법으로 이 문제를 해결하고 싶어 했다. 아폴로도르스의 제안은 노골적으로 테오리카 기금을 줄여 군사기금의 할당을 높이자는 것은 아니었지만, 그가 필리포스2세에 대항하여 군사 원정을 감행하자고 주장하는 데모스테네스 편에 속해 있었던 것만큼은 분명하다. 주4)

아폴로도르스가 아테네 500인 평의회에 그 법률안을 제출하자 500명의 의원들은 그의 제안을 법률로 제정하기 위해 투표를 했다. 그의 제안이 투표를 거쳐 채택이 되자 이제 500명의 의원들은 아테네의 잉여 세금을 어떻게 배분할 것인지에 대해 다시 한 번 투표를 해야만 했다. 그러니까 아폴로도르스의 제안이 투표로 결정되고 나서 얼마 지나지 않아, 아마도 다음 의회가 소집되는 날 500명의 의원들은 잉여 세금의 용도를 결정해야만 했다. 그리고 전해져 오는 기록에 따르면, 아테네의 500명의 의원들은 잉여 세금을 군사기금으로 사용할 것을 만장일치로 결정했다고 한다. 주5)

스테파노스의 고소

아폴로도르스의 제안이 정치적으로 큰 인기를 끌었음에도 불구하고, 그는 그러한 법률을 제안했기 때문에 고소당할 위험에 처하게 되었다. 우리가 제4장에서 살펴본 것처럼, 아테네의 전통적인 정책에 반대되는 법률을 제안한 사람은 처벌을 받게 되어 있었다. (아테네의 전통적인 정책과 일치하는 법률안을 제안한 아테네 시민은 그의 법률안이 의회에서 얼마만큼의 표를 얻었는지에 상관없이 법적인 책임을 지지 않는다.) 따라서 아테네 시민은 그가 원하기만 한다면, 그 법률안이 불법이라는 이유로 혹은 그 법률 제안자를 중상모략하기 위해서 고소할 수 있었다. 이런 식의 고소를 하는 사람들은 그가 고소를 했다는 이유로 국가에 채무자가 되거나 자신의 권리를 잃는 일이 없었다.

이런 경우 고소자는 법률 제안자에게 '그라페 파라노몬' graphe paranomon이라는 소송을 걸 수 있었다. 그라페 파라노몬은 불법적인 법률(수단)을 제안한 것에 대한 고소를 말한다. 이런 식의 소송은 그 법률안에 대한 투표가 이루어질 때나, 의회가 그 법률안에 대해 토론할 때나, 그 법률안이 통과된 후에나 상관없이 아무 때나 고발할 수 있었다. 이러한 고소는 그 법률안을 지연시키는 효과가 있었고 또 아테네 법정이 그 법률안의 합법성을 결정하게 만드는 효과가 있었다. 아테네 법정에서 배심원들은 그 법률안이 적절하다는 판결을 내릴 수도 있었다. 반대로 아테네에 대대로 내려오는 성문율에 위배된다는 이유로 그 법률안을 무효로 만들 수도 있었다. 만약 법률안이 500인 평의회를 통과한 지 1년 안에 고소당한다면 법률 제안자는 그것 때문에 처벌받을 가능성이 있었다. 우리가 제4장에서 살펴보았듯이, 바로 이러한 점 때문에 정치가들은 제삼자를 시켜 자신을 대신해서 법률 제안자를 고소하게 했다. 주6)

스테파노스는 아폴로도르스의 법률안이 500인 평의회를 통과한 지 1

년 안에 그를 고소했다. 그가 아폴로도르스를 고소한 것은 아테네 시민들이 민회에서 잉여 자금을 군사기금으로 할당할 것을 투표로 결정하고 나서 얼마 후의 일이었다. 우리는 스테파노스가 어떤 법률을 근거로 그를 고소했는지, 그리고 테오리카 기금과 관련하여 어떤 법률이 적용되었는지 알 수 없다. 우리가 이 사건에 대해 알 수 있는 것은 네아이라를 고소한 아폴로도르스의 연설문이 전부이다.

아폴로도르스에 따르면, 스테파노스는 그를 고소했는데 그 이유는 그 법률안을 제안할 당시 아폴로도르스가 아테네 시에 빚을 지고 있었고, 그 때문에 그가 정치에 참여하는 것이 법률적으로 금지된 상태였다는 것이다. 어쩌면 스테파노스는 이 소송에서 아폴로도르스를 근거 없이 비난했는지도 모른다. 왜냐하면 그가 아폴로도르스를 고소한 이유가 전혀 사실과 들어맞지 않기 때문이다. 아폴로도르스는 엄청난 부자였다. 국가에 빚을 진 사람은 그가 빚을 갚기 전까지는 법률적으로 정치 활동이 금지되었다. 그러나 엄청나게 부유했던 아폴로도르스가 나랏빚을 갚지 않고 그냥 놔두었다는 것은 이치에 맞지 않는다. 또한 아폴로도르스는 아수빈번하게 공직을 맡아 정치에 참여했다. 그는 법률안을 제안할 당시에 아테네 500인 평의회에 소속되어 있었다. 만약 그가 오랫동안 국가에 빚을 지고 있었다면 의원 자격을 심사받는 과정에서 그 사실이 드러나지 않았을 리 없다.[주7)]

스테파노스의 논점이 무엇이든, 또 아폴로도르스의 법률안이 아테네 시민들에게 얼마나 인기를 끌었든 간에 스테파노스는 법정에서 배심원들을 설득하는 데 성공했다. 이 재판에는 최소한 501명의 배심원들이 참석했다. 이 재판에서 배심원들은 투표를 통해 그 법률안은 폐지되어야 하며, 그 법률 제안자는 벌금형에 처한다는 판결을 내렸다. 그러나 스테파노스가 소송을 건 재판은 '아곤 티메토스' agon timetos였다. 이런 종류의 소송에서는 법률로 형벌이 정해져 있지 않았다. 따라서 배심원들은 형벌을 정하기 위해서 다시 한 번 투표를 해야만 했다. 원고와 피고는 서로 벌칙을 제안했고 배심원들은 원고와 피고가 내놓은 두 가지 벌칙 중에서 한 가지를 선택해야만 했다.

이런 종류의 재판에서는 원고가 승소한다고 해도 그에게 돌아가는 보상금은 없었다. 그래서인지 아곤 티메토스 소송에서는 형벌을 정하는 2차 공방전에서 원고가 유리했다. 원고가 2차 공방전에서 이기기 위해서는 피고가 자신에게 맞서 제안하는 형벌보다 배심원들이 더 적절하다고 생각할 만한 형벌을 제안할 필요가 있었다. 바꿔 말하면, 아곤 티메토스에서 원고는 보복하고 싶은 자신의 욕망을 충족할 만한 무거우면서도 너무 가혹해서 배심원들이 피고가 제안하는 상대적으로 가벼운 형벌을 선택하지 않을 만한 제안을 해야만 했다. 형벌을 받게 될 피고 역시 너무 우스꽝스러울 만큼 너그러운 형벌을 제안해 배심원들이 원고의 제안을 선택하게 만드는 바보짓을 피해야만 했다.

(399년 철학자 소크라테스는 불경죄로 고발당해 아곤 티메토스 재판을 받았다. 만약 플라톤이 이 재판에 대해서 우리에게 정확한 사실을 전했다면, 소크라테스가 형벌을 정하는 2차 공방전에서 배심원들을 화나

게 만들었다는 주장은 틀림이 없다. 왜냐하면 소크라테스는 원고가 제안한 형벌을 받기보다 오히려 자신은 아테네 시가 지불하는 연금으로 남은 인생을 보내야 할 사람이라고 주장했기 때문이다.)

스테파노스가 아폴로도르스를 법이 금지한 법률안을 제안했다고 고소한 이 사건에서, 스테파노스는 15탤런트, 다시 말해 90,000드라크마에 해당하는 벌금형을 제안했다. 그러나 배심원들은 그의 제안보다 피고인 아폴로도르스의 제안을 더 마음에 들어 했다. 그래서 배심원들은 아폴로도르스에게 1탤런트의 벌금형을 내렸다. 이번 장의 뒷부분에서 다시 한 번 살펴보겠지만, 훗날 아폴로도르스는 네아이라의 재판에서 스테파노스가 그 당시 제안했던 벌금형이 너무도 극악무도한 행위였다고 주장했다. 주8)

스테파노스가 아폴로도르스에게 그라페 파라노몬 소송을 제기한 것은 정치적인 이유 때문이었다. 아테네는 마케도니아의 필리포스2세를 막기 위해 에우보에아에 원군을 보내야 할 상황이었다. 그러자 아테네 시민들 사이에서 원군을 보낼 자금을 어떻게 마련할 것인지에 대한 논쟁이 벌어졌다. 아폴로도르스는 원군을 보내자는 편에 서 있었고, 스테파노스는 대규모 원정을 반대하는 에우보우로스와 그 지지자들의 편에 서 있었다. 다시 말해, 스테파노스는 누군가를 대신해서 아폴로도르스를 고소하는 밀고자 역할을 한 셈이다. 만약 그렇다면 스테파노스는 다른 사람을 대신해서 더러운 일을 했기 때문에 아폴로도르스의 원한을 샀고, 그 원한 때문에 그 후 몇 년 뒤 그가 네아이라와 함께 꾸민 가정이 위협

을 받는 엄청난 보복에 직면하게 된 것이다.[주9)]

아피드나 살인 사건

스테파노스는 아폴로도르스와의 두 번째 법정 공방에서 공격자의 역할을 했다. 스테파노스는 법이 금지한 법률안을 제안했다는 이유로 아폴로도르스를 고소한 재판에서 승소한 지 얼마 지나지 않아 (346년 무렵) 또 다시 그를 살인죄로 고발했다. 그는 아폴로도르스가 도망친 노예를 찾기 위해 아테네 도심지에서 27킬로미터 떨어진 아티카에 있는 아피드나 데모로 갔다고 주장했다. 그리고 그곳에서 어떤 일이 벌어졌는지 자세히 알 수는 없지만, 아폴로도르스가 한 여자를 두들겨 패서 죽였다는 것이다. 그 당시 아폴로도르스의 사위이자 그의 처남이었던 테오므네스토스는 네아이라의 재판에서 아폴로도르스에게 연단을 내어주기 전에 배심원 앞에서 이런 말을 한다.

"스테파노스는 아폴로도르스에게 잘못된 고소를 했습니다. 스테파노스는 아폴로도르스가 도망친 노예를 찾으러 아피드나에 갔을 때 한 여자를 때려 죽였다고 주장했습니다. 스테파노스는 미리 노예 몇 명을 키레네(아프리카 소재)에서 온 사람들로 변장시킨 후 팔라디온(아테네 남동쪽에 있는 아테나 여신의 사원. 도시를 둘러싼 성벽의 외부에 있다.)에서 공개적으로 아폴로도르스가 살인죄를 저질렀다고 폭로했습니다. 그 후 여기 있는 스테파노스는 아폴로도르스를 살인죄로 고소했습니다. 스테파노스는 아폴로도르스가 직접 그 여자를 때려 죽였다고 맹세했습니다. 더불어 아폴로도르스와 그의 집안에, 그리고 그의 친척들에게 재앙이 일어나기를 빌었습니다." 주10)

테오므네스토스는 당시의 사건을 상세하게 설명했다. 그의 말에 따르면, 스테파노스는 아폴로도르스가 한때 그의 노예였던 여자를 죽였다고 거짓말을 했다는 것이다. 먼저 우리는 이 살인 사건에 대한 소송이 어느 재판소에서 열렸는지를 알아야 한다. 아테네에서 살인죄는 그 범죄의 성격에 따라 다섯 곳의 재판소 중 한 곳에서 재판을 받았다. (살인죄를 재판하는 지방재판소는 어디나 살인자를 법정 문밖에 세워두고 재판을 했다. 그것은 배심원을 비롯해 재판에 참석한 사람들과 살인자인 피고를 한 지붕 안에 두지 않기 위한 조치였다. 그 당시 사람들은 살인자는 유혈죄로 오염되었다고 생각했다.)

예를 들어, 파노가 바실리나 역할을 했을 당시에 그녀의 뒷조사를 했던 아레오파고스 회의는 매우 권위 있는 위원회였는데, 이곳에서는 아테네 시민이 고의로 살해당한 사건만 재판했다. 아폴로도르스가 재판을 받았던 팔라디온에 있는 재판소는 노예나 외국인의 살인 사건을 담당했다. 이 재판소에서 다루는 사건은 아테네 시민이 아닌 사람이 고의로 살해당했거나, 죽음에 이를 수 있는 치명상을 입었거나, 혹은 고의는 아니라도 다른 사람에게 살해당한 경우를 심판했다. 아테네 사람들은 고의로 살해당하거나 죽음에 이를 수 있는 치명상을 '보우레우시스' bouleusis라고 불렀다. 아폴로도르스가 여자 노예를 때렸는데 그 여자가 그 충격으로 죽었다는 것으로 보아, 법정은 이 사건을 보우레우시스가 아니라고 판단했을 것이다. 사실 테오므네스토스가 이 사건을 묘사한 것을 보면, 이 사건은 아테네 법률이 정한 의도적인 살인이라기보다 충동적인 학살에 가깝다. (왜냐하면 아폴로도르스는 꼭 그 여자를 골라 죽일 필요가 없었기 때문이다.) 아테네 사람들은 살인이나 상해를 할 의도가 있었느냐 없었느냐에 따라 살인 사건을 분류했다. 이러한 분류 방식에 따르면, 아피드나에서 죽은 그 여자는 우연히 살해당한 아테네 인이 아니라 우연히 살해당한 아테네 거주 외국인 혹은 노예였다는 결론이 나온다. 주11)

고대 아테네에서 살인자를 고발하는 것은 국가의 임무가 아니었다. 살인자를 고발하는 것은 국가에서 임명한 검사가 아니라 일반 시민들이었다. 비록 살해당한 사람의 가족이 아닌 다른 시민들도 살인자를 고소할 수 있었지만, 주로 살인자를 고소하는 것은 살해당한 사람과 가까운 친척의 몫이었다. 그러나 만약 살해당한 사람이 노예인 경우에는 그를 위해 고소할 수 있는 사람은 죽은 노예의 친척이 아니라 그 노예의 주인이었다. 그렇다면 아폴로도르스를 살인죄로 고발한 스테파노스는 살해당한 여자 노예의 친척이었거나 그녀의 주인이었을 것이다. 추측컨대, 스테파노스는 아테네 거주 외국인이나 외국인과 친척 관계를 맺었을 것 같지는 않다. 그렇다면 스테파노스는 죽은 여자 노예의 주인 되는 자의

입장에서 아폴로도르스를 고소했을 것이다.[주12)]

이 사건을 보다 명확히 규정하자면, 스테파노스는 자신이 죽은 여자 노예의 주인이라고 자처하면서 아폴로도르스를 고소했다고 말하는 편이 옳을 것이다. 테오므네스토스가 주장한 바에 따르면, 또 그가 제공하는 정보가 믿을만하다면, 아폴로도르스는 사실상 이 살인 사건과 아무런 관련이 없어 보인다. 테오므네스토스는 말한다.

"스테파노스는 (법정에서) 일어나지 않은 일에 대해서 맹세했습니다. 그는 그 사건을 보지도 않고, 다른 사람들을 통해서 그 사건에 대해 듣지도 않았음에도 마치 그 사건이 일어났던 것처럼 거짓 맹세를 하고 그것을 바탕으로 거짓 고소를 했습니다. 그 당시 스테파노스는 케피소폰과 아폴로파네스에게 고용된 것이 분명합니다. 스테파노스는 아폴로도르스를 아테네에서 추방하고 그의 시민권을 박탈하기 위한 음모를 꾸미는 대가로 돈을 받았던 것입니다. 그는 아폴로도르스에게 500드라크마의 벌금을 물리려고 했지만, 배심원들 중 소수만이 그의 편을 들어주었습니다. 그래서 그는 법정에서 위증을 한 불한당이라는 오명을 얻은 채 법정을 떠나야만 했습니다."[주13)]

아폴로도르스에 대한 스테파노스의 두 번째 공격은 성공적이지 못했다. 적어도 그는 아폴로도르스가 살인죄를 받게 하는 데 실패했다. 지금 우리로서는 스테파노스가 이 재판에서 이길 것이라고 예상했는지 아닌지 알 수 없다. 아마도 그와 그에게 이 소송을 제기하도록 시킨 사람들은 아폴로도로스가 처벌받기를 원했다기보다는 단순히 그를 괴롭힐 목적이었는지도 모른다. 어쩌면 아폴로도로스의 적들은 그가 법정이나 아고라에 나오지 못하게 하려고 그런 소송을 걸었는지도 모른다. 살인 용의자는 법정이나 아고라 같은 장소에 출입할 수 없었기 때문이다.

스테파노스가 처음에 아폴로도로스를 그라페 파라노몬으로 공격한 사건처럼, 이번 소송 사건도 정치적인 의도가 깔려 있었을 것이다. 비록 이번 경우에는 스테파노스가 아폴로도로스를 공격한 궁극적인 이유가 밝혀지지 않았지만 말이다. 아마도 이 재판은 346년 아테네와 마케도니아가 필로크라테스 평화조약을 맺고, 그 해에 마케도니아에 아테네 대사를 보낸 일과 관련이 있을지도 모른다. 테오므네스토스는 케피소폰과 아폴로파네스가 돈을 주고 스테파노스로 하여금 아폴로도로스를 살인죄로 고소하게 만들었다고 주장했다. 아마도 케피소폰은 칼리비오스의 아들이자 당시에 활동한 정치가와 동일인물일 것이다. 그는 347년 아테네 민회에서 아테네와 마케도니아의 평화를 지지하는 연설을 했던 사람이다. 그리고 343년 아폴로파네스는 법정에서 마케도니아에 대사를 파견하는 일을 증언했던 그 아폴로파네스와 동일인물일 것이다. 그리고 스테파노스 자신은 346년 마케도니아를 방문한 아테네 외교사절 중 한 명이었을 것이다. 그 당시에 스테파노스라는 이름을 가진 사람이 북쪽에 가서 필리포스2세를 만났다는 기록이 남아 있다. 다시 말해 아폴로도로스를 살인죄로 고소하는 데 가담한 세 명의 남자는 (비록 가설이긴 하지만) 346년 아테네와 마케도니아의 평화를 지지하는 정치 세력이었을 가능성이 크다. 그들은 반대파인 아폴로도르스의 활동을 막기 위해 날조된 거짓말로 그를 살인죄로 고소하는 음모를 꾸몄을지도 모른다. [주14)]

어떤 정치적 동맹관계가 있었는지 확실히 알 수는 없지만, 스테파노스는 두 번이나 법적 소송을 제기하여 아폴로도르스를 공격했다. 그는 첫 번째 재판에서 승소하여 아폴로도르스에게 1탤런트의 벌금을 물게 만들었다. 그리고 두 번째 소송에서는 아폴로도르스로 하여금 불필요한 수고를 하게 만들었다. 이 두 번의 소송을 겪으면서 아폴로도르스가 분통을 터뜨린 것은 당연한 일이다. 그리고 그는 자신이 당한 만큼 되갚아줄 복수의 기회를 찾기 시작했다.

법정에서 일어난 보복전

테오므네스토스는 배심원들 앞에서 자신과 아폴로도르스가 네이이라를 고소한 것은 스테파노스에 대한 복수 때문이라는 사실을 밝혔다. 테오므네스토스의 그런 진술은 매우 솔직한 것이었다. 테오므네스토스는 이 사건을 재판하는 배심원들에게 아폴로도르스와 자신이 이 소송을 제기한 이유가 복수에 있다는 사실을 부각시키려고 애썼다. 그는 배심원들 앞에서 사건을 소개하는 연설을 하면서 두 번째 문장에서 주저 없이 복수라는 말을 꺼냈다. 그는 말한다.

"아테네 남자인 내가 네아이라를 고소해 (배심원) 여러분이 있는 법정에 선 것은 수많은 이유 때문입니다. 그동안 스테파노스는 매우 부당한 행동으로 나와 아폴로도르스를 괴롭혔습니다. 나의 장인과 나의 누이와 내 아내는 스테파노스 때문에 매우 심각한 위협을 겪어야만 했습니다. 그래서 나는 스테파노스를 공격하기 위해서가 아니라 그에게 복수하기 위해서 이 소송을 걸기로 마음먹었습니다. 왜냐하면 애초에 이러한 분쟁을 시작한 것은 바로 스테파노스였기 때문입니다. 우리는 지금까지 잘못된 말이나 행동으로 그를 괴롭혀본 적이 전혀 없었기 때문입니다."

테오므네스토스는 자신과 아폴로도르스가 소송을 건 이유가 복수에 있다는 점을 밝히면서 두 가지 사실을 강조했다. 첫째는 스테파노스가 자신들로 하여금 네아이라를 고발하게 만든 원인 제공자라는 것이다. 두 번째는 추론일 뿐이지만, 테오므네스토스와 아폴로도르스는 배심원들 앞에서 가해자로 보이고 싶어 하지 않았다는 것이다. 테오므네스토스는 스테파노스로 인해 겪었던 가족의 고통을 강조하면서, 자신과 아폴로도르스가 아주 이상적인 아테네의 소송자인 것처럼 보이고 싶어 했다. 그들은 배심원단 앞에서 상대의 부당한 공격을 막기 위해서 어쩔 수 없이 법정에 선 모범적인 시민인 것처럼 행세했다. 그와 반대로 스테파노스는 자신의 목적을 위해서는 법적 분쟁을 마다하지 않고 아테네 법률제도를 남용하는 사람으로 묘사했다. [주15)]

지금의 우리가 생각하는 것과는 대조적으로 아테네 인들은 그 어떤 이유로 상대를 고소하는 것보다 복수 때문에 고소를 하는 편이 훨씬 낫다고 생각했다. 왜냐하면 적개심으로 상대를 고소할 경우에는 누군가의 부탁을 받고 소송을 건 밀고자라는 오명이나 개인적인 이익을 챙기기 위해 소송을 걸었다는 비난을 피할 수 있었기 때문이다. 그래서 소송 당사자들은 법정에서 그들 사이에 원한이 깊다는 사실을 강조했다. 그리고 상대방을 상습적으로 법정 싸움을 일으키는 사람으로 몰고 갔다. 한편, 테오므네스토스는 배심원들에게 그런 원한을 품게 만든 사람이 자신과 아폴로도르스가 아니라 바로 스테파노스라는 사실을 강조했다. 그들은 배심원단 앞에서 그동안 자신들이 얼마나 스테파노스에게 부당한 괴롭힘을 당했는지를 호소한 뒤, 이제는 그에 대한 복수를 원한다고 말했다. 그리고 비록 그들은 이번 재판에서 공격자의 입장에 서 있지만, 길고 길었던 스테파노스와의 법정 공방전에서 자신들은 희생자였다는 사실을 호소했다. 그들은 배심원단 앞에서 스테파노스가 자신들에게 저지른 비행의 목록을 공개하면서, 그동안 부당하게 당한 것을 되갚아주기 위해 법정까지 왔다는 사실을 알리려고 노력했다. [주16]

비록 재판 과정에서 네아이라의 온갖 과거사가 들추어졌지만, 정작 당사자인 네아이라는 법정에 나올 수 없었다. 그녀는 아폴로도르스가 공격하고 싶어 하는 진짜 목표가 아니었다. 네아이라를 고소한 원고 테오므네스토스 또한 그런 사실을 인정했다. 그럼에도 불구하고 이 재판 때문에 가장 타격을 입은 사람은 다름 아닌 네아이라였다. 만약 스테파노스가 이 재판에서 패소한다면 네아이라는 다시 노예 신분으로 전락하고,

자신이 수십 년 전에 그토록 벗어나기 위해 애썼던 불명예스러운 생활로 돌아가야 했다. 네아이라는 여자였기 때문에 법정에서 자신을 변호할 수 없었다. 아테네에서 고소를 하고 싶은 여자나 고소를 당한 여자는 법정에 자신의 대리인을 세워야 했다. 그런 여자의 대리인이 되는 것은 주로 집안의 가장인 경우가 많았다. 네아이라는 아폴로도르스가 법정에서 그녀를 조롱할 때도, 그녀의 옛 애인들의 이름을 들먹이며 수치스러운 가정사를 폭로할 때도, 무기력하게 앉아 있을 수밖에 없었다. 그녀는 아폴로도르스가 자신의 인생을 극적으로 몰락시킬 법률적인 책략을 구사하는 것을 그저 지켜볼 수밖에 없었다.

테오므네스토스는 자신의 연설 첫 문장에서 스테파노스가 과거에 아폴로도르스에게 저지른 악행을 언급한 후, 그에게 주어진 연설 시간 내내 스테파노스의 부정한 행동을 구체적으로 설명했다. 테오므네스토스는 스테파노스가 아폴로도르스를 살인죄로 고발한 사건에 대해서 상당히 비판적으로 이야기했다. 그러나 스테파노스가 아폴로도르스를 첫 번째로 고소했던 사건, 그러니까 348년에 있었던 그라페 파라노몬 소송에 대해서는 매우 조심스러운 태도를 보였다.

우리가 기억하고 있는 대로 아폴로도르스는 그 소송에서 졌다. 그 결과 배심원들은 아폴로도르스에게 1탤런트의 벌금형을 내렸다. 만약 테오므네스토스가 스테파노스가 소송을 걸었던 그라페 파라노몬 소송에 대해서 비판을 한다면, 그것은 그 당시 스테파노스의 편을 들어주었던 배심원들을 비판하는 것으로 비칠 우려가 있었다. 그가 과거의 판결을 가지고 배심원들을 비판하는 것은 현재 법정에 나와 있는 배심원들에게 적대감을 살 가능성이 높았다. 물론 그라페 파라노몬 소송에서 판결을 내렸던 배심원들이 지금 현재 법정에 한 명도 나와 있지 않다고 해도 말이다. 그래서 테오므네스토스는 재빨리 그 판결의 책임을 배심원이 아닌 다른 사람에게 돌렸다. 그는 말한다.

"오늘날에 그와 같은 재판이 다른 법정에서 똑같이 열린다면, 모든 사람들은 아폴로도르스가 법률안을 제안(함으로써 아테네 시민에게 최상의 충고를)했음에도 (그라페 파라노몬 소송에서 패해 벌금을 내야 하는) 부당한 고통을 당했다는 사실을 인정할 것입니다. 그러나 우리는 교묘한 말로 배심원들을 속인 스테파노스에게 화를 낼망정, 그에게 속아 넘어간 배심원들에게 화를 내는 것은 옳지 못하다고 생각합니다."

테오므네스토스는 당시의 재판 결과를 두고 배심원들을 심각하게 공격할 수 없었다. 그러나 그는 배심원들을 모욕하지 않는 방식으로 그 소송을 일으켰던 스테파노스를 비난할 수는 있었다. 테오므네스토스는 스테파노스가 그 재판에서 배심원들에게 제안한 형벌에 대해 과장해서 표현했다. 이 연설에서 테오므네스토스는 노골적으로 스테파노스가 제안한 벌금형과 관련해서 배심원들은 아무런 잘못도 없다고 말한다.

"나는 그 당시 재판에서 판결을 내렸던 배심원들에게 매우 감사합니다. 배심원들은 많은 벌금을 물려 아폴로도르스를 파산하게 만들기보다는 그에게 겨우 1탤런트의 벌금을 부과했기 때문입니다. 그것은 아폴로도르스도 충분히 낼 수 있는 벌금이었습니다."

테오므네스토스는 만약 그 당시에 배심원들이 스테파노스가 제안한 대로 아폴로도르스에게 15탤런트의 벌금을 부과했다면, 그와 그의 가족은 파산했을 것이라고 주장했다.

"배심원들이 형벌을 정하는 투표를 할 때, 우리는 스테파노스에게 벌금의 양을 줄여달라고 호소했습니다. 그러나 그는 우리의 말을 무시했습니다. 그는 아폴로도르스와 그의 자식들의 시민권을 박탈하기 위해 15탤런트의 벌금을 제안했습니다. 그는 그렇게 나의 누이(아폴로도르스의 아내)와 우리 모두를 최악의 가난과 절대 빈곤 속으로 밀어 넣으려고 했습니다. 왜냐하면 그 당시 아폴로도르스가 가진 재산의 가치는 고작 3탤런트 정도였기 때문입니다. 그는 스테파노스가 제안한 그 엄청난 양의 벌금을 낼 능력이 없었습니다. 만약 벌금을 9프리타니(prytany, 1프리타니는 1년을 10분의 1로 나눈 기간을 말한다.)까지 내지 못하면 그 벌금은 두 배로 늘어날 것이고, 아폴로도르스는 국가에 30탤런트를 빚졌다고 기록될 것이 뻔했습니다. 국가의 채무자로 기록되면 아폴로도르스가 가진 모든 재산은 국가로 넘어가게 됩니다. 국가로 넘어간 재산이 다 처분되고 나면 아폴로도르스와 그의 아들, 그의 아내와 우리 모두는 가장

비참한 빈곤 속에 빠지게 됩니다. 더 심각한 것은 아폴로도르스의 다른 딸들이(테오므네스토스는 이미 그의 딸들 중 한 명과 결혼했다.) 결혼을 할 수 없게 된다는 것입니다. 누가 지참금을 전혀 가져올 수 없는, 국가에 빚을 지고 있는 가난한 남자의 딸을 아내로 맞이하겠습니까?"

테오므네스토스는 이 부분에서 적어도 두 가지 사실을 과장하고 있다. 그가 첫 번째로 과장하고 있는 사실은 아폴로도르스가 결국 국가의 빚을 갚지 못해 그와 그 자식들이 시민권을 박탈당하게 될 것이라는 주장이다. 그러나 그의 자식들이 그의 빚을 물려받아 시민권을 박탈당하게 되는 경우는 오로지 아폴로도르스가 빚을 갚지 못한 채 사망할 때뿐이다. 그의 자식들은 아폴로도르스가 죽기 전까지는 시민권을 박탈당하지 않는다.

두 번째로 그는 아폴로도르스의 재산을 속이고 있다. 아무리 살펴봐도 아폴로도르스의 재산이 겨우 3탤런트 밖에 없다는 주장은 거짓인 것 같다. 아폴로도르스는 370년 혹은 369년에 죽은 그의 아버지 파시온으로부터 43탤런트 이상의 재산을 상속받았다. 비록 아폴로도르스가 상속받은 재산을 많이 탕진했다고 해도, 상속받은 지 20여 년 뒤에 겨우 3탤런트의 재산만 남았다는 주장은 신빙성이 없어 보인다. 그러나 아폴로도르스가 스테파노스가 제안한 대로 15탤런트를 벌금으로 내야 했다면 그는 거의 파산 지경에 몰렸을 것이다. 테오므네스토스는 아폴로도르스와 그의 가족이 스테파노스에게 받은 피해를 과장해서 말했는데, 그것은 배심원들에게 이 원한 관계에서 가해자는 스테파노스이고, 아폴로도로스는 피해자에 불과하다는 인상을 심어주기 위한 전략이었다. 주17)

테오므네스토스는 자신이 네아이라를 고소한 것은 이제껏 당하고만 살았던 피해자 아폴로도로스에게 지금껏 그를 괴롭혔던 가해자 스테파노스를 혼내줄 기회를 주기 위해서였다고 말했다. 그러나 테오므네스토스와 아폴로도로스가 네아이라를 고소한 것이 단지 사적인 복수심 때문이었을까?

비록 분명한 내막이 밝혀지지는 않았지만, 스테파노스가 아폴로도로스를 고소한 것은 정치적인 이유 때문이었다. 우리는 아폴로도로스가 스테파노스를 고소한 이 사건의 밑바닥에는 또 다른 동기가 숨어있을 수 있다는 점을 감안해야만 한다. 아폴로도로스가 스테파노스에게 반격을 가한 것은 사실상 정치적인 이유 때문이었는지도 모른다. 아폴로도로스는 343년에서 340년 사이에 스테파노스와 네아이라를 법적 분쟁에 끌어들였다.

아마도 아폴로도로스가 공개적으로 스테파노스와 네아이라의 삶을 비난한 것은 마케도니아에 대한 아테네 시민들의 적대감이 커져갔던 당시의 정치 상황과 무관하지 않을 것이다. 과거에 마케도니아의 야심을 의심하고 아테네와 마케도니아의 평화조약에 반대했던 웅변가 데모스테네스는 당시에 가장 큰 대중적 지지를 받고 있었다. 그 당시 아테네 시민들은 343년 마케도니아 필리포스2세와 맺었던 평화조약에 대해 점점 더 실망하고 있었다. 그리고 주목해야 할 것은, 테오므네스토스와 아폴로도르스가 네아이라의 재판에서 원고 측 증인으로 소환했던 사람들이 바로 에우보우로스와 데모스테네스였다는 사실이다. 아마도 에우보우로스는 348년에 스테파노스를 시켜 아폴로도르스를 그라페 파라노몬으로 고소했던 사람일 것이다. 또한 데모스테네스는 스테파노스가 공격했던 그 법률안을 지지했던 사람이다. 그들의 정치적 목적을 밝힐 수는 없지만, 법정에 등장한 주요 인물들 사이에는 묘한 관계가 형성되어 있다. 아마도 아폴로도르스가 네아이라에게 소송을 건 것은 단순히 묵은 원한을 갚기 위해서만은 아니었을 것이다. 그러나 이 복잡한 소송 사건의 표면적인 원인 제공자였던 나이 먹은 고급 창녀 네아이라는 남자들이 벌이는 이 소동을 가만히 앉아서 지켜볼 뿐이었다. [주18)]

제8장

재판을 도왔던 인물들

우리는 이미 340년 무렵에 아폴로도르스가 법적 분쟁에 끌어들인 전직 고급 창녀의 인생에 대해서 알고 있다. 그녀는 코린스에 있는 유곽에서 노예로 자라났으며, 이십대에는 파티마다 그녀를 끌고 다녔던 아테네 인과의 착취 관계를 견뎌내야 했다. 그 후 그녀는 자유인 신분으로 메가라에서 몸을 팔았다. 그리고 스테파노스에게 정착해서 30년 동안 그럭저럭 평온한 삶을 보냈다. 이 재판에서 그녀를 변호하는 법정 대리인으로 나서준 사람도 다름 아닌 스테파노스였다. 그러나 우리는 네아이라를 고발했던 원고 측 사람들인 테오므네스토스와 아폴로도르스의 구체적인 삶에 대해서는 아무것도 모르고 있다. 이제 그들의 삶의 궤적을 한번 추적해보자.

테오므네스토스

원고 측이었던 아폴로도로스와 테오므네스토스 중에서 네아이라를 고소했던 것은 바로 테오므네스토스였다. 비록 아폴로도로스가 테오므네스토스에게 네아이라를 고발하도록 시켰을지는 모르지만 말이다. 아트모논 데모의 데이니아스의 아들인 테오므네스토스는 우리가 앞서 살펴본 것처럼 아폴로도로스와 결혼으로 맺어진 친척 관계였다. 테오므네스토스의 두 명의 누이 중 한 명은 아폴로도로스와 결혼을 했고, 테오므네스토스는 그 둘 사이에서 태어난 딸, 다시 말해 자신의 조카와 결혼했다. (이렇게 가까운 친척들 사이의 결혼은 고대 그리스에서는 흔한 일이었다.) 테오므네스토스는 그의 장인보다 훨씬 나이가 어렸다. 그는 아마도 380년 무렵에 태어났고, 아폴로도로스는 395년에서 393년 사이에 태어났던 것으로 짐작된다. 그러니까 네아이라의 재판이 일어났던 당시에 테오므네스토스의 나이는 삼십대 후반이었을 것이다.[주1]

네아이라와 소송을 시작하면서, 테오므네스토스는 자신이 고소한 재판 결과에 책임져야 한다는 사실을 알고 있었을 것이다. 예를 들어, 배심원단의 표 중에서 $\frac{1}{5}$을 얻지 못한 채 패소하면 1,000드라크마의 벌금을 물어야 할 사람은 아폴로도로스가 아니라 테오므네스토스 자신이었다. 1,000드라크마는 재판에 질 경우 소송을 걸었던 원고 측 대표가 물어야 하는 표준적인 벌금이었다.

법으로 정해진 것은 아니지만 아테네의 소송 당사자들은 관례적으로 법정에 나가 연설을 해야만 했다. (여자는 집안의 가장을 법적 대리인으로 내세웠다.) 아테네의 소송 당사자들은 자신의 입장을 변호해줄 직업적인 변호사를 고용할 수 없었다. 돈을 받고 법정에서 다른 사람을 변호해주는 것은 고발당하기 딱 좋은 위법 행위였다. 아테네는 소송이 빈번하게 일어나는, 이른바 소송 중독 사회였지만 변호사가 비집고 들어설 여지는 전혀 없었다. 그러나 소송 당사자들은 돈을 지불하지만 않는다면 자신의 동료를 법정 연설자로 내세울 수 있었다. 이러한 동료를 '시네고로이' synegoroi라고 하는데, 시네고로이의 역할을 해주는 것은 주로 소송 당사자의 친척이나 친구들이었다. 이론상으로 볼 때, 적어도 그들은 소송 당사자가 법정에서 배당받은 연설 시간의 일부를 할애받아 그를 대신해서 연설할 수 있었다. 시네고로이 제도는 대중 앞에서 연설하는 데 영 자신이 없는 사람들에게는 어느 정도나마 수백 명의 청중 앞에서 혼자 연설하는 공포를 덜어주었다. 그래서 소송 당사자는 아주 빈번하게 시네고로이에게 도움을 요청했다. 주2)

소송에 기록된 고소자라는 그의 위치 때문에 테오므네스토스는 간략하게나마 법정에서 연설을 해야만 했다. 아폴로도르스는 이 재판을 위해 126문장으로 된 연설문을 썼다. 이 연설문 중 첫부분의 12문장이 바로 테오므네스토스가 연설한 것이다. 테오므네스토스가 연설한 부분은 전체 8,196단어로 된 연설문 중 약 10분의 1에 해당한다.

우리가 앞서 살펴본 바와 같이, 테오므네스토스는 법정에서 이 소송의 당사자인 스테파노스와 아폴로도르스의 묵은 원한에 대해서 설명했다. 348년 스테파노스는 그라페 파라노몬으로 아폴로도르스를 고소했고, 그 재판에서 아폴로도르스에게 15탤런트의 벌금형을 부과해줄 것을 제안했다. 또한 그는 아피드나에서 여자 노예를 살해한 혐의로 아폴로도르스를 고소했다⋯. 이러한 묵은 원한을 설명한 뒤, 왜 아폴로도르스가 아니라 테오므네스토스가 이 소송을 제기했는지 의아해하는 배심원들에게 그 이유를 설명했다.

테오므네스토스는 스테파노스가 아폴로도르스를 파멸시킬 방법을 찾았고, 그 때문에 그의 가족 전체가 파산할 뻔했다고 과장해서 말했다. 따라서 자신도 스테파노스의 피해자이며 그에게 복수할 자격이 충분하다고 주장했다. 그는 왜 스테파노스에게 복수하기 위해 네아이라를 고소하는 방법을 선택했는지 그 이유도 설명했다. 그가 원하는 것은 일종의 낭만적인 복수였다.

"스테파노스가 법과 규정을 어기면서 내게서 가족을 빼앗아 가려고 했던 것과 똑같이, 나는 배심원 여러분 앞에서 그가 법과 규정을 어기면서 외국인 여자와 결혼 생활을 하고 있다는 사실을 밝히려고 합니다."

스테파노스가 테오므네스토스의 가족과 친척을 파산시키려고 했다면, 테오므네스토스는 스테파노스의 가족을 공격함으로써 그에게 간접적으로 복수하겠다는 것이다. 주3)

테오므네스토스의 설명에도 불구하고, 왜 아폴로도르스가 직접 이 소송의 고소자가 되지 않았는지는 분명하지 않다. 아폴로도르스는 빈번하게 소송 사건에 참여했다. 따라서 테오므네스토스가 공식적인 고소자의 역할을 맡은 것은 그의 장인이 이 소송 사건에서 첨예한 입장에 서 있다는 사실을 은폐하려는 목적은 아닌 것 같다. 아폴로도르스 역시 이 소송을 준비하는 책임을 그의 심복인 테오므네스토스에게 넘기려고 했던 것 같지는 않다.

사실, 재판 과정에서 테오므네스토스의 역할은 아주 미미했다. 아폴로도르스는 이 소송에 필요한 연설문을 직접 작성했고, 그 연설문의 대부분을 자신이 읽었다. 아마도 아폴로도르스는 '그라페 크세니아스'(graphe xenias, 아테네 시민인 척 위장한 외국인을 고발하는 소송)라고 불리는 특정한 종류의 소송을 낼 수 있는 권리가 없었는지도 모른다. 어떤 학자는 그라페(번역하자면 대략 '공공재판'이라는 뜻이다.)에서 배심원 표의 5분의 1을 얻지 못한 원고는 1,000드라크마의 벌금을 내야 하며, 더불어 그와 같은 종류의 소송을 낼 수 있는 권리를 박탈당한다는 점에 주목한다. 어쩌면 아폴로도르스는 이러한 최악의 경우가 발생하더라도 소송을 제기할 수 있는 자신의 권리를 지키기 위해 테오므네스토스에게 네아이라를 고소하게 했는지도 모른다. 아마도 테오므네스토스는 그의 장인보다 정치적 활동에 관심이 없었을 테고, 그 때문에 이러한 종류의 소송을 걸 수 있는 권리를 지켜야 할 필요성을 느끼지 못했을 것이다. 주4)

테오므네스토스가 이 소송을 통해 얻을 수 있는 것이 무엇인지 모르지만, 그는 가정의 평화를 지키기 위해서 그가 해야 할 일을 했다. 그는 자신의 연설 부분에서 배심원들에게 아폴로도르스는 불쌍한 피해자이며, 이 소송 사건의 진정한 가해자는 바로 스테파노스라는 사실을 알아달라고 간청했다. 그는 배심원들에게 법정 연설을 도와줄 보다 경험이 많은 조력자synegoroi에게 법정 연설을 맡기고 싶다면서 자신의 짧은 연설을 끝맺었다.

"나는 배심원 여러분께 한 가지 내가 원하는 바를 부탁하려고 합니다. 그것은 나처럼 법정 연설에 대한 경험이 적은 젊은이가 요구할 수 있는 당연한 부탁입니다. 나는 배심원 여러분이 이 법정에 나의 연설을 도와줄 아폴로도르스를 부르도록 허락해주기를 바랍니다. 그는 나보다 나이가 훨씬 많고 법률에 대해서 더 많이 알고 있습니다. 그리고 그는 이 사건 전반에 대해서 누구보다 많은 것을 알고 있습니다. 그는 스테파노스 때문에 부당한 고통을 당해야만 했습니다. 그러니 그가 이 법정에서 먼저 부당하게 법적으로 공격한 스테파노스에게 복수한다고 해도 잘못된 것은 하나도 없을 겁니다."

테오므네스토스의 연설이 끝나자 아폴로도르스가 연단에 들어섰다.

파시온의 아들 아폴로도로스

우리가 살펴본 바와 같이, 아폴로도로스는 네아이라의 방탕했던 과거와 파노의 결혼 등에 대한 끔찍한 설명을 늘어놓으면서 이 재판 과정을 마음껏 즐겼다. 네아이라의 삶에 대한 이야기를 끝낸 후 아폴로도로스는 배심원들 앞에서 스테파노스가 아테네 시민권에 관한 법률을 어기면서까지 얼마나 네아이라에게 잘해주었는지를 설명하는 데 많은 시간을 할애했다. 아폴로도로스는 스테파노스가 시민권에 관한 법률을 모욕했다며 분개했다. 스테파노스가 불법적으로 네아이라와 파노를 시민으로 대우하고 네아이라의 아들을 교묘하게 시민으로 등록시켰다는 것이다. 아폴로도로스는 말한다.

"아시다시피, 아테네 시민 공동체는 이 도시국가에서 존엄한 주권을 가지고 있습니다. 아테네 시민 공동체는 자신이 하고 싶은 모든 것을 할 수 있습니다. 그렇기 때문에 아테네 시민들은 시민권을 매우 중요하고 엄격한 권한이라고 생각합니다. 그래서 아테네 시민들은 시민권에 관한 법률을 정해서, 그들이 원할 때 그리고 그럴 만한 자격을 갖춘 사람들만이 시민권을 가질 수 있게 했습니다. 그런데 여기 있는 스테파노스와 그처럼 불법적인 결혼을 한 사람들은 이렇게 엄중히 다루어져야 할 시민권에 관한 법률을 진흙탕 속에 집어던져버린 것입니다." 주5)

만약 스테파노스가 아테네 시민권에 관한 법률을 위반했다는 원고의 주장이 옳다면, 우리는 왜 수많은 사람 중에서 하필이면 아폴로도르스가 그 사실에 그렇게 분노를 느꼈는지 이해해야 할 것이다. 공교롭게도 아테네 시민권에 관한 법률을 지키려고 부단히 노력한 아폴로도르스는 노예의 아들이었다. 그의 가족은 아테네 정부에 엄청난 액수의 돈을 기부하는 매우 고전적인 방법으로 아테네 시민권을 획득했다.

아폴로도르스의 아버지 파시온은 노예였다. 그의 주인은 아케스트라토스와 안티스테네스였는데, 두 사람 다 은행가이자 아테네 시민이었다. 그들은 파시온을 매우 신뢰했고 그에게 은행의 중요한 임무를 맡겼다. 파시온이 자유인이 된 것이 먼저인지 아니면 은행의 주인이 된 것이 먼저인지는 알 수 없지만, 결국 그는 돈을 내고 자유를 살 수 있었고 자신의 은행을 갖는 데 성공했다. 자유인이 된 파시온은 아테네에서 '거주 외국인' 이라는 자신의 지위를 즐겼다. 그리고 390년대 초 그는 아르키페라는 성을 가진 여자와 결혼했는데, 아마 그녀도 아테네에 거주하는 외국인이었을 것이다. 그들 사이에서 아폴로도르스가 태어난 것은 390년대 중반의 일이었다. 아폴로도르스는 그들이 낳은 두 명의 아들 중 맏이였다. (아폴로도르스의 남동생 파시클레스는 380년대에 태어났다.) [주6)]

파시온은 은행업으로 막대한 재산을 모았고, 그 돈의 대부분을 아테네 시민 공동체에 헌납했다. 그 한 예로, 아폴로도르스는 351년에 한 연설에서 자신의 아버지가 아테네 군대에 방패 1천 개를 기증한 바 있다고 말했다. (파시온은 방패 공장도 소유하고 있었다.) 또한 자신의 아버지가 아테네 군함에 전력과 장비를 갖추기 위해 필요한 경비를 다섯 차례나 대출해주었다고 주장했다. 우리는 어느 해에 파시온이 아테네 시민권이라는 특별한 선물을 받았는지 알 수 없다. 그러나 그가 시민권을 얻은 데는 아낌없는 헌납이 아테네 정부의 환심을 샀던 것만큼은 확실하다. 그는 394년과 376년 사이에 시민권을 얻었던 것으로 보인다. 파시온의 아들 역시 같은 법률에 따라 시민권을 얻게 되었다. [주7)]

370년 파시온이 죽었을 때 아폴로도로스는 스물네 살이었다. 그는 네아이라 재판 당시의 테오므네스토스보다 열 살 이상 어린 나이에도 불구하고, 아버지가 죽자마자 법률 소송의 세계로 뛰어들었다. 파시온이 죽고 얼마 지나지 않아 그는 아버지의 은행업과 관련이 있는 칼리포스를 고소했다. 칼리포스는 아테네에서 마치 자신이 흑해에 있는 도시국가 헤라클레아에서 파견된 대사인양 행동하는 사람이었다. 그는 몇 년 동안 헤라클레아 출신의 상인들이 해적에게 납치당하거나 죽기 전에 그들이 아폴로도로스 아버지의 은행에 맡긴 돈을 재빨리 손에 넣으려고 애썼다. 그가 이 재판에서 읽은 연설문은 아직도 남아 있다. 그가 직접 작성했을 것으로 짐작되는 이 연설문이 바로 데모스테네스 전집에 있는 52번 연설문「칼리포스를 반박하며」이다.

우리는 아폴로도로스가 처음으로 아테네 법정에 진출한 이 재판에서 승소했는지 알 수 없다. 그러나 확실한 것은 이 소송으로 인해 그가 앞으로 법률 소송에 뛰어드는 것을 주저하지 않았다는 점이다. 사실상 소송 당사자로서의 인생을 시작한 이후 아폴로도로스는 한 번도 법정을 떠난

적이 없었다. 그의 삶은 법률 소송의 연속이었다. 그는 다른 사람을 고소하는 원고가 되기도 하고, 다른 사람에게 고소당하는 피고가 되기도 했다. 노예의 아들로 태어나 훗날 아테네 시민권을 부여받은 아폴로도르스는 과도할 정도로 소송에 참여함으로써 자신이 열성적인 아테네 시민임을 입증했다. 주8)

그는 칼리포스와 법정 소송을 벌인 후 얼마 지나지 않아 니코스트라토스와 복잡한 일련의 법정 투쟁을 벌였다. 니코스트라토스는 그의 이웃이자 한때는 절친한 친구였다. 그는 도망간 노예를 잡으러 갔다가 도시국가 아기나의 선박에 사로잡혀 노예로 팔려갔다. (그 당시에는 국제법이 존재하지 않았기 때문에 외국을 여행하다가 종종 이런 일이 일어났다.) 그는 겨우겨우 외국인들에게 돈을 빌려 자신의 몸값을 갚았다. 그러나 그가 돈을 빌린 사람은 고리대금업자였다. 만약 그가 한 달 안에 돈을 갚지 않으면 그의 빚은 두 배가 되었다. 사정이 이렇게 되자 아폴로도르스는 니코스트라토스에게 돈을 빌려주었다. 그러나 시간이 흐른 뒤 둘 사이의 관계는 뜨아해졌다. 니코스트라토스와 그의 형제는 태도가 돌변하여 증거도 없이 아폴로도르스를 고소했다.

아폴로도르스의 말에 따르면, 그들이 자신을 고소한 것은 자신에게 지불해야 할 채무를 갚지 않기 위해서였다. 이들의 원한은 점점 더 흉측해져갔다. 니코스트라토스의 형제는 아폴로도르스가 공공재산을 빼돌려 그렇게 젊은 나이에 큰 재산을 모았다고 몰아붙였고, 니코스트라토스는 어느 날 밤 아테네의 채석장에서 아폴로도르스를 습격했다. 결국 서로를 고소하게 되었고 이들은 여러 차례 법정 소송에 휘말렸다. 그 중 하나가 366년 무렵에 벌어진 소송이었다. 아폴로도르스는 이 소송에서 「니코스트라토스를 반박하며」라는 연설을 했다. 이 연설문은 우리에게 그 당시의 소송에 대해 자세히 알려주는 자료이기도 하다. 주9)

아폴로도르스는 그 이외에도 많은 소송에 참여했다. 아폴로도르스는 그의 아버지에게 빚을 진 사람들에게 돈을 받아내고자 여러 번 법정에 섰다. 그가 채무자들로부터 빚을 변제받기 위해 제기한 소송 중 하나가 362년 무렵에 유명한 장군이었던 티모테오스를 고소한 사건이었다. 티모테오스는 370년경에 파시온에게서 돈을 빌렸다. 소송 당시 아폴로도르스는 직접 연설문을 쓰고 그것을 법정에서 읽었다. 그 연설문은 데모스테네스의 전집에 남아 있는데, 49번 연설문 「티모테오스를 반박하며」가 그것이다. 주10)

아폴로도르스는 그 어머니의 두 번째 남편인 포르미온을 상대로 여러 번 법정 공방을 벌였다. 포르미온은 한때 아폴로도르스의 아버지, 파시온의 노예였던 사람이다. 파시온은 포르미온을 자유인으로 해방시켜주었고, 그 덕분에 포르미온은 자유인으로서 파시온의 은행과 방패 공장을 운영할 수 있었다. 파시온이 죽자 포르미온은 그의 미망인을 아내로 맞이했다. 파시온은 자신이 죽은 뒤 아내 아르키페를 포르미온에게 주라고 유언했다. 그 당시에는 이런 일이 종종 있었다. 아르키페와 포르미온은 파시온의 유언에 따라 결혼했는데, 그 시기는 대략 368년이나 367년이었을 것이다. 그 당시 아폴로도르스는 아테네 함선의 선장trierach으로 해

외 원정 중이었다. 아폴로도르스는 집에 돌아와서 어머니의 재혼이 기정 사실이 되어버린 것을 알고 화를 내며 포르미온을 고소했다. 그러나 그는 법정에 가기 전에 이 소송을 취소했다. 360년 아르키페가 죽은 뒤 아폴로도르스는 어머니의 재산과 관련해서 포르미온을 고소했다.

의붓아버지와의 오래된 원한 때문에 아폴로도르스는 350년대 말 다시 한 번 소송을 제기했다. 아폴로도르스는 포르미온이 지난 10년 동안 자신의 가족 소유의 은행에서 자금을 착복했다고 고소했다. 다행히도 이 법정 공방전과 관련된 여러 개의 연설문이 지금까지 남아 있다. 그 중 하나는 데모스테네스의 전집에 있는 36번 연설문 「포르미온을 지지하며」이다. 이 연설문은 포르미온을 지지하는 제삼자가 법정에서 연설한 것이다. 그리고 데모스테네스 전집에 있는 45, 46번 연설문 「스테파노스를 반박하며」, 「스테파노스를 반박하며II」는 아마도 데모스테네스가 쓴 것이 아니라, 아폴로도르스가 쓴 연설문 같다. [주11)]

아폴로도르스는 그의 의붓아버지에게 끔찍한 악감정을 갖고 있었던 것 같다. 아폴로도르스는 법정에서 그를 잔인하게 공격했다. 이러한 원한은 아폴로도르스가 법정에서 읽은 연설문들에 그대로 드러나 있다. 예를 들면, 그 연설문 중 하나에서 아폴로도르스는 포르미온이 노예 출신이라는 사실을 반복해서 비난했으며, 그가 외국인의 억양을 가졌다는 사실을 조롱했다. 우리는 아폴로도르스가 품고 있는 이러한 원한을 이해할 수도 있다. 그는 분명히 의붓아버지 포르미온을 미워했으며, 그가 자신의 어머니 아르키페와 결혼한 것에 대해 분개했다. 그러나 아폴로도르스

역시 해방 노예의 아들로 태어나 시민권을 부여받았다는 사실을 고려해 볼 때, 그가 포르미온이 노예 출신이라고 비난하는 것은 아무리 좋게 보려고 해도 이치에 맞지 않다. 아폴로도로스는 의붓아버지 포르미온을 공격하는 과정에서 자신의 아우인 파시클레스와의 관계 또한 망쳐버렸다. 그는 법정에서 파시클레스의 아버지가 파시온이 아니라 바로 포르미온이라는 주장까지 한 것이다. (알다시피, 파시클레스는 파시온이 죽기 10년 전에 태어났다. 따라서 아폴로도로스의 이러한 주장은 사람들의 입에 오르내리기 창피한 이야기였다.) 우리는 과연 그가 이러한 주장을 공개적으로 한 후 그 동생과 관계를 회복할 수 있었는지 의심하지 않을 수 없다. [주12)]

또한 아폴로도로스는 자신이 맡았던 여러 가지 공공복무 때문에 일련의 소송을 치러야 했다. 아테네 사회에서 공공복무는 부유한 사람들에게 부과되는 일종의 세금 같은 것이었다. 공공복무를 하기 위해서는 자신의 수입이나 재산의 일부를 헌납해야만 했는데, 아테네 사회는 이런 식으로 부유한 사람들에게 공공복무를 떠맡겨 재정 지출을 줄였다. 그러나 공공복무를 하는 것은 국가 행사에 재정적인 지원을 한다는 것 이상의 의미가 있었다. 왜냐하면 그들은 자신이 책임지는 공공복무에 재정적인 지원뿐만 아니라 행정 업무도 수행했기 때문이다.

가장 널리 알려진 아테네의 공공복무는 바로 '코레기아' choregia인데, 국가 축제에서 열리는 비극과 희극 경연에 참가하는 합창단의 경비를 후원해주는 일이었다. 코레기아라는 공공복무를 맡는다는 것은 단순히 경비를 지원해주는 것뿐만 아니라, 합창단이 경연대회에서 공연을 할 수 있도록 훈련시키는 일까지 포함되었다.

아폴로도로스가 가장 자주 맡았던 공공복무는 '트리에라크'trierach였다. 트리에라크는 아테네 해군의 함선 한 척을 맡아 그것을 후원하고 지휘하는 공공복무였다. 그런데 함선 한 척을 운용하려면 경비가 엄청나게 필요했다. 함선을 운용하는 데 들어가는 경비는 이 공공복무를 맡은 사람이 얼마나 넉넉하게 대주느냐에 따라 달라졌다. 단, 함선을 운용하는 최저 경비는 1,000드라크마로 정해져 있었다. 트리에라크를 맡은 사람은 자기 대신 함선을 지휘할 사람을 고용하지 않는 한, 자신이 재정적으로 지원하는 함선의 함장으로 복무할 의무도 있었다.[주13)]

아폴로도로스는 상당한 재산가였기 때문에 자주 트리에라크를 맡았다. 그는 일단 공공복무를 맡으면 경비를 아끼지 않았다. 우리가 살펴본 바와 같이, 혹은 아폴로도로스가 주장한 바와 같이 그는 자신에게 시민권을 준 아테네 시민 공동체에 빚이 있기 때문이었다. 그는 여러 번 트리에라크를 맡아 봉사했다. 자료에 따르면 그는 368년, 365년, 362년, 356년에 트리에라크를 맡았다. 그리고 352년에는 디오니소스 축제에서 공연할 소년 합창단을 후원하는 코레기아를 맡아 봉사한 적도 있다.[주14)]

아폴로도로스가 362년에 맡은 트리에라크 때문에 그는 다시 한 번 법정 싸움에 휘말렸다. 그가 트리에라크 임기를 끝냈는데도 후임자가 그 임무를 인계받지 않아 다섯 달 넘게 공공복무를 더 해야 하는 일이 생긴 것이다. 왜냐하면 새로운 후임자인 폴리클레스가 함선 운용에 들어가는 경비를 대고 그 함선을 지휘하는 일, 즉 트리에라크 직을 완강히 거부했기 때문이다. 아폴로도르스는 초과된 임기 동안 지출한 경비를 새로운 후임자 폴리클레스에게 배상하라며 소송을 제기했다. 아폴로도르스가 이 소송을 위해 썼던 연설문이 남아 있는데, 그것이 바로 데모스테네스 전집 50번 연설문 「폴리클레스를 반박하며」이다. 아폴로도르스는 이 재판에서 그 말썽 많은 트리에라크 직을 맡았을 때 상관으로 모셨던 여러 장군들과 관료들을 증인으로 불렀다. [주15)]

이것 말고도 아폴로도르스가 참여했던 소송은 더 있다. 아폴로도르스는 그의 가족들이 운영하는 은행업 때문에 발생한 법적 소송에서 활동하면서 법정 연설가로서 자신의 입지를 다졌다. 그리고 때로는 정치적 야망 때문에 몇 번의 소송에 참여하는 것도 마다하지 않았다. 그런 소송 중 하나가 348년 스테파노스에 의해 그가 제안한 법률안이 위법이라고 고소당하면서 벌어진 그라페 파라노몬이었다. 그러나 이 책에서는 그가 참여했던 소송들을 일일이 열거하기보다는, 그가 소송을 준비하거나 법정에서 논쟁을 하느라 많은 시간을 소비했다는 사실만을 지적하고 넘어가야 할 것 같다. 아마도 우리는 그가 끊임없이 가족과 법정 투쟁을 벌이는 불쾌한 사람이었다고 결론지을 수 있을 것이다. 또한 스테파노스에 대한 그의 원한과 그로 인해 불거진 수많은 소송들은 아폴로도르스에게는 일상과도 같은 평범한 일이었다고 생각할 수도 있다. 그는 스테파노스가 자신을 법적으로 괴롭힌 것과 똑같은 방식으로, 그러나 훨씬 더 강도 높게 스테파노스를 괴롭혔다.

배심원들

원고인 테오므네스토스와 아폴로도르스 그리고 피고인 네아이라와 스테파노스를 제외하고도 매우 극적으로 이 재판에 등장하는 제3의 인물들이 있다. 그들이 바로 원고와 피고의 이야기를 듣고 이 재판에서 판결을 내리는 배심원들이다. 그렇다면 이 배심원들은 법정에서 어떤 식으로 행동했으며 재판 과정에서는 어떤 일을 했던 것일까?

우리는 현대의 재판 제도에 익숙하기 때문에 고대 아테네의 배심원들을 바라볼 때 어느 정도 선입견을 가지고 접근하게 마련이다. 현대의 법정에서는 흔히 열두 명의 배심원들이 배심원석에 두 줄로 나란히 앉아 재판 내내 침착하게 원고와 피고 측의 이야기를 듣는다. 그러나 고대 아테네의 배심원들은 재판소나 법정에서 지금의 배심원들처럼 행동하지 않았다.

이 책의 첫 부분에서 우리는 네아이라의 재판에 참여했던 배심원단이 501명으로 구성되어 있었다는 사실을 살펴보았나. 테오므네스토스와 아폴로도르스가 고소한 소송은 '그라페' graphe로서 일종의 공적 소송이었다. 그라페는 사적인 소송인 '디케' dike와 구별되었다. 그라페에서 판결을 내리는 배심원단은 최소 501명 이상으로 구성되었다. 배심원단의 숫자가 홀수인 것은 배심원단의 표가 양분되는 것을 막기 위해서였다. 중요한 공적 소송이 벌어질 때는 501명의 기본 배심원단에 500명 단위로 구성된 임시 배심원단을 추가로 투입하여 숫자를 늘렸다. 기록에 따르면, 재판의 종류의 따라 1,001명, 1,501명, 2,001명, 2,501명으로 배심원들이 구성되었다. 그리고 어떤 재판에서는 6,000명으로 구성된 배심원단이 소집되었다고 한다. 반면에 사적인 소송인 디케의 배심원단은 201명 혹은 401명이었다. 사적 소송의 배심원단 수는 그 소송에서 다루게 되는 돈의 양에 따라 달라졌다.[주16)]

배심원단의 규모로 볼 때, 아마도 고대 아테네의 법정에서는 현대 법정에서처럼 소송 당사자들이 배심원들을 심문하는 과정이 없었을 것이다. 따라서 현대 법정에서처럼 예비 심문 과정을 통해서 편견을 가지고 있거나 혹은 이 재판에 판결을 내리는 것이 적절치 않다는 이유로 특정한 인물을 배심원단에서 탈락시키는 일도 없었을 것이다. 또한 고대 아테네의 법정에서는 현대 법정에서처럼 배심원들이 그 소송에 관련된 주제에 대해서 잘 모를 것이라고 가정하지도 않았다. 또 배심원들이 소송 당사자들과 서로 모르는 사이여야 한다는 규정도 없었다. 그러나 고대 아테네의 배심원들은 소송 관련자들이 배심원을 매수할 기회를 차단하기 위해 만들어진 아주 복잡한 과정을 거쳐 선발되었다.

4세기경, 시민권을 가진 서른 살 이상의 아테네 남자 시민 중에서 6천여 명이 매년 그 해가 가기 전에 배심원으로 봉사하겠다는 맹세를 했다. 바로 이런 시민들이 아테네 법정에서 배심원 역할을 맡게 되는 지원자들이었다.

각각의 배심원들은 '피나키온'pinakion이라 불리는 티켓을 지급받았다.[사진12] 이 티켓은 특정한 재판에 참여할 배심원들을 뽑는 데 사용되

(사진12) 4세기 중반의 것으로 보이는 피나키온pinakion의 파편. 이 파편에는 케페시아 데모의 데모파네스라고 적혀 있다.

었다. 피나키온은 제작된 해에 따라 청동 혹은 나무판으로 만들어졌다. 아테네는 350년 무렵에 나무로 만들던 피나키온을 청동으로 만들기 시작했다. 피나키온의 크기는 11×2×0.2센티미터였고, 그 표면에는 알파*A*에서 카파*K*까지의 글자 중 하나와 배심원의 이름, 그가 소속된 데모, 때로는 그가 아버지에게서 물려받은 이름이 새겨져 있거나 찍혀 있었다. [주17)]

아테네 법정이 열리는 회기는 1년에 175일에서 225일 정도였다. (아테네의 달력은 지금의 달력처럼 평일과 주말로 구별되지 않았다. 그렇다고 해서 정기적으로 돌아오는 휴일이 부족했던 것은 아니다. 아테네에는 해마다 기념하는 축제일이 대략 60일이나 되었다. 그리고 달마다 정해 놓은 휴일까지 합치면 무려 80일이나 되었다. 축제일에는 재판이나 민회가 열리지 않았지만, 진행 중인 소송은 해마다 정해 놓은 80여 가지 축제일에도 계속되었다. 아테네 달력은 달마다 기념하는 축제일이 있는 (다시 말해, 토요일이나 일요일이 있는) 우리의 달력과는 대조적이다. 다시 한 번 정리하자면, 아티카에서는 1년 중에서 일하는 날이 195일이었다.) 아테네에서 배심원으로 봉사할 수 있는 6천여 명의 남자들은 법정이 열리는 날마다 매번 법정에 나와 배심원을 뽑는 추첨에 응해야 했던 것은 아니다. 법정에 나와 배심원으로 뽑혀 봉사한 사람은 그 수고의 대가로 3오볼(반 탤런트)을 지급받았다. 그것은 비록 적은 액수이지만, 많은 사람들은 그 정도 돈이면 법정에서 하루를 보내는 대가치고는 괜찮다고 생각했다. 배심원 활동에 이러한 대가가 지불되었기 때문에 가난한 시민들이나 더는 육체노동을 할 수 없는 나이 든 시민들이 지원자로 몰려들었다. 아리스토파네스는 그의 희곡 『말벌』에서 늙고 가난한 배심원들에 대해 묘사하고 있다. 이 연극에서 한 늙은이는 배심원으로 봉사하는 것에 중독되어 있었다. 참다못한 그의 아들은 아버지가 하루 종일 법정을 기웃거리는 것을 막기 위해, 아버지가 집에서 노예들이 저지르는 실수나 집에서 키우는 동물들을 재판하게 했다. 이 연극에는 법정에서 판결을 내리는 데 열광하는 늙은이들의 코러스가 나온다. 주18)

재판에 배심원으로 활동하고 싶은 사람들은 아침 일찍 재판소로 갔다. 재판소에 간 배심원들은 정교한 선발 과정을 거쳐 그날의 배심원으로 뽑히거나 탈락되었다. 그러고 나서 그들이 어느 법정에 들어가 재판을 할 것인지를 추첨했다. 지금부터는 배심원들이 어떤 선발 과정을 통해 재판이 시작되기 전에 선발되는지 살펴보는 것이 좋을 것 같다. 이렇게 아테네 법정이 배심원을 뽑고 그들을 각 법정에 배치하는 복잡한 과정을 거치도록 한 것은 배심원들이 매수당할 기회를 차단하기 위해서였다. 이 정교한 과정에 대한 상세한 내용은 『아테네 헌법the constitution of Athens』

63~66조에 규정되어 있다.[주19)]

우리가 제6장에서 살펴보았듯이, 아테네는 지역에 따라 크게 10개의 부족으로 나뉘어 있었다. 아테네 시민들은 모두 10개의 부족 중 한 곳에 소속되어 있었으며, 아테네의 정치와 공공생활은 이 10개의 부족을 단위로 이루어졌다. 배심원을 뽑는 것 역시 10개의 부족 단위로 이루어졌다. 배심원을 뽑고 그들이 참석할 법정을 배당하는 것 또한 10개의 부족별로 나누어 따로따로 이루어졌다.

재판소에는 10개의 출입구가 있었는데, 그 문 또한 10개의 부족에게 하나씩 할당된 것이었다. 그리고 재판소에는 여러 개의 법정이 있었다. 우리는 배심원들이 재판소의 마당과 로비를 지나 부족별로 준비된 10개의 출입구를 통해 배당받은 법정으로 들어가는 것을 상상해볼 수 있다. 재판소에는 각 부족별로 배심원을 뽑는 10개의 방이 있었다. 그리고 10개의 방을 제외한 다른 방들은 법정으로 사용되었다. 이렇게 법정으로 사용되는 방에는 무작위로 글자가 할당되었다. 법정에 할당되는 글자는 그리스 알파벳의 11번째 글자인 람브다Λ로 시작하여 다음 글자가 하나씩 할당되었는데, 그 글자가 그날 그 방의 이름이 되었다.

재판소에 도착한 배심원들은 그들의 부족에게 할당된 출입구로 들어갔다. 각각의 출입구 앞에는 그리스 알파벳의 첫 번째 글자인 알파에서 열 번째 글자인 카파가 새겨진 상자 10개가 있었다. 각각의 배심원들은 자신의 피나키온에 알파에서 카파 중 어떤 글자가 적혀 있는지 확인하고, 그 글자와 똑같은 글자가 새겨진 상자에 자신의 피나키온을 집어넣었다. 그러면 관리가 와서 그 상자를 흔들었다. 그리고 10개의 상자에서 하나씩 피나키온을 뽑아 그 주인의 이름을 불렀다. 그렇게 호명된 사람들은 '피나키온을 끼워 넣는 자' 라고 불렸다. 왜냐하면 피나키온을 끼워 넣는 것은 배심원을 뽑는 중요한 과정 중 하나였기 때문이다.

각 부족들이 출입하는 재판소 입구에는 '클레로테리아' kleroteria라고 불리는 제비뽑기 기계 두 대가 서 있었다.(그림13)

이 기계들은 키가 크고 검은색이었다. 이 기계들에는 피나키온을 끼워 넣을 수 있도록 만들어진 가늘고 긴 구멍이 다섯 줄로 나열되어 있고, 그 구멍들의 맨 윗줄에는 알파에서 카파까지 10개의 글자가 새겨져 있었다. 첫 번째 기계에는 알파로 시작되어 다섯 번째 글자 입실론*E* 까지 새겨져 있고, 두 번째 기계에는 여섯 번째 글자 제타*Z* 에서 카파까지 새겨져 있었다. '피나키온을 끼워 넣는 자' 로 뽑힌 사람들은 해당되는 글자가 새겨진 상자에서 자기가 원하는 만큼 피나키온을 뽑았다. 그리고 클레로테리아에 새겨진 같은 글자 밑에 있는 구멍들에 위에서부터 차례차례 그 피나키온들을 끼워 넣었다. 피나키온을 모두 끼우고 나면 자연스럽게 피나키온을 끼워 넣은 줄의 길이에 차이가 생겼다. 어떤 줄은 다른 줄보다 길었기 때문이다. 그러고 나서 10개의 줄 중에서 가장 짧은 것을 기준으로 해서, 그 줄 밑으로 다른 줄의 피나키온들을 클레로테리아에서 뽑아 주인들에게 돌려주었다. 그렇게 피나키온을 돌려받은 사람들은 그날 배심원 역할을 맡지 못한 채 해산했다. 주20)

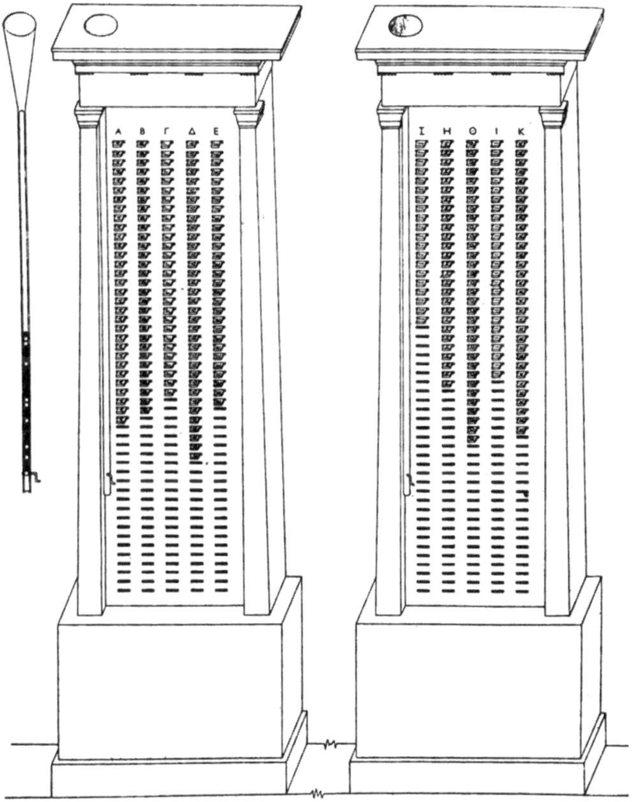

(그림13) 배심원을 뽑는 추첨기계인 클레로테리아kleroteria를 복원한 모습이다. 아고라를 발굴했던, 고전시대 아테네를 연구하는 미국학회가 제공한 그림이다.

그렇게 10개의 부족들은 그날 필요한 배심원단 전체 숫자의 10퍼센트를 선발했다. 그러니까 각 부족의 클레로테리아는 그날 필요한 배심원들 중 5퍼센트를 뽑는 셈이다. 클레로테리아에 남아 있는 10개의 피나키온 줄 중에서 각 부족에게 할당된 배심원 수가 맞을 때까지 다섯 개의 줄을 선택했다. 어떤 피나키온 줄이 선택되고 어떤 피나키온을 주인에게 돌려주느냐를 결정하기 위해서는 복잡한 절차가 뒤따랐다. 각 클레로테리아의 윗부분에는 깔때기 모양으로 된 입구가 있었다. 그 깔때기 모양의 입구에서 시작된 관은 기계 내부를 통과해 아랫부분의 출구로 연결되어 있었다. 흰색과 검은색으로 된 큐브(구형球形이었다는 설도 있다.)들을 깔때기 모양의 입구에 쏟아 부으면 그 큐브들은 무작위로 밑에 있는 출구로 떨어졌다. 흰색 큐브의 숫자는 그날 클레로테리아 기계로 뽑힌 배심원들의 세로 줄 수와 동일했다. 검은 큐브의 숫자는 클레로테리아의 그 이외의 나머지 세로 줄 수와 동일했다. 그래서 검은 큐브는 흰 큐브보다 숫자가 적었다.

예를 들어, 그 깔때기 모양의 관을 통해 그날 필요한 100명의 배심원을 뽑았다고 가정해보자. (모든 재판에 참여할 추가 배심원을 어떻게 뽑았는지는 알려지지 않고 있다.) '피나키온을 끼워 넣는 자' 로 뽑힌 사람들은 자동적으로 배심원이 되었다. 그러니까 두 대의 클레로테리아를 통해 90명의 배심원을 더 뽑아야 했다. 다시 말해, 클레로테리아에 있는 세로 줄 중에서 아홉 줄이 선택되어야 했다. 만약 클레로테리아에 피나키온이 15번째 줄까지 채워져 있다면, 아홉 개의 흰색 큐브와 여섯 개의 검은 큐브가 깔때기 모양의 입구에 부어졌다. 이 큐브들은 하나씩 관을 타고 내려와 밑에 있는 출구로 떨어졌다. 만약 첫 번째로 흰 큐브가 떨어지면, 클레로테리아의 첫 번째 세로 줄에 자신의 피나키온을 끼워 넣은 사람들이 배심원으로 선택되었다. 만약 두 번째로 검은 큐브가 떨어지면 클레로테리아의 두 번째 줄에 피나키온을 끼워 넣은 사람들은 배심원에서 탈락되었다. 흰색 큐브와 검은색 큐브가 나오는 순서에 따라 그날 배심원이 될 사람과 탈락하는 사람이 구분되었다. 이런 식으로 아홉 번째 흰색 큐브가 나올 때까지 90명의 배심원들이 선택되었다. 배심원으로 선택되지 못한 줄에 있는 피나키온은 원래 주인에게 돌아갔다. 한편, 배심원으로 선택된 줄에 있는 피나키온은 또 다른 추첨을 위해서 옮겨졌다.

그러고 나서 클레로테리아에서 뽑힌 배심원들을 각각의 법정에 배당하기 위해 항아리에서 공을 뽑는 또 한 번의 추첨이 이루어졌다. 항아리에는 그날 각 부족에서 뽑힌 배심원들의 숫자만큼의 공이 담겨 있었다. 그 공들에는 그날 재판이 진행될 법정의 숫자만큼 람브다(Λ, 그리스 알파벳의 11번째 글자)로 시작되는 글자들이 차례로 적혀 있었다. 오미크론ο이라는 글자가 찍힌 공들의 숫자는 오미크론이라는 글자가 적힌 법정에서 재판할 배심원의 숫자와 동일했다. 항아리에서 글자가 찍힌 공을 뽑은 후 배심원들은 자신이 뽑은 공을 관리에게 보여주었다. 그러면 그 관리는 배심원의 피나키온을 가져와 그 공의 글자와 똑같은 글자가 적힌 상자에 집어넣었다. 그런 다음에 배심원이 자신의 공을 관리에게 보여주면 색칠된 막대기를 주었다. 그 막대기의 색깔은 배심원이 항아리에서 뽑은 공의 글자와 똑같은 글자가 적힌 법정 출입문의 색깔과 같았다. 배심원은 한 손에는 항아리에서 뽑은 공을 들고 다른 손에는 색칠된 막대기를 들고 막대기의 색깔과 똑같은 법정 출입문 앞으로 갔다. 법정에 가면 그는 피나키온이 아닌 다른 티켓을 받게 되는데, 그 티켓의 용도가 무엇인지는 아직도 밝혀지지 않고 있다. 어쩌면 그 티켓에는 그가 앉아야 할 배심원 좌석의 위치가 표시되어 있었는지도 모른다. 이러한 복잡한 선발 절차를 끝내고 배심원들이 모두 법정에 모이면 (다음 단락에서 알아볼 재판 전의 예비 과정을 밟지 않는다면) 이제 드디어 진짜 재판이 시작되었다.

배심원들이 매수당할 가능성을 최소화하기 위해 아테네 법정은 복잡한 절차를 통해서 재판에 참여할 배심원들을 아테네의 10개 부족에서 골고루 뽑았다. 각 부족에서 동일한 숫자의 배심원들이 선발되었는데, 부족 내에서도 각 지역구를 알파에서 카파로 나누어 그 각각의 단위에서 똑같은 수의 배심원을 뽑았다. 우리가 여기서 짚고 넘어가야 할 것은, 1년 동안 배심원으로 활동하겠다고 맹세한 배심원이 6천여 명이라는 점인데, 아테네 시민사회의 규모에 비추어볼 때 엄청나게 많은 숫자가 아닐 수 없다. 4세기경 아테네에서 배심원이 될 수 있는 자격을 가진 사람은, 다시 말해 서른 살이 넘은 시민권을 가진 남자는 2만 명 정도였다. 그러니까 배심원의 자격을 갖춘 사람들 중에서 30퍼센트가 매년 배심원으로 봉사했다는 뜻이다. 그들은 1년 동안 배심원으로 봉사했는데, 회기 중에 매일 법정에 나오지는 않았다고 해도 적어도 몇 차례는 법정에 나와 배심원을 뽑는 절차를 밟아야만 했다. 그 당시 아테네 시민들의 배심원 활동의 참여도를 아무리 낮게 잡아 비교한다고 해도, 현대 민주주의 시민사회에서 우리가 배심원으로 활동하는 정도는 참으로 미미하다고 할 수 있다. 주21)

재판의 진행 과정

배심원들이 자리에 앉은 후에도 재판 전에 처리해야 할 몇 가지 행정적 절차가 남아 있었다. 앞에서 언급했다시피, 각 부족 단위로 배심원을 뽑은 후 배심원이 글자가 새겨진 공을 관리에게 보여주면, 관리는 그 배심원의 피나키온을 공에 적힌 글자와 같은 글자가 새겨진 상자에 집어넣었다. 배심원 선발 과정이 끝난 후 글자가 새겨진 그 상자들은 같은 글자가 적혀 있는 법정으로 옮겨졌다. 그러니까 법정에는 각 부족에서 가져온 10개의 상자들이 한데 모였다. 그 상자 안에는 법정에 앉아 있는 배심원들의 이름이 적힌 피나키온이 들어 있었다.

재판이 시작되기 전에 그 법정을 관장하는 행정관은 10개의 상자 속에서 각각 하나씩 피나키온을 선택했다. (아테네 법정의 행정관을 현대 법정에서 법정을 통솔하는 판사와 비슷하게 상상해서는 안 된다. 아테네 법정의 행정관은 재판이 시작되면 어떤 관여도 하지 않았다. 그는 현대의 판사처럼 증거를 채택하고 배심원들에게 관련 법률을 설명하는 일을 하지 않았다.) 행정관에 의해 호명된 열 명의 사람들은 그 재판과 관련된 특정한 업무를 수행했다. 호명된 열 사람 중 다섯 사람은 재판이 끝난 뒤 배심원들에게 대가를 지불하는 일을 맡았다. 나머지 다섯 명 중 네 명은 배심원들이 투표하는 과정을 감시했고, 한 명은 물시계로 토론 시간을 재는 일을 맡았다. (다시 한 번 말하지만, 고대 아테네 사회는 재판의 공정성을 높이기 위해 무작위로 배심원을 선발했고, 법정 전문가가 아닌 아마추어에 의해서 재판을 진행했다. 따라서 고대 아테네 사회에서는 전문적으로 법정 일을 맡는 대규모 법조인 집단이 비집고 들어갈 틈이 없었다.) 재판을 도와줄 열 명을 뽑은 후에는 피고에 대한 고소장을 낭독했다. 그런 다음에 소송 당사자들이 논쟁을 할 때 자신의 논점을 지키겠다는 맹세를 했다. 물론 이러한 맹세는 쉽게 깨어졌다. 그리고 드디어 재판이 시작되었다.[주22)]

디케라고 불리는 사적 소송에 소요되는 시간은 그 소송에서 다루는 돈의 액수에 따라 달라졌지만, 아무리 소송이 길어져도 몇 시간을 넘기지 않았다. 한편, 그라페라고 불리는 공적 소송에 소요되는 시간은 하루 낮이었다. (하루 낮이라는 시간 길이는 그 해의 가장 짧은 낮을 기준으로 정해졌다. 시간으로 따지자면 9시간 30분 정도이다.) 하루 낮은 3등분되었는데, 대략 그 중 3시간은 원고와 (원고가 필요로 한다면) 그의 시네고로이가 연설할 시간으로 할당되었다. 또 3시간은 피고와 그의 시네고로이가 연설할 시간으로 할당되었고, 나머지 3시간은 배심원을 뽑고 그들이 투표로 판결을 내리는 데 사용되었다. 덧붙여 말하자면, 만약 그 소송이 법으로 형벌이 정해져 있는, 배심원들이 형벌을 정하는 소송(아곤 티메토스)이었다면 하루 낮을 3등분한 마지막 3시간 중에 원고와 피고가 형벌을 제안하는 짤막한 연설을 할 틈이 주어졌다.[주23)]

원고와 피고의 연설 시간은 '클레프쉬드라' klepsydra라고 불리는 물시계로 쟀다. (사진14, 그림15)

이 물시계는 두 개의 용기로 구성되어 있는데, 한 용기는 다른 용기보다 위에 있다. 각각의 용기 주둥이 부근에는 테두리가 쳐져 있었는데, 그것은 항상 같은 양의 물을 채우기 위한 표시였다. 그리고 용기의 바닥 쪽에는 구멍이 나 있어서 마개를 뽑으면 그 구멍을 통해 일정한 속도로 물이 흘러나왔다. 재판 중에는 정해진 양만큼 물이 차 있는 위쪽 용기의 마개를 열어 물이 아래쪽 용기로 떨어지게 했다. 위쪽 용기의 물이 다 빠지고 나면 재빨리 위쪽 용기를 아래쪽 용기와 바꾸었다. 원고와 피고가 연설하는 시간은 이 물시계의 용기가 뒤바뀌는 횟수에 따라 정해졌다. 물론 연설을 하는 동안 용기를 바꿀 수 있는 횟수는 재판의 종류에 따라 달라졌다. 물시계의 용기를 바꾸는 작업은 재판을 시작할 때 물시계 담당으로 뽑힌 배심원이 맡아서 했을 것이다. 또한 물시계를 담당한 배심원은 용기의 구멍을 막아 물이 빠지지 못하게 하는 일도 했다.

사적 소송에서 소송 당사자들은 아주 빈번하게 물시계 담당 배심원에게 서기가 법률과 선서를 낭독하는 동안 '물을 멈추게 해달라' 는 요구를 했다. (아폴로도르스는 그의 연설에서 물시계에 대한 언급을 스무 번이나 했다.) 그는 연설 도중에 '만약 배심원들이 듣기를 원하고 내게 충분한 물이 있다면' 돈을 주고 네아이라와 매춘을 했던 남자들에 대해 보다 상세하게 이야기하겠다고 배심원들에게 약속했다. [주24)]

법정에서 테오므네스토스가 네아이라를 고발한 이유에 대해 말하기 전에, 501명의 배심원들은 그 법정에 오기 전에 배심원을 뽑는 과정에서 이번 소송 사건에 대해서 들어 알고 있었다. 각 부족에서 뽑힌 10명의 배심원들이 재판 과정에서 자신에게 주어진 업무를 시작하고, 나머지 배심원들이 색칠된 막대기를 들고 자리에 앉으면 원고 측 대표인 테오므네스토스와 아폴로도로스가 나와 연설을 했다. 원고나 피고의 연설을 듣는 도중에 배심원들은 꼭 입을 다물고 조용히 있을 필요는 없었다. 배심원들은 연단에 있는 원고나 피고에게 소리를 질러 그들의 연설을 중단시키기도 했다. 원고와 피고는 반대로 배심원들의 이러한 잡담을 자신에게 유리하게 이용하기도 했다. 예를 들면, 원고와 피고는 배심원들에게 서로서로 이 소송과 관련된 정보에 대해서 이야기를 나누도록 요구하기도 했다. 또는 자신의 소송 상대자가 연단에 오를 때 배심원들로 하여금 그에게 야유를 보내거나 질문을 던지게 만들기도 했다. 그 당시의 재판은 조용하고 엄숙한 행사가 아니었고 배심원들 또한 수동적인 청중이 아니었다. [주25)]

원고 측의 입장을 말하는 아폴로도로스의 연설을 들은 후, 배심원들은 다시 3시간 동안 스테파노스가 자신을 변호하는 연설을 들었다. 그런 후에 법정을 관장하는 행정관이 원고와 피고의 주장을 정리하거나 요약

(사진14) 법정에서 시간을 재는 데 사용했던 물시계, 클레프쉬드라klepsydra를 복원해 만든 모델이다.

(그림15) 클레프쉬드라를 투시한 그림. 이 그림은 아고라를 발굴했던, 고전시대 아테네를 연구하는 미국학회가 제공했다.

해주는 절차도 없이, 또 공식적으로 배심원들이 서로 의논하는 절차도 없이 곧바로 판결을 위한 투표에 들어갔다. 배심원들은 자리에서 일어나 들고 있던 색칠된 막대기를 재판을 시작할 때 투표를 감시하기 위해 뽑은 사람에게 주었다. 그러면 그 대신에 두 개의 투표권을 받았는데, 그 중 하나는 원고를 지지하는 투표권이었고 다른 하나는 피고를 지지하는 투표권이었다. (사진16, 17) 이 두 가지의 투표권은 모두 청동으로 만든 원반이었고 그 중심축에 표시가 되어 있었다. 한 종류의 투표권은 중심축에 구멍이 나 있었고, 나머지 한 종류의 투표권은 중심축이 막혀 있었다. 중심축이 뚫려 있는 투표권은 원고를 지지하는 투표권이었고, 중심축이 막혀 있는 투표권은 피고를 지지하는 투표권이었다.

배심원은 이 투표권을 엄지손가락과 집게손가락으로 잡아 투표권의 중심축을 다른 사람들이 보지 못하게 했다. 그러고 나서 그들은 청동으로 만든 항아리에 자신이 선택한 투표권을 떨어뜨렸다. 그리고 자신이 선택하지 않은 나머지 투표권은 나무로 만든 항아리에 떨어뜨렸다. 투표가 끝나면 배심원들은 3이라는 숫자가 적힌 청동으로 된 토큰을 받았다. 하루 낮 동안 열리는 재판이 끝난 후 배심원들은 그 토큰을 3오볼의 돈으로 환전할 수 있었다. 주26)

이제 남은 것은 표를 세는 일뿐이다. (법에 형량이 정해져 있지 않은 재판, 즉 아곤 티메토스에서는 1차 투표에서 유죄가 선고되면 배심원들은 원고와 피고가 제안하는 형벌에 대해 듣고 나서 형벌을 정하기 위한

(사진16) 구멍 난 투표권은 원고를 지지할 때 사용되었다. 이 투표권은 헬레니즘 시대의 물건으로 보인다. 이 투표권에는 psephos:demosia 라고 적혀 있다. 해석하면 '공적인 투표권' 이라는 뜻이다.

(사진17) 구멍이 없는 투표권은 피고를 지지할 때 사용되었다. 이 투표권은 4세기 후반의 것으로 추정된다. 아고라를 발굴했던, 고전시대 아테네를 연구하는 미국학회가 제공한 사진이다.

2차 투표를 치렀다. 그러나 네아이라의 재판은 아곤 티메토스가 아니었기 때문에 2차 투표를 할 필요가 없었다.) 투표를 감시하는 임무를 맡은 배심원들은 청동 항아리에서 투표권을 쏟아 집계판에 부었다. 집계판에는 투표권이 들어갈 수 있도록 일정한 개수의 구멍이 나 있었다. 투표권을 집계판 구멍에 넣으면 투표권을 세는 일이 훨씬 간편했다. 표를 세는 일이 끝나면 그 결과가 발표되었는데, 원고와 피고 중 배심원의 표를 많이 얻은 쪽이 재판의 승자가 되었다. 판결에 따라 원고와 피고의 희비가 엇갈렸다.

배심원들은 다시 각 부족별로 나뉘어 그날 그들이 수고한 대가를 받았다. (소송 시간이 짧은 사적 소송의 경우에는 재판이 끝났다고 해서 곧바로 대가를 받는 것이 아니었다. 그들이 그날의 수고비를 받으려면 다시 배심원석으로 돌아가 몇 번의 재판을 더 경청해야만 했다.) 그날의 수고비를 나누어주는 임무를 맡은 배심원들은 재판 전에 모아두었던 피나키온에서 배심원의 이름을 불렀다. 호명된 배심원은 앞으로 나가 투표 전에 받았던 토큰을 주고, 대신 자신의 피나키온과 3오볼을 받아왔다. 그 3오볼은 그가 하루 낮 동안 아테네의 민주주의를 위해 봉사한 대가였다.

제9장

네아이라 재판

아폴로도르스가 몇 시간에 걸쳐 501명의 배심원단 앞에서 장광설을 늘어놓자 어느덧 그에게 할당된 물이 바닥나고 말았다. 아폴로도르스는 자신의 적수인 스테파노스에게 연단을 넘겨주어야만 했다. 연단에 들어선 스테파노스는 네아이라를 변호하기 시작했다.

그렇다면 원고 아폴로도르스가 네아이라를 공격한 것은 얼마나 성공했을까? 네아이라 재판의 현대판 배심원이라고 할 수 있는 우리는 과연 네아이라가 시민권에 관한 법률을 위반한 죄인이라는 아폴로도르스의 주장을 믿어야 할까?

원고 측에서 본 네아이라 재판

네아이라의 재판이 진행되는 법정의 연단에 선 순간부터, 아폴로도로스는 배심원들에게 다음과 같은 두 가지의 사실을 증명해 보이겠다고 말했다.

"존경하는 아테네 시민 여러분! 테오므네스토스가 여러분에게 이야기했다시피, 나는 그동안 스테파노스에게 고통을 받아왔습니다. 그 때문에 나는 행동에 나설 수밖에 없었고, 이제 이 여인 네아이라를 고발하려고 합니다. 네아이라를 고발하면서 나는 여러분에게 두 가지 사실을 명백하게 증명해 보이고자 합니다. 첫 번째는 네아이라가 외국인이라는 사실이며, 둘째는 그녀가 스테파노스와 법에 어긋난 결혼 생활을 하고 있다는 것입니다."

네아이라는 그녀 자신이 외국인임에도 불구하고 아테네 시민과 결혼 관계를 맺고 산다는 사실 때문에 고소를 당했다. 외국인과 아테네 시민이 결혼하는 것은 법률로 금지되어 있었다. 아폴로도로스는 이어서 관련 법률에 대해 언급했다.

"먼저, 여기 모여 있는 배심원 여러분 앞에서 테오므네스토스가 고소한 이번 소송에 관련된 법률 조항을 읽어볼까 합니다."

관련 법률

만약 외국인이 어떤 식으로든 아테네 시민 여자와 결혼해서 산다면, 아테네 시민이라면 누구나 그들을 테스모테타이(thesmothetai, 소위 아홉 명의 아르콘이라고 불리는 사람 중 여섯 명. 그들은 대부분의 공적 소송을 담당한다.)에게 법적으로 고발할 수 있다. 아테네 시민 여자와 결혼했다는 죄로 외국인이 고발당하게 되면 그와 그의 재산은 팔리게 되는데, 그의 재산 중 3분의 1은 고발자의 몫으로 주어진다. 이와 똑같은 법률이 아테네 시민 남자와 결혼해서 사는 외국인 여자에게도 적용된다. 더불어 고발당한 외국인 여자와 사는 그 남자에게는 1,000드라크마의 벌금형이 부과된다.

네아이라 재판은 분명히 관련 법률에 따라 이루어졌다. 아폴로도르스는 네아이라의 경우가 이 법률에 저촉된다는 점을 증명하고 싶었을 것이다. 다시 말해, 외국인인 네아이라가 아테네 시민인 스테파노스와 결혼 관계를 맺고 살았다는 것이다. 그러나 과연 아폴로도르스는 네아이라가 외국인이라는 사실과 그녀가 스테파노스의 아내로 살았다는 사실을 법정에서 증명하는 데 성공했을까?

아폴로도르스는 주저하지 않고 자신의 첫 번째 주장을 뒷받침할 증거를 제시했다. 그는 네아이라의 어린 시절을 자세히 설명하면서 그녀가 외국인이라는 사실을 밝혔다. 그는 또한 여러 명의 증인들을 불러내 그녀가 니카레테의 유곽에서 일하던 매춘부였고, 그 후에 아테네 인 프리니온의 도움으로 코린스 인 티마노리다스와 에우크라테스로부터 자유를 샀다는 사실을 입증했다. 아폴로도르스는 프리니온과 네아이라가 보낸 시절에 대해서 설명한 후 프리니온이 그녀를 다시 노예로 끌어내리려 했다는 사실을 언급했다. 그는 불필요할 정도로 장황하게 네아이라의 삶에 대해 설명하면서 그녀가 외국인이라는 결정적인 증거를 내놓았다. 그 당시에는 외국인이 아테네에서 살려면 아홉 명의 아르콘 중 한 명인 포레마르크polemarch에게 보증금을 내야 했다. 포레마르크는 아테네에 거주하는 외국인을 감독하는 일을 맡고 있었는데, 아폴로도르스는 네아이라도 그에게 보증금을 냈다는 사실을 지적했다. 주1)

아폴로도르스는 연설문 49번째 문장에서 자신의 주장을 이렇게 요약하고 있다.

"나의 연설과 증인들의 말을 통해서 네아이라의 신분을 입증했습니다. 네아이라는 원래 노예였고 두 번이나 팔린 적이 있습니다. 그녀는 프리니온으로부터 도망친 뒤 메가라에 가서 헤타이라로서 몸을 팔았습니다. 그리고 그 후에는 아테네에 거주하는 것을 허락받기 위해 포레마르크에게 가서 보증금을 냈습니다."

아폴로도르스는 네아이라가 아테네 시민이 아니라는 사실을 충분히 잘 입증했다. 사실 그는 필요한 것보다 더 많은 증거를 제시했다. 그러나 그는 자신의 연설에서 스테파노스가 네아이라가 외국인이 아니라고 속인 적이 있다는 사실을 증명하지는 못했다. 아폴로도르스도 스테파노스가 이 점에 대해서 반박하리란 것을 잘 알고 있었고, 자신의 연설에서도 그 사실을 언급했다.

그러나 아폴로도로스는 스테파노스의 반론을 막는 것보다 네아이라가 외국인이라는 증거를 제시하는 데만 매달렸다. 또한 그는 연설의 많은 부분을 파란만장한 파노의 인생을 이야기하는 데 할애했다. 그는 스테파노스와 그 밖에 다른 사람들의 행동으로 미루어 보건대 파노가 외국인이 틀림없다고 주장했다. (아폴로도르스는 파노가 외국인 신분인 것으로 보아 그녀의 어머니인 네아이라도 외국인이 틀림없다고 말했다.) 아폴로도르스의 주장에 따르면, 파노와 프라스토르의 결혼이 파경을 맞은 것도, 그 후에 프라스토르와 스테파노스가 소송을 한 것도 모두 파노가 외국인이었기 때문이었다. 아폴로도르스는 말한다. 주2)

"나는 배심원 여러분 앞에 명백히 증명해 보이겠습니다. 네아이라와 아주 긴밀하게 관련되어 있는 사람들을 보면, 다시 말해 네아이라와 결혼 생활을 하고 있는 스테파노스와 네아이라의 딸과 결혼한 프라스토르를 보면, 네아이라가 외국인이라는 사실이 금세 드러납니다. 프라스토르는 스테파노스가 파노를 아테네 시민인 자신에게 시집보냈다는 이유로 그를 사법관 앞에 고발했습니다. 스테파노스는 네아이라의 딸을 위하여 그런 사실이 법정에서 공개되는 것을 원치 않았습니다. 그래서 그는 파노의 지참금을 돌려받는 것을 포기했습니다. 프라스토르는 파노와 결혼한 후 그녀가 네아이라의 딸이라는 사실을 알고는 그녀를 집 밖으로 내쫓았습니다. 그리고 그녀가 시집올 때 가져온 지참금을 돌려주지 않았습니다. 하지만 얼마 후 죽을병에 걸린 프라스토르는 자신에게 유산을 물려줄 자식이 없고, 또 그의 유산을 친척들이 나누어 갖는 게 싫다는 이유로 파노가 낳은 아이를 자신의 아들로 인정하고 맙니다. 그는 그 아들을 자신이 속한 게노스의 동료들에게 소개했습니다. 그러나 게노스의 동료들은 그의 아들을 받아들이는 것을 거절하면서, 그에게 그 아이가 합법적인 아테네 시민이라는 것을 맹세하라고 요구했습니다. 그러나 그는 요구받은 맹세를 거부하고 말았습니다. 그런 일이 있고 나서 얼마 지나지 않아 그는 법률에 따라 아테네 시민권을 가진 여자와 결혼했습니다. 스테파노스와 네아이라에게는 안 된 일이지만, 프라스토르의 이러한 행동은 확실히 네아이라가 외국인이라는 사실을 증명하고 있습니다." 주3)

아폴로도르스는 스테파노스가 에파이네토스와 파노의 간통 현장을 목격하고도 법정 밖에서 분쟁을 해결했다는 것을 자신의 주장을 입증하는 증거로 삼고 싶어 했다. 그리고 테오게네스가 아레오파고스 회의에서 파노의 배경에 대해 심문을 받은 후 그녀와 이혼하기로 결정한 것 또한 자신의 증거로 삼았다. 물론 이러한 논쟁은 파노가 네아이라의 딸이라는 가정이 바탕에 깔려 있다. 아폴로도르스의 이러한 주장은 사실일 수도 있지만, 그는 자신의 연설을 통해 충분한 증거를 제시하지 못했다.

아폴로도르스는 총 126개 문장으로 구성된 자신의 연설에서 70개 문장을 네아이라가 외국인 신분이라는 사실을 증명하는 데 썼다. 이 점에 대해서는 피고 측도 반박할 여지가 없을 것이다. 그러나 아폴로도르스는 이미 그 사실에 대해 연설 앞부분의 15개 문장에서 밝혔기 때문에 굳이 덧붙여 설명할 필요는 없었다. 어쩌면 아폴로도르스는 네아이라의 시민권 문제를 들먹이면서 자신의 힘을 과시하고 싶었던 게 아닌가 싶다. 왜냐하면 그는 네아이라와 스테파노스가 결혼 관계를 맺고 있다는 자신의 두 번째 주장을 뒷받침할 만한 확실한 증거가 없었기 때문이다.

사실 아폴로도르스는 두 번째 주장에 관해서는 의문을 제기할 뿐 그에 대한 확실한 증거를 들이대지 못했다. 이 연설문에서 그는 아테네가 외국인에게 시민권을 부여하는 절차에 대해 말한다. 또 이 연설문에서 그는 논점을 벗어나 아테네가 강력한 동맹국인 플라타이아이 사람들에게 대량으로 시민권을 부여한 사건에 대해서 말한다. 그러고는 자신의 논점을 아예 잊어버리고 네아이라에게 호통을 치기 시작한다. 자, 이제 아폴로도르스가 늘어놓는 장황한 말들을 들어보자.

"어디서 그녀가 자신의 몸을 팔지 않았습니까? 또 그녀가 하루 임금을 벌기 위해 어디를 가지 않았습니까? 펠로폰네소스에서 그녀가 안 가본 곳이 어디 있습니까? 그녀는 니카레테의 노예로 일했을 당시, 라리사의 시모스와 메데이오스의 아들 에우리다마스와 함께 테살리아와 마그네시아에 갔고, 크레타의 소타다스와 함께 키오스에 갔습니다. 우리는 포주의 명령에 따라 돈을 주는 사람이라면 어디든지 따라가는 그녀를 어떻게 생각해야 합니까? 그녀는 자신의 몸을 산 사람에게 온갖 종류의 쾌락을 제공하지 않았습니까? 이 따위의 일을 했다는 것이 명백하게 알려진 여자가, '세 개의 구멍'으로 생계를 꾸리면서 세상 곳곳을 떠돌아다닌 여자가 아테네 시민이라는 사실에 여러분은 투표하시렵니까?" 주4)

마침내 아폴로도르스는 연설이 몇 분 남지 않은 시점에서 네아이라와 스테파노스가 어떤 종류의 관계를 맺고 있었는지에 대해 말한다. 우리가 이미 제3장에서 살펴보았듯이, 아폴로도르스는 아이들을 대하는 스테파노스의 태도야말로 그가 네아이라와 결혼 관계를 맺고 있었다는 결정적인 증거라고 주장한다. 실제로 스테파노스는 그 아이들을 아테네 시민으로 대우했다. 아폴로도르스가 자신의 연설 앞부분에서 파노의 불행했던 결혼 이야기를 길게 이야기한 것도 이러한 주장을 뒷받침하는 배경을 제공하기 위해서였다. 우리는 이러한 주장이 별로 신빙성이 없다는 사실을 안다. 아폴로도르스는 그 아이들이 스테파노스와 네아이라 사이에서 태어났다는 것을 증명하지 못했으니 말이다. 사실 그 아이들은 스테파노스와 아테네 시민이었던 아내 사이에서 태어났을 수도 있다. 아마도 아폴로도르스는 연설을 시작하기 전에 이미 이러한 사실을 지적받았을 것이다. 만약 그 아이들이 네아이라의 자식이 아니라면, 혹은 그들이 네아이라와 스테파노스 사이에서 태어난 것이 아니라면, 스테파노스가 그들을 아테네 시민으로 대우한 것은 아무런 문제가 되지 않는다. 또한 그 아이들은 스테파노스가 나이 많은 창녀와 결혼 관계를 맺고 살았다는 증거가 될 수 없다.

아폴로도르스의 연설은 엉성하게 구성되어 있으며 그의 논점은 툭하면 빗나갔다. 그는 자신의 연설 첫 번째 문장에서 배심원들에게 약속했던 두 가지 사실을 증명하지 못한 채 연단에서 내려와야 했다. 아폴로도르스가 마지막에 스테파노스와 네아이라의 관계를 언급했을 때, 그가 그 두 사람이 결혼 관계를 맺고 살았다는 것을 증명하기 위해 내놓은 증거는 전혀 타당하지 못했다.

만약 우리가 이 재판의 배심원이라고 상상해본다면, 현대적인 판단력과 그 당시의 배심원에게는 주어지지 않았던 숙고의 시간을 제공받은 우리는 양심에 따라 중심축에 구멍이 뚫리지 않은 투표권을 청동 항아리에 떨어뜨릴 것이다. 우리가 상상해보건대, 피고는 그런 고소를 당할 만한 죄를 짓지 않았다.

표 계산하기

우리는 네아이라 재판 사건에 대한 길고 길었던 탐구를 끝내기 전에, 다시 말해 우리의 막대기를 건네주고 오늘 일한 대가로 3오볼을 받기 전에, 청동 항아리에 들어간 투표권을 세어보아야 한다.

만약 우리가 2500년 전 배심원석에 앉아 있는 진짜 배심원이었다면, 그래서 옆에 있는 배심원들과 어깨를 부딪치며 앉아서 지금은 글로 읽을 수밖에 없는 아폴로도르스의 폭탄 연설을 들었다면, 우리는 원고 자신이 고소한 사건의 증거를 대는 데 실패했다고 판단할 수 있을까?

우리는 이 재판의 판결이 어떻게 나왔는지 알 수 없다. 아폴로도르스는 소송에 따라 하나 혹은 그 이상의 연설문을 남겼지만, 그 연설문만 봐서는 재판의 판결이 어느 쪽으로 났는지 알 수가 없다. 우리는 아폴로도르스의 논거가 부족했기 때문에 피고가 이 재판에서 이겼을 것이라고 쉽게 결론지을 수도 없다. 왜냐하면 이 재판에서 네아이라를 변호한 스테파노스의 논거가 더 부족했을 수도 있기 때문이다. 우리는 불행히도 이 재판에서 아폴로도르스의 연설과 스테파노스의 연설을 비교해볼 수 없다. 그보다 더 중요한 사실은 이 재판을 판결하는 배심원들이, 다시 말해 청동 항아리에 투표권을 던지는 남자들이 오로지 사실만을 바탕으로 해서 판결을 내리지 않았을 것이라는 점이다.

해마다 새해가 시작되는 무렵에 6천여 명의 배심원단이 선발되었다. 그들은 원고가 고소한 재판에서 한 번 이상의 판결을 내리겠다고 맹세를 했다. 이론적으로 네아이라 재판에서 판결을 내린 배심원들은 아폴로도르스의 수사학적 미궁에 빠져 사실 관계를 놓쳐버렸을 수도 있다. 또한 아폴로도르스의 연설에 현혹된 배심원들은 그가 주장하는 대로 투표했을 수도 있다. 고대 아테네의 법정에는 재판 과정을 관장하면서 배심원들에게 판결을 내릴 때 고려해야 할 점을 조언해주는 판사가 없었다. 또한 고대 아테네의 법정에는 원고와 피고의 주장을 참고하면서 배심원단이 어떤 입장을 취해야 할지 배심원끼리 의논하는 숙고의 시간도 없었다. 그 당시 배심원들은 사실상 기분 내키는 대로, 혹은 자신이 생각한 바에 따라 자유롭게 판결을 내렸다. 예를 들어, 배심원들은 아폴로도르스가 부유하다는 사실, 혹은 그가 촌스럽다는 사실, 또는 그가 해방 노예의 아들이라는 사실을 문제 삼아 그에게 벌칙을 내렸을지도 모른다. 어쩌면 배심원들은 네아이라가 무죄냐 유죄냐를 따지기보다는, 이 재판의 원인이 된 스테파노스와 아폴로도르스의 케케묵은 원한 관계를 고려해서 판결을 내렸을지도 모른다. [주5)]

한편, 원고와 피고는 배심원들에게 사실 관계를 밝히기보다는 그들의 감정이나 편견에 호소해서 마음을 움직이려고 했을 것이다. 바로 그 때문에 아폴로도르스는 논점에서 벗어나 플라타이아이 사람들에 대해 언급했던 것이다. 플라타이아이 사람들은 490년 마라톤 전투에서 아테네와 함께 싸운 유일한 그리스 인들이었다. 도시국가 플라타이아이가 멸망하자 아테네는 플라타이아이 사람들에게 대량으로 시민권을 발급했다. 그가 논점을 벗어나 이 이야기를 꺼낸 것은 과연 누구에게 아테네 시민권을 주어야 하는가를 묻고 싶어서였을 것이다. 그러나 그보다 앞서 그는 이 이야기를 꺼냄으로써 배심원단의 애국심을 자극하려고 했는지도 모른다.

스테파노스 역시 피고의 입장에서 충분히 이러한 전략을 구사했을 것이다. 아마도 그는 연설 도중에 배심원들의 편견을 자극할 만한 이야기를 끼워 넣었을지도 모른다. 예를 들어, 스테파노스는 아폴로도르스가 모든 문제를 법정으로 끌어들이는 소송 중독자라는 사실을 지적하여 그의 신뢰도를 떨어뜨렸을지도 모른다. 또 그는 아폴로도르스를 공격하기 위해 그의 집안이 노예 출신이라는 사실을 밝혔을지도 모른다. 원고와 피고 중에서 가장 유력한 증거를 내놓는 사람이 이 재판에서 이겼을 것이라고 단정할 필요는 없다. 아마도 이 재판의 승리는 가장 적절하게 배심원들의 마음을 움직인 사람에게 돌아갔을 것이다. 그러나 우리로서는 테오므네스토스 대 네아이라의 소송 사건에서 누가 가장 배심원들의 마음을 잘 설득했는지 알 길이 없다.

네아이라의 재판 이후 아폴로도르스의 삶에 대해서는 전혀 알려진 바가 없다. 그가 자신의 호적수인 스테파노스와 마지막 법정 공방전을 벌인 이후, 그는 더 이상 다른 사람과 소송을 했다는 기록을 남기지 않았고 법정에서 읽을 새로운 연설문도 쓰지 않았다.

반면에 그 재판이 끝난 후 네아이라의 삶에 대한 이야기는 그녀와 같은 시대를 살았던 사람들의 기록 속에서 종종 등장한다. 그 기록을 살펴보면, 아마도 배심원들은 그녀에게 집으로 돌아가 스테파노스와 함께 살 수 있는 자유를 허락한 것 같다.

그러나 그녀가 애초에 이 번잡스러운 법정 다툼에 휘말려 스테파노스를 괴롭게 했던 것도, 바로 그녀가 자유인이라는 사실 때문이었다.[주6)]

주석

제1장 포주 니카레테의 유곽

1 이 책의 전반에 걸쳐, 나는 네아이라 재판의 원고인 아폴로도르스의 연설문을 인용하고 있다. 그러나 나는 연설문 전체가 아니라 필요한 부분만 발췌했다. 사실, 네아이라를 고소한 사람은 테오므네스토스였다. 그는 아폴로도르스와 사돈 관계로 맺어진 친척이었다. 자세한 것이 알고 싶다면 이 책의 제8장을 참조하라.

2 케리Carey는 1992년도 책 2~3p에서 네아이라가 기원전 400년과 395년 사이에 태어났다고 주장한다. 코린스에서 활동했던 유명한 창녀들에 대해 알고 싶다면 아테나에우스Athenaeus의 『디너-소피스트Dinner-sophists』 13. 573c~574d를 참조하라. 코린스와 같이 에게 해 북동쪽에 있는 그리스 섬 레스보스lesbos는 성적 행위를 나타내는 말의 유래가 되었다. 레스보스에서 유래한 단어 lesbianzein은 '펠라티오를 하다' 라는 뜻을 가지고 있다. 그리스 사람들은 이 성행위가 레즈비언에 의해 발명되었다고 믿었다. 이보다는 순화된 뜻이긴 하지만, 프렌치 키스처럼 현대에도 지명을 따서 어떤 행위에 이름을 붙이는 일이 있다. 버려진 아이들이 죽음을 맞이하는 것은 고대 그리스 사회에서는 흔한 일이었다. 특히 여자아이일 때는 더 그랬다. 윌킨슨Wilkinson의 1978년도 책 32~38p와 포머로이Pomeroy의 1985년도 책, 토드Todd의 1993년도 책 182p 27번 주석, 184~186p 32번 주석을 참조하라.

3 안테이아anteia에 대해서 알고 싶다면 아테나에우스의 『디너-소피스트』 13. 567c, 13. 856e를 참조하라. 더불어 패트슨Patteson의 1978년도 책 48~49p, 케리의 1992년도 책 94~95p, 카파리스Kapparis의 1999년도 책 4p와 208~209p를 참조하라. 필레타이로스Philetairos의 발언은 아직까지 아테나에우스의 『디너-소피스트』 13. 587e(=Philetaerus 9 K-A)에 남아 있다.

4 이 메시지를 남긴 샌들에 대해 알고 싶다면 알렉산드리아의 클레멘트Clement of

Alexandria의 『선생님Tutor』 2, 11, 116e와 함께 나바르Navarre의 1904년도 책 1828p를 참조하라. (나는 이 일화를 신도록 허락해준 것에 대해 앨프레드 크리만Alfred Kriman과 울리히 쉬미처Ulrich Schmitzer에게 감사한다. 그리고 나에게 마리 레놀트Mary Renault의 소설 『그 마지막 와인The Last of the Wine』에서 거리의 창녀가 나오는 구절을 가르쳐준 다이애나 라이트Diana Wright에게도 감사한다.) 고대 그리스의 매춘부와 현대 사회의 다양한 종류의 매춘부들과 비교해보고 싶다면 킬머Kilmer의 1993년도 책 101번 주석을 보라. 그리스 매춘부의 종류는 분명하게 구별하기 힘들다. 그 점에 대해 알고 싶다면 커크Kurke의 1997년도 책 108~109p를 찾아보라. 노예들의 기원에 대해서 알고 싶다면 갤런Garlan의 1988년도 책 45~53p를 참조하라. 매춘부들의 옷차림을 알고 싶다면 아리스토파네스Aristophanes의 『의회의 여자들Assemblywomen』 878~879p와 어셔Ussher의 1973년 책 195p를 찾아보라. 더불어 루시앙Lucian의 저서 『공회당The Hall』의 7p, 『고급 창녀의 대화Dialogues of the Courtesans』의 297p, 『연인들Loves』의 39p, 『이중 고소Double Indictment』의 31p, 알렉산드리아의 클레멘트의 『선생님』 3, 2, 5, 나바르의 1904년도 책 1831~1832p를 참조하라.

나는 이 부분을 쓰면서 제임스 데이비슨James Davidson의 『고급 창녀와 어육완자Courtesans and fishcakes』의 제3장, 제4장에 많은 빚을 졌다. 이 분야에 관심이 있는 독자들은 그의 책에서 그리스 매춘에 관한 많은 정보를 얻을 수 있을 것이다. 또한 카파리스 1999년도 책 4~8p를 참조하라.

5 리쿠르고스Lycurgus, 「레오크라테스를 반박하며Against Leokrates」의 39~40절. 크세나르코스Xenarchos에 대해서는 아테나에우스의 『디너-소피스트』 13. 569b= Xenarchos 4 K-A. 창녀들이 유곽 안에 앉아 손님을 물색하는 방법에 대해서 알고 싶다면, 그래함Graham의 1998년도 책 23~32p를 참조하라. 이 당시부터 창녀들은 유곽 안에서 바깥을 지나는 손님에게 손짓과 눈짓을 보내 안으로 끌

어들였다. 암스테르담의 유명한 홍등가 발레트예스Walletjes에는 거의 옷을 입지 않은 여자들이 통유리 안에서 자신을 '여성의 몸을 한 고기처럼 전시한 채' 매춘을 하러 온 손님들을 향해 눈짓을 보낸다. (따옴표로 인용된 구절은 닉 미들톤Nick Middleton의 저서 『브뤼셀 스카우트로 여행하는 법Travels as a Brussels Scout』에 나오는 말이다. 나는 내 남편 덕분에 암스테르담 홍등가를 묘사한 이 구절을 알게 되었다. (내 남편이 독일 매춘부들에 대해 잘 알고 있다는 사실에 일단은 감사한다.)

6 루미스Loomis의 1998년도 책 제14장을 보라. 그러면 아테네 인의 표준 임금을 정의하기가 쉽지 않다는 사실을 알게 될 것이다. 아폴로도르스의 주장에 따르면, 5세기 말 에레크테이온의 건설 현장에 고용된 숙련된 노동자나 기술자의 하루 임금은 1드라크마에서 1과 $\frac{1}{2}$드라크마 사이였다. (루미스의 책, 105~107p) 4세기 말엽, 엘레우시스 데모의 건물을 짓는 데 고용된 숙련된 일꾼의 하루 임금은 1과 $\frac{1}{4}$드라크마에서 2와 $\frac{1}{2}$드라크마 사이였다. (루미스의 책, 111~113p) 아테네 시민들은 공적 의무를 마치고 나면 그날의 임금을 받았는데, 민회에 참여하면 1드라크마를 받았고 법정에서 배심원으로 봉사하면 $\frac{1}{2}$드라크마, 다시 말해 3오볼을 받았다. 루미스의 1998년도 책 제9장과 데이비슨의 1997년 책 194~200p를 보면 다양한 매춘부들의 가격에 대해서 알 수 있다. 또한 스타Starr의 1978년도 책 409p와 33번 주석을 참조하라.

섹스 체위에 대해서 알고 싶다면, 데이비슨의 1997년 책 118p와 196p를 보라. 남녀의 성행위에 관한 다양한 체위는 붉은 색 인물화 화병에 그려져 있다. 킬머의 1993년도 책 33~59p 그리고 73~75p를 보라.(다양한 체위의 성행위, 다시 말해 '테르고'tergo가 빈번하게 화병에 그려졌다.) 그 당시 사람들이 경주마 체위를 좋아했다는 사실을 확인해보고 싶다면, 『디너-소피스트』의 13. 581c-f (=Gow 1965, frag 17절 349~375p)에 수록된 아테나에우스의 대사를 참조하라.

7 크세노폰Xenophon의 『향연Symposium』 2. 1~2. 그리스의 향연에 대해 알고 싶다면 데이비슨의 1997년도 책 44~49p를 보라.

8 아리스토파네스의 『말벌Wasps』 1345~1346p. 아테나에우스의 『디너-소피스트』 13. 607e.

9 아리스토텔레스의 『아테네 헌법Constitution of Athens』 제50조 2항.

10 루미스의 1998년도 책 93~94p 그리고 173p를 참조하라. 그 히페리데스Hyperides의 인용구는 「에우세니포스를 지지하며For Euxenippos」의 3절에 나온다. 그리고 화이트헤드Whitehead의 2000년도 책 178~179p, 스타의 1978년도 책 406~407p를 보라.

11 메난데르Menander의 저서 『사미언 소녀The Samian Girl』의 392~396p를 보라. 또 데이비슨의 1997년도 책 197~198p를 참조하라. 헤타이라의 재치 있는 응답에 대해서 알고 싶다면 아테나에우스의 『디너-소피스트』 제13권을 보라. 그리스의 헤타이라는 전문적인 엔터테이너이자 성적인 서비스를 제공하는 측면에서 일본의 게이샤와 비교되곤 한다. 아서 골든의 『게이샤의 추억』을 읽어보면, 20세기 초반에 헤타이라와 비슷한 역할을 했던 게이샤 계급에 대해 자세히 설명하고 있다.

12 크세노폰의 『소크라테스의 회상Memoirs of Socrates』 3, 11, 4. 헤타이라가 자신의 직업의 실체를 감추기 위해 사용한 전술에 대해 알고 싶다면, 데이비슨의 1999년도 책 120~127p와 201~205p를 보라. 이와 비슷하게 자신의 사업에 대해 모호한 태도를 보인 19세기의 매춘부 헬렌 쥬에트Helen Jewett에 대해 알고 싶다면 코헨Cohen의 1998년도 책 116~117p를 참조하라.

13 로마의 정치가 카토Cato는 유곽을 들락거리는 남자들에 대해 이와 비슷한 태도를 보인 적이 있다. 크렌켈Krenkel의 1988년도 책 1295p를 보라. 아테네에서 매춘은 합법이었지만, 몸을 파는 남자는 자신의 시민권을 행사할 수 없었다. 해리

슨Harrison의 1968년도 책 37~38p와 핸슨Hansen의 1976년도 책(a) 74p 그리고 코헨의 1991년도 책 176p를 보라.

매춘에 매기는 세금에 대해 알고 싶다면 아에스키네스Aeschines의 연설문「티마르코스를 반박하며Against Timarchos」의 119절과 도버Dover의 1978년도 책 30p를 보라. 여자 혹은 소년의 몸을 사느라 돈을 지출하는 데 대한 그리스 인의 태도를 알고 싶다면 도버의 1984년도 책 147~148p와 데이비슨의 1997년도 책 194~195p를 참조하라.

14 자신의 노예와 자는 것에 대해 알고 싶다면 데이비슨의 1997년도 책 99p를 참조하라.

15 그리스에서 한 가정을 꾸려나가는 것은 중요한 일이자 꼭 수행해야만 하는 일이었다. 집안을 꾸려가는 고대 그리스 여성들의 책임에 대한 훌륭한 설명을 찾고 싶다면 헌터Hunter의 1994년도 책 34~35p를 보라. 스파르타 여성의 지위에 대해서 알고 싶다면 크세노폰의『스파르타의 정치The politeia of the Spartans』제1장 4~5p와 아리스토텔레스의『정치학Politics』1269b~1270b, 그리고 카트리지Cartledge의 1981년도 책, 레프코비츠Lefkowitz의 1983년도 책 55p를 보라. 그리스 여자들은 사회적으로 격리된 것은 아니지만, 남자들과 다른 생활구역에서 활동했다. 이러한 그리스 여자들의 삶을 알고 싶다면 도버의 1974년도 책 209~213p와 1984년도 책을 보라. 그리고 워커Walker의 1983년도 책, 코헨의 1991년도 책 146~154p, 네버트Nevett의 1995년도 책, 모리스Morris의 1998년도 책 213~218p 그리고 카파리스의 1999년도 책 217~221p를 참조하라.

16 네아이라 재판은 기원전 343년과 340년 사이에 일어났다는 것이 일반적인 학설이다. (카파리스의 1999년도 책 28p) 그러나 아폴로도르스는 사실상 네아이라를 기원전 348년과 339년 사이에 언제든지 고발할 수 있었다. 월레스Wallace는 자신의 2000년도 책 591p에서 그 재판이 340년대 초에 일어났다고 주장한다.

17 에우시테오스Euxitheos의 어머니에 대해서 알고 싶다면 데모스테네스Demosthenes의 57번 연설문 「에우보울리데스를 반박하며Against Euboulides」의 34절을 보라.

18 아테나에우스의 『디너-소피스트』 569b=Xenarchus 4 K-A.

19 리시아스 이야기의 희극적인 면에 대해서는 포터Porter의 1997년도 책을 보라. 그는 리시아스의 연설문이 실용적으로 쓰이는 수사학에서 벗어난 특별히 세련된 것이라고 주장한다. 다시 말해, 그의 연설문은 가상의 소송 사건을 바탕으로 한 허구의 글이라는 것이다.

간통에 대해서 알고 싶다면 코헨의 1991년도 책 98~170p와 패터슨Patterson의 1998년도 책 4~5장을 참조하라.

20 여기서 언급된 더 큰 규모의 입문제의는 해마다 9월 또는 10월에 열렸다. 이 제의에 참가하려면 우선 2월 말에 열리는 작은 비밀제의에 참가한 경험이 있어야 한다. 카파리스는 1999년도 책 212p에서 아폴로도르스가 언급한 것은 더 큰 비밀제의가 아니라 그에 앞서 치러야 하는 예비 입문식이었다고 주장한다. 그러나 우리는 아폴로도르스의 글만 보고는 그것이 어느 비밀제의였는지 알 수 없다. 비밀제의에 대한 일반적인 사실을 알고 싶다면, 파크Parke의 1977년도 책 55~72p를 보라. 메타네이라는 아테네 인이 아닌데다 창녀의 신분이었지만, 그런 이유로 비밀제의에 참가하는 것을 금지당하지는 않았다. 노예이든 자유인이든, 남자이든 여자이든 간에, 그리스 인이라면 그리고 제의를 치르는 데 필요한 돈을 낼 수만 있다면 누구든 비밀제의에 입문할 수 있었다. 단지 살인죄나 유혈죄로 더럽혀진 사람은 이 제의에 참가할 수 없었다. 후술하겠지만, 리시아스는 아테네 시민이 아니라 아테네에 거주하는 외국인 신분이었다.

21 네아이라의 나이에 대해서 알고 싶다면 카파리스의 1999년도 책 215p를 참조하라. 고대 그리스의 남자는 그가 부유하다면 결혼 외에 특별한 성적 관계를 맺을 수 있는 기회가 많았다. 물론 전부는 아니지만 그들 대부분은 사회가 제공해

주는 그런 기회를 마다하지 않았다. (이 점에 대해 자세히 알고 싶다면 도버의 1974년도 책 210p와 데이비슨의 1997년도 책 137~138p를 보라.) 그러나 유부남이 매춘부를 자신의 집에 데려오는 일은 아내를 모욕하는 행위였다. 이런 모욕을 당한 아내는 남편에게 이혼을 요구할 수 있었다.

아테네의 이혼제도에 대해 알고 싶다면 안도시데스Andocides의 4번 연설문 「알시비아데스를 반박하며Against Alcibiades」의 14절을 참조하라. 그리고 플루타르크Plutarch의 저서 『알시비아데스』 8p와 해리슨의 1968년도 책 38~44p, 콘-하프트Cohn-Haft의 1995년도 책과 카파리스의 1999년도 책 212~213p, 271~272p를 참조하라.

22 플라톤의 『국가Republic』 328b-c. 플라톤의 책 자체가 어느 시점의 일을 쓴 것인지 특정할 수 없다. 따라서 이 일화가 폴레마르코스Polemarchos의 죽음보다 얼마나 앞서 벌어진 일인지도 확실치 않다. 이 책에 관해서는 기원전 424년과 408년 사이에 쓰였을 것이라는 주장이 많다. 나일스Nails의 1998년도 책 383~396p를 보라.

23 30인의 참주에 의해 죽은 사람들의 수를 알고 싶다면 크렌츠Krentz의 1998년도 책 79p와 30번 주석을 참조하라. 그 독재자들의 행위를 알고 싶다면 리시아스의 25번 연설문 「민주주의를 파괴하는 고발에 대한 방어Defense Against a Charge of Subverting the Democracy」의 19절과 아리스토텔레스의 『아테네 헌법』 제35조 3항을 보라.

밀고자sycopant에 대해 더 자세히 알고 싶다면 이 책의 제4장을 보라. 아테네 사람들은 어떤 직무를 담당하는 조직의 이름을 지을 때 그 구성원의 수를 앞에 내세우는 경향이 있었다. 30인의 참주를 비롯해서 그들이 축출된 후 잠시 동안 아테네의 권력을 잡았던 10인 위원회, 감옥을 감독하는 11인 위원회, 법원을 감독하는 40인 위원회, 민회에서 상정되는 법률안을 심사하는 500인 평의회도 이런 식으로 작명된 것이다.

24 리시아스의 12번 연설문 「에라토스테네스를 반박하며Against Eratosthenes」의 7~17절. 소크라테스가 사형당한 과정을 알고 있는 사람들은 아테네에서는 사형수가 헴록hemlock에서 추출한 독약을 마셨다는 것을 잘 알고 있을 것이다. 소크라테스는 399년에 이 독약을 마셨다. 플라톤이 자신의 저서 『파이돈Phaedo』에서 소크라테스의 죽음에 대해 묘사한 것을 보면, 헴록을 마시는 것이 고통 없는 처형 방법은 아닌 것 같다. 헴록을 마시면 우선 다리가 무감각해지고 그런 마비 증세가 점차 심장 쪽으로 올라온다. 헴록이 신체에 미치는 영향에 대해 알고 싶다면 질Gill의 1973년도 책을 참조하라. 여기에 등장하는 에라토스테네스는 리시아스의 연설문 「에라토스테네스 살인 사건에 대하여On the Murder Eratosthenes」에 나오는 그 사람이 아니다. 이 문제에 대해서는 토드의 2000년도 책 15p를 참조하라.

25 리시아스의 12번 연설문 「에라토스테네스를 반박하며」의 19~20절을 참조하라.

26 리시아스가 제공했다는 용병의 수와 방패 수에 대해 기록한 자료들은 서로 일치하지 않는다. 크렌츠의 1982년도 책 73p와 11번 주석을 보라. 민주정을 회복하는 네 있어서 트라시보울로스Thrasyboulos의 역할에 대해서 알고 싶다면 버크Buck의 1998년도 책 71~93p를 보라. 마리 레놀트는 그녀의 역사 소설 『그 마지막 와인』에서 아테네 역사에서 치욕스러웠던 이 시기를 생생히 묘사하고 있다.

27 리시아스의 문체와 작품에 대해 알고 싶다면 에드워드Edwards의 1999년도 책 3~8p를 참조하라. S. C. 토드Todd는 고전 그리스 시대의 웅변 시리즈의 일부로서 이 연설문을 번역했다. 리시아스의 연설문 중에서 그 집필 시기를 확인할 수 있는 것들이 (한 편을 제외하고는) 기원전 403년과 380년 사이에 쓰였다는 것을 감안해보면, 그가 전문 연설가로서 자신의 새 직업을 찾은 연도를 추정해볼

수 있다. 리시아스의 20번 연설문 「폴리스트라토스를 지지하며For Polystratos」는 기원전 410년 혹은 409년에 쓰인 것이 확실하다. 그러나 이 연설문의 작가가 리시아스인지는 의문의 여지가 있다. 도버의 1968년도 책(b) 44p, 56p와 토드의 2000년도 책 217p를 참조하라.

28 리시아스가 언제 태어났느냐는 논쟁거리다. 오래전부터 전해져오는 그의 출생연도는 기원전 459년이었다. 그러나 몇몇 학자들은 그가 440년대에 태어났다고 주장하고 있다. 도버의 1968년도 책(a) 34~46p를 참조하라. 나는 케리가 1992년도 책 2~3p에서 추정한 리시아스의 출생연도를 따랐다.

29 네아이라가 아테네를 방문한 연도를 알고 싶다면 카파리스의 1999년도 책 217p를 참조하라. 판아테나이 축제에 대해 알고 싶다면 파크의 1977년도 책 35~50p를 참조하라.

30 시모스Simos의 이력에 대해 알고 싶다면 마틴Martin의 1985년도 책 255~260p를 참조하라.

31 데모스테네스Demosthenes의 27번 연설문 「아포보스를 반박하며Against Aphobos」의 9절. 카파리스의 1999년도 책 227~228p를 보면 '네아이라는 고급 창녀로서는 가장 비싼 값에 팔렸다'는 구절이 있다.

32 섹스 체위와 그 안내서에 대해 알고 싶다면 데이비슨의 1997년도 책 117~118p를 보라. 그리고 파커의 1992년도 책과 킬머의 1993년도 책 74~75p를 참조하라. 향연에 참석한 헤타리아에게 어울리는 태도는 어떤 것인가에 대한 최근의 논의들에 대해서는 커크의 1997년도 책 140~141p를 참조하라. 니카레테가 매춘부들에게 시킨 교육에 대해 더 자세히 알고 싶다면 카파리스의 1999년도 책 6p를 참조하라.

33 이사에우스Isaeus의 세 번째 연설문 「피루스의 부동산에 대하여On the Estate of Pyrrhus」의 13절. 리시아스의 첫 번째 연설문 「에라토스테네스 살인 사건에 대

하여」의 23절.

34 리시아스의 세 번째 연설문 「시몬을 반박하며Against Simon」의 6절.

35 여기서 언급된 여자들에 대해 알고 싶다면 이사에우스의 두 번째 연설문 「메네클레스의 부동산에 대하여On the Estate of Menekles」의 18절을 참조하라. 그리고 이사에우스의 6번 연설문 「필로크테몬의 부동산에 대하여On the Estate of Philoktemon」의 10절, 데모스테네스의 40번 연설문 「보이오토스를 반박하며II Against BoiotosII」를 보라. 법정에서 여자의 이름을 부르지 않는 것에 대해 알고 싶다면 샤프스Schaps의 1977년도 책을 보라. 그 책의 328~329p를 보면, 소송에서 살아있는 여염집 여자의 이름이 불린 세 가지 경우에 대해 언급하고 있다. 그런 경우에 법정에서 여자의 이름이 불린 것은 그 소송의 고발자가 그녀의 정체를 확실히 밝혀두기 위해서였다.

36 오네토르Onetor의 누이에 대해서 알고 싶다면 샤프스의 1977년도 책 326p를 참조하라.

《제2장》 네아이라의 주인과 다른 연인들

1 이 글은 카파리스의 1999년도 책 214~215p를 인용한 것이다. 케리의 1992년도 책과 카파리스의 1999년도 책 228p에는 네아이라가 기원전 376년에 티마노리다스와 에우크라테스에게 팔린 것으로 되어 있다. 대부분의 그리스 소녀들은 열네 살에서 열아홉 살 무렵에 결혼을 했다. 레이시Lacey의 1968년도 책 71~72p, 106~107p, 162~163p를 참조하라. 포머로이의 1975년도 책 64p와 저스트Just의 1989년도 책 151p 그리고 카파리스의 1999년도 책 214p를 참조하라.

2 리시아스의 4번 연설문 「고의적인 상해 사건에 대하여On a Premeditated Wounding」

8, 12, 16절.

3 네아이라를 노예로 샀던 두 남자가 그녀를 공동 소유한 기간에 대해서는 카파리스의 1999년도 책 228p를 참조하라.

4 유곽에 대해 알고 싶다면 데이비슨의 1997년도 책 83~91p, 카파리스의 1999년도 책 228~229p를 보라. 큘스Keuls는 1985년도 책(156p)에 이렇게 썼다. "우리는 코린스와 아테네에 퍼져 있던 유곽이 어떤 상황이었는지 모른다. 그러나 그 유곽들이 로마의 작가들이 남긴 자료에 묘사된, 로마의 창녀들이 매춘을 하던 어둡고 악취 나는 소굴보다 더 쾌적했다고 볼 이유는 없다."

5 유곽 주인의 탐욕에 대해 알고 싶다면 케리의 1992년도 책 101p와 카파리스의 1999년도 책 229p를 보라.

6 케리의 1992년도 책 102p.

7 노예 해방의 조건을 알고 싶다면 해리슨의 1968년도 책 184p, 패트슨Patteson의 1978년도 책 68p, 갤런Garlan의 1988년도 책 77~79p, 케리의 1992년도 책 102p 그리고 카파리스의 1999년도 책 233p를 보라.

8 패트슨의 1978년도 책 63p를 참조하라. 이 글은 케리의 1992년도 책 102p에서 인용했다.

9 아테나에우스의 『디너-소피스트』 13. 570c-d=Epicrates 3 K-A. 나이 든 매춘부에 대해 알고 싶다면 큘스의 1985년도 책 200~203p를 참조하라.

10 그 당시에는 개인 간에 편지를 이용하여 소통하는 일이 흔치 않았다. 이에 관해 알고 싶다면 루이스Lewis의 1996년도 책 142~152p를 참조하라.

11 네아이라와 그녀의 후원자들이 합의한 조건에 대해 알고 싶다면 패트슨의 1978년도 책 64~65p, 밀레트Millett의 1991년도 책 158p, 코헨의 1992년도 책 207~215p, 카파리스의 1999년도 책 231~232p를 참조하라. 그리고 이 책의 제4장을 보라.

12 프리니온이 꼭 파이아니아에 살아야 할 필요는 없다. 프리니온의 아버지가 파이아니아 데모에 소속되어 있었다면 그도 같은 데모에 소속되었을 것이고, 다른 데모로 거주지를 옮기더라도 자신이 소속된 데모는 바뀌지 않았다. 아티카에 있던 데모들의 위치를 알고 싶다면 트레일Traill의 지도(1975) 또는 화이트헤드Whitehead의 지도(1986b, xxiii)를 보라. 아키타의 정치적 조직에 관한 설명은 핸슨의 1991년도 책 46~48p 그리고 101~106p를 보라.

13 남들 보는 앞에서 섹스를 하는 것에 대해 알고 싶다면 도버의 1974년도 책 206p를 보라. 크세노폰과 그의 그리스 인 동료는 기원전 4세기 초에 페르시아에서 만난 일족이 사람들 앞에서 성행위를 하는 것을 목격하고 이질감을 느꼈다. (『페르시아 원정The Persian Expedition』 5, 4. 33~34p) 기원후 2세기 무렵의 작가 루키아노스는 그가 살던 시대에도 그와 비슷한 일이 있었다는 사실을 기록으로 남겼다. 그러나 그 당시의 그리스 인들에게는 사람들 앞에서 섹스를 한다는 것은 예의에 어긋난 행위로 여겨졌다. (루키아노스의 『역사의 진실True Histories』 2, 19)

14 카브리아스의 경력에 대해 알고 싶다면 데블린Develin의 1989년도 책의 색인, No.556을 보라. 그는 색인에서 열다섯 번이나 장군직에 임명된 카브리아스의 경력을 나열하고 있는데, 그 중에서 세 번(기원전 379년, 371년, 368년)의 장군직에 대해서는 그것이 사실인지 의심스러워한다. 데모스테네스의 20번 연설문 「레프티네스를 반박하며Against Leptines」의 75~78절은 카브리아스의 성공에 대해 설명하고 있다.

15 큘스는 1985년도 책 182p에서 카브리아스의 집에서 일어난 사건이 일종의 집단 강간 행위였다고 판단하고 있다. 그러나 나는 그 집의 손님들(혹은 노예들)이 술 취한 네아이라와 섹스를 한 것이 위법인지 아닌지 판단하기 힘들다.

16 카브리아스의 보에오티아 원정에 대해 알고 싶다면 문Munn의 1993년도 책 155~

161p를 보라. 보에오티아 전쟁의 개요를 알고 싶다면 해밀톤Hamilton의 1997년도 책 78~81p를 참조하라.

17 레우크트라 전투에 대해 알고 싶다면 앤더슨Anderson의 1970년도 책 192~220p, 세이지Sage의 1996년도 책 137~140p, 해밀톤의 1997년도 책 81~86p를 참조하라. 스파르타의 전력戰力 부족에 대해 알고 싶다면 카트리지의 1987년도 책 37~43p 그리고 179p를 보라.

〈제3장〉 고대 아테네의 시민권 계승 문제

1 카파리스는 1999년도 책 244~245p에서 스테파노스가 네아이라와 함께 메가라에서 오랫동안 지냈다고 판단하고 납득할만한 이유를 열거하고 있다.

2 케리는 1992년도 책 112p에서 '파노'Phano라는 이름의 어원이 '보여주다, 전시하다'라는 뜻을 가진 동사 Phainein과 관련이 있다고 주장한다. 따라서 그 이름은 여염집 여자에게는 어울리지 않는, 헤타이라의 별명으로 적합하다는 것이다. 바꿔 말하면, 그런 이름은 뭇 남성들의 관심을 끌기 위한 '닳고 닳은 여자'Pussy Galore를 뜻한다는 것이다.

그러나 카파리스는 1999년도 책 266p에서 그 이름은 눈에 보이는 것, 밝고 투명함을 나타내는 뜻이지, 성적 방탕을 의미하지 않는다고 반박한다. 따라서 파노라는 이름은 품위 있는 아테네 시민 여자에게도 붙일 수 있다고 주장한다. 예를 들어 소크라테스의 어머니는 매우 존경받는 여자였는데, 그녀의 이름은 파이나레테Phainarete였다. 파이나레테는 '덕을 드러내다'라는 뜻이다. 카파리스와 몇몇 학자들에 따르면, 파노가 이름을 바꾼 이유는 원래 이름인 스트리벨레Strybele가 마음에 들지 않았기 때문인데, 스트리벨레는 동사 strephesthai('뒤 돌아보다', '어떤 일에 종사하다' 라는 뜻)에서 유래된 이름으로 그녀가 노예였다는 사실을 암시한다는 것이다. 만약 이것이 사실이라면, 아폴로도르스는 스테파노스와 네아이라가 출신 성분을 감추기 위해 노예의 이름을 존경받을 만한 시민의 이름으로 바꾸었다는 것을 은근히 암시하고 있는 것이다.

매춘녀와 별명에 대해 알고 싶다면 콕스Cox의 1998년도 책 175~177p를 참조하라.

3 피임약과 낙태약에 대해 알고 싶다면 크렌켈의 1988년도 책 1294~1295p, 리들Riddle의 1992년도 책 16~19p, 74~82p를 참조하라. 만약 피임과 낙태로도 아이가 생기는 것을 막지 못했다면, 마지막 방법은 유아 살해라는 끔찍한 수단이었다. (그럼에도 불구하고 유아 살해는 합법이었다.)

해리슨의 1968년도 책 71p, 포머로이의 1983년도 책, 패터슨의 1985년도 책 103~123p, 리들의 1992년도 책 10~12p를 참조하라. 리들은 1992년도 책 143p에서 고대 로마 시대에 임신을 막거나 혹은 뱃속의 아이를 없애기 위해서 매춘부들이 사용했던 비법에 대해 언급하고 있다.

4 프라트리에 등록하는 것에 대해 알고 싶다면 저스트의 1989년도 책 56~62p, 핸슨의 1991년도 책 46p와 96p, 케리의 1992년도 책 105p, 토드의 1993년도 책 179p, 카파리스의 1999년도 책 192~193p를 보라. 데모에 등록하는 것에 대해 알고 싶다면 맥도웰MacDowell의 1978년도 책 69p, 핸슨의 1991년도 책 88~89p와 104p를 참조하라.

5 외국인이 아테네 시민권을 획득하는 방법에 대해 알고 싶다면 맥도웰의 1978년도 책 70~73p를 보라. 기원전 451년 페리클레스Pericles는 부모가 모두 시민권을 가진 아이에게만 시민권을 주는 법률을 제정했다. 이 법률에 대해 알고 싶다면 데블린의 1989년도 책 80p를 보라. 기원전 403년 펠로폰네소스 전쟁이 일어나자 이 법률은 한동안 사라졌다가, 380년대에는 아테네 시민권에 관한 한층 더

엄격한 법률이 제정되었다. 카파리스의 1999년도 책 199~202p를 참조하라.

6 트레벳Trevett의 1992년도 책 100p, 패트슨의 1978년도 책 14p, 패터슨의 1991년도 책을 참조하라.

7 아폴로도르스는 자신의 연설문 122절에서 이렇게 말한다. "우리는 즐거움을 위해서 매춘부를 사고, 날마다 우리 몸에 봉사할 여자가 필요해서 정부를 갖는다. 그리고 우리는 합법적인 아이들을 낳아주고 가정을 믿음직하게 돌봐줄 여자를 갖기 위해서 아내를 얻는다." 여자를 세 부류로 구분한 아폴로도르스의 이 말은 아테네 사회에서의 여자의 역할에 대해 관심 있는 많은 학자들 사이에서 논쟁거리가 되었다. 이러한 논쟁의 사례를 찾고 싶다면 칸타렐라Cantarella의 1987년도 책 48~51p, 데이비슨의 1997년도 책 73p와 326p 그리고 1번 주석을 보라. 고대 아테네 사회에 있어서 여성이라는 테마에 관심이 있다면 카츠Katz의 1994년도 책을 보라.

8 케리는 1992년도 책 11p에서 이 사실을 정확하게 설명하고 있다. (그 아이들이 스테파노스와 네아이라 사이에서 태어났다고 하더라도) 스테파노스가 그 아이들을 대하는 태도를 통해 그와 네아이라와의 관계를 알 수 있는 경우는 그가 그 아이들을 (아테네 시민 여자와 결혼해서 낳은 것이 아니라) 네아이라와 결혼해서 낳은 합법적인 자식이라고 속여 넘겼을 때뿐이라는 것이다. 만약 그의 행동이 불법적이라고 해도, 그것은 네아이라가 스테파노스의 아내로서 사는 죄를 범했다는 결정적인 증거가 되지는 않는다.

9 그 아이들이 처음으로 언급된 연설문의 13절은 아폴로도르스가 아니라 그를 대신해서 네아이라를 고소했던 테오므네스토스가 연설한 부분이다. 그는 이 연설문의 첫부분에서 자신이 네아이라를 고소하게 된 이유를 짧게 설명했다.

10 해리슨의 1971년도 책 205~207p, 맥도웰의 1978년도 책 69p. 시민권을 증명하기 위해서 아테네 인들이 증인을 이용하는 것에 대해 알고 싶다면 스카프로

Scafuro의 1994년도 책을 보라. '암피드로미아' amphidromia에 대해서는 갈란드Garland의 1990년도 책 93~95p를 참조하라.

11 데모스테네스의 30번 연설문 「오네토르를 반박하며Against Onetor」의 37절.

12 고문과 노예의 증언에 대해 알고 싶다면 해리슨의 1971년도 책 147~150p, 맥도웰의 1978년도 책 245~247p, 갈란드의 1988년도 책 42~43p, 핸슨의 1991년도 책 201p, 뒤부아DuBois의 1991년도 책 35~38p, 헌터Hunter의 1994년도 책 70~94p와 133~134p, 미르하디Mirhady의 1996년도 책, 트루Thur의 1996년도 책, 카파리스의 1999년도 책 426~427p를 참조하라.

13 아리스토파네스의 『개구리Frogs』 612~626p.

14 성스러운 올리브 나무에 대해 알고 싶다면 맥도웰의 1978년도 책 135p, 토드의 1993년도 책 307~308p, 핸슨Hanson의 1998년도 책 236~237p를 보라.

15 리시아스의 7번 연설문 「올리브 나무 그루터기에 대하여On the Olive Stump」의 34~35절을 참조하라.

16 아폴로도로스가 네아이라를 고소한 이유는 그의 연설문 124절에 잘 나타나 있다. 그러나 이 문장은 후세 사람들이 추가했을 가능성도 있다. 이 문장이 추가되었다는 논쟁에 대해 알고 싶다면 카파리스의 1999년도 책 431~436p, 케리의 1992년도 책 149~150p 그리고 트레벳의 1992년도 책 190~191p를 참조하라. 그들은 아폴로도로스의 이 연설문이 훼손되지 않은 채로 전해졌다고 믿고 있으며, 아폴로도로스가 고소한 이유 역시 그 원문 속에 고스란히 담겨 있다고 주장한다. 그가 고소한 이유는 네아이라가 노예 신분이며, 그녀가 그 아이들의 어머니가 틀림없으니까 아이들은 외국인 신분이라는 것이다. 이 연설문이 추가되었든 아니든 간에, 이 연설문에서 네아이라에게 요구하는 처벌 내용은 믿을 만하다. 왜냐하면 그 처벌 내용은 아테네 시민권에 관한 법률을 어긴 사람들에게 일반적으로 내려지는 판결이기 때문이다. (같은 연설문 16절.)

17 안티폰Antiphon의 5번 연설문 「헤로데스 살인 사건에 대하여On the Murder of Herodes」의 31~32절. 소송 상대방의 제안을 거절할 수 있는 여러 가지 이유에 대해 알고 싶다면 헌터의 1994년도 책 90~91p를 보라. 이 문장에 대해서는 카파리스의 1999년도 책 39~40p를 참조하라.

18 아폴로도로스는 종속절에 다시 종속절을 넣는 방식으로 긴 문장을 쓰는 경향이 있다. 그의 연설문 중 125절은 62단어로 구성된 그리스 어 문장인데, 내가 78단어로 된 문장으로 번역한 것이다. 이 문장은 아폴로도로스의 연설문 중에서도 긴 편에 속한다. 트레벳의 1992년도 책 63~64p, 106~107p를 보라. 그의 계산에 따르면, 아폴로도로스의 연설문 「네아이라를 반박하며」의 문장은 평균적으로 30여 개의 단어로 이루어져 있으며, 총 273개의 문장과 8,195단어로 구성되어 있다. 이에 비해 (데모스테네스의 전집 46번 연설문인) 아폴로도로스의 「스테파노스를 반박하며II Against Stephanos II」는 21.6단어로 구성되어 있다.

19 아폴로도로스가 그의 소송 상대방의 신뢰도를 떨어뜨리려고 선수를 치는 것에 대해 알고 싶다면 케리의 1992년도 책 146p를 보라.

【제4장】 스테파노스, 생계를 책임지는 가장

1 집값에 대해 알고 싶다면 카파리스의 1999년도 책 247p를 보라. 도로테오스Dorotheos가 여러 번 트리에라크trierach로 공공복무한 것에 대해 알고 싶다면 케리의 1992년도 책 106p, 데이비스Davies의 1971년도 책 174p를 보라.

2 3,000드라크마는 그 당시 신부의 평균적인 지참금으로 보인다. 가난한 아버지(혹은 의붓아버지)는 그만한 액수의 지참금을 주지 못했다. 케리의 1992년도 책 112p와 카파리스의 1999년도 책 268~269p를 참조하라.

3 소송 당사자를 대신하여(혹은 보조하여) 법정에서 연설해주는 동료들에 대해 알고 싶다면 이 책의 제3부 제8장을 참조하라.

4 밀고자에 대해 알고 싶다면 맥도웰의 1978년도 책 62~66p, 하비Harvey의 1990년도 책, 오스본Osborne의 1990년도 책, 토드의 1993년도 책 92~94p 그리고 크리스트Christ의 1998년도 책 48~71p를 참조하라.

5 칼리스트라토스Kallistratos에 대해 알고 싶다면 실리Sealey의 1956년도 책을 참조하라.

6 간통moicheia에 대한 전반적인 사실을 알고 싶다면 해리슨의 1968년도 책 32~36p, 맥도웰의 1978년도 책 124~125p, 토드의 1993년도 책 276~279p를 보라. 코헨은 1991년도 책 99~109p에서 모이코스는 오직 결혼한 여자 혹은 내연녀와 간통한 남자를 뜻한다고 주장한다. 이 주제에 관한 참고문헌을 얻고 싶다면 카파리스의 1999년도 책 295~297p를 보라. 내연관계에 대해 알고 싶다면 카파리스의 1999년도 책 8~13p를 보라.

7 데모스테네스의 23번 연설문 「아리스토크라테스를 반박하며Against Aristokrates」의 55절. 리시아스의 첫 번째 연설문 「에라토스테네스 살인 사건에 대하여」의 17, 26절. 에우필레토스Euphiletos의 인용된 연설문은 어느 정도 작위적인 것으로 보인다. 그러나 버스Bers의 1997년도 책 146~147p를 보면 이런 말이 있다. "그러나 이것은 그 순간의 흥분에 그쳤을 뿐 아무것도 증명하지 못했다. 자극적이고 상투적인 말들이 입술을 타고 흘러나올 뿐이었으며, 특히 '계획을 예고하는' 말을 내뱉을 때는 더욱 그랬다."

8 아리스토파네스의 『구름Clouds』 1079~1085절. 케리의 1983년도 책 53p, 아테나에우스의 『디너-소피스트』 13. 569c-d=Xenarchus 4 K-A. 모이코스를 고문하는 무에 대해 알고 싶다면 도버의 1978년도 책 105~106p, 코헨의 1985년도 책, 로이Roy의 1991년도 책, 케리의 1993년도 책, 카파리스의 1996년도 책을

보라. 이때 사용되는 무의 종류에 대해 알고 싶다면 1968년에 출간된 도버의 책(a) 217p를 보라. 그리고 테오파라스투스Theophrastus의 『식물의 역사History of Plants』 제7권 제4장의 2를 참조하라. 모이코스를 고문할 때 사용된 무는 아마도 테오파라스투스가 언급한 코린스에서 나는 여러 종류의 무였을 것이다. 여자처럼 성기 주위의 털을 뽑는 것에 대해 알고 싶다면 슬래터Slater의 1968년도 책 12~13p, 킬머의 1982년도 책 그리고 1993년도 책 133~141p와 151~154p를 보라.

9 카파리스의 1996년도 책 70p와 77p.

10 모이코스에게 돈을 빼앗는 방법에 대해서는 코헨의 1991년도 책 127~130p와 데이비슨의 1997년도 책 199~200p를 보라.

11 『여자 사냥꾼Huntress』이 쓰인 연도를 알고 싶다면 브레이튼바흐Breitenbach의 1908년도 책 122~125p를 보라.

12 해리슨의 1968년도 책 178~179p와 221p, 맥도웰의 1978년도 책 80p, 패트슨의 1978년도 책 64~65p와 72~73p, 케리의 1992년도 책 107~108p, 카파리스의 1999년도 책 248~250p를 참조하라.

13 해리슨의 1968년도 책 178~179p, 패트슨의 1978년도 책 72~73p, 맥도웰의 1978년도 책 76p.

14 공적 중재자에 대해 알고 싶다면 아리스토텔레스의 『아테네 헌법』 53조 4항을 참조하라. 사적 중재에 대해 알고 싶다면 해리슨의 1971년도 책 64~66p, 맥도웰의 1978년도 책 203~206p, 토드의 1993년도 책 123~125p, 헌터의 1994년도 책 55~62p, 스카프로의 1997년도 책 제3장, 카파리스의 1999년도 책 258~259p를 보라.

15 내가 '그녀는 이 두 남자와 같은 기간 동안 교대로 함께 살아야 한다'라고 번역한 글의 원문은 '하루씩 교대로'라는 뜻이었다. 그것은 네아이라가 하루는 이

남자의 집에서, 하루는 저 남자의 집에서 번갈아가며 살아야 한다는 말이다. 그러나 이 연설문의 47절에서는 (아폴로도르스가 46절에서 말한 것과 달리) 중재인이 결정한 조건이 아닌, 나중에 스테파노스와 프리니온이 재협상한 결과로 보이는 조건이 나온다. 그 문장에서는 '그들은 각각 한 달의 같은 날짜만큼 네아이라를 사용할 수 있도록 했다' 고 되어 있다. 두 번째 협상 결과에 따르면, 그들은 앞서 말한 바와 같이 아주 빈번하게 네아이라를 주고받은 것 같지는 않다. 아마도 그들은 한 달의 반은 네아이라와 지내고, 나머지 한 달의 반은 네아이라 없이 혼자 지냈을 것이다. 상황을 고려해보건대, 그것이 매일 교대로 네아이라와 지내는 것보다는 타당할 것 같다. 확실한 증거는 없지만, 중재인은 스테파노스와 프리니온이 거의 같은 시간만큼 네아이라를 교대로 사용해야 한다고 결정을 내린 것만은 분명한 것 같다.

【제5장】 파노의 첫 번째 결혼

1 파노가 네아이라의 딸이건, 아니면 스테파노스가 아테네 시민 여자와 결혼하여 낳은 딸이건 상관없이, 만약 파노가 네아이라가 메가라에 거주할 당시에 태어났다면, 그리고 그녀가 열네 살에서 열아홉 살 사이에 시집을 갔다면 그녀가 결혼한 해는 아마도 358년에서 353년 사이였을 것이다.

2 티레시아스Tiresias는 남자와 여자 중 어느 쪽이 강한 성욕을 가졌는가에 대해 이 세상 누구보다 잘 알 수 있는 위치에 있었다. 전해져 내려오는 신화에 의하면, 그는 두 마리의 뱀이 교미하는 것을 방해한 죄로 벌을 받아 7년 동안이나 여자로 살아야 했다. 이 이야기에 대해 알고 싶다면 아폴로도르스Apollodorus의 저서 『도서관Library』 3, 6, 7장을 참조하라. 그리고 오비디우스의 저서 『변신

Metamorphoses』의 제3권 316~338p를 보라. 또한 아리스토텔레스의 『정치학』 1335a, 아리스토파네스의 『리시스트라타Lysistrata』 133~136p를 참조하라. 또 결혼 연령에 대해 알고 싶다면 레이시의 1968년도 책 71~72p, 106~107p, 162~163p, 포머로이의 1975년도 책 64p, 저스트의 1989년도 책 146p와 151p를 보라.

3 파노가 남편을 배신하지 않고 정절을 지켰는가에 대해 알고 싶다면 카파리스의 1999년도 책 269~270p를 보라.

4 지참금에 대해 알고 싶다면 해리슨의 1968년도 책 45~60p, 레이시의 1968년도 책 109~110p, 맥도웰의 1978년도 책 87~89p, 저스트의 1989년도 책 72~75p, 카파리스의 1999년도 책 273~274p를 보라.

5 그 당시에는 지참금 청구 소송dike sitou과 지참금 반환 소송dike proikos이 구별되었다. 지참금 소송 사례를 알고 싶다면 카파리스의 1999년도 책 273p를 보라. 그 책에는 지참금 반환 소송을 당한 피고가 소송에 패해 지참금을 즉시 돌려주어야 할 처지에 놓인다. 반면 지참금 청구 소송에서 패한 남편은 곧바로 지참금을 돌려주지 않아도 된다. 그러나 그는 지참금 전액을 변제할 때까지 그 지참금에 대한 이자를 물어야만 했다. (18퍼센트의 이자를 내야 했지만 12퍼센트의 이자를 낼 때가 더 많았다.)

6 네아이라 재판에서 프라스토르가 했던 증언의 원문은 아직까지 남아 있다. 그러나 이 원문의 진위 여부가 논란거리다. 이 논쟁에 대해 알고 싶다면 케리의 1992년도 책 114~115p, 카파리스의 1999년도 책 276~277p를 보라. 이 자료에 따르면, 증언의 원문에 나오는 사건의 순서는 아폴로도르스가 말한 것과 다르다. 원문에 따르면, (1) 프라스토르는 자신을 네아이라의 딸, 즉 외국인과 결혼시켰다는 이유로 스테파노스를 고소한다. (2) 그는 파노를 집 밖으로 내쫓는다. (3) 그러자 스테파노스는 지참금을 돌려달라며 고소를 한다. 이러한 사건의 순

서는 프라스토르가 스테파노스에 대한 분노 때문이 아니라 지참금 청구 소송에 지게 되자 돈을 돌려주기 싫어 스테파노스를 고소했다는 지금까지의 이야기와 상반된다. 이 순서에 따르면, 프라스토르가 고소를 한 것은 분노 때문이고, 파노가 사실상 외국인이라는 이유 때문이다.

이 원문의 진위 여부를 기술적으로 따지기 이전에, 이 원문의 사건 순서대로라면 프라스토르가 네아이라의 재판에 증언을 하러 나오는 것 자체가 이상한 일이 된다. 그가 지참금을 보유하고 있는 동안 파노의 신분을 문제 삼아 스테파노스를 고소했다면, 왜 지참금 청구 소송에서 진 것일까? 그렇게 보면, 아폴로도르스가 연설에서 언급한 스테파노스와 프라스토르의 법정 공방전의 순서가 더 타당할 것 같다.

7 스테파노스의 지참금 청구 소송에 맞고소로 압박한 후 법정 밖에서 협상을 모색한 프라스토르의 전략에 대해 알고 싶다면 스카프로의 1997년도 책 72~73p를 보라. 시민권이 박탈되는 규정(아티미아atimia)에 대해 알고 싶다면 핸슨의 1976년도 책(a) 55~56p를 참조하라.

8 여자아이를 프라트리에 가입시키는 것에 대해 알고 싶다면 램버트Rambert의 1993년도 책 36~37p, 178~181p를 보라. 여성이 아테네 시민이라는 것을 간접적으로 증명하는 방법에 대해서 알고 싶다면 굴드Gould의 1980년노 책 41p를 보라.

9 데모스테네스의 57번 연설문 「에우보울리데스를 반박하며Against Euboulides」의 68~69절.

10 그러나 이들 사건에 대한 아폴로도르스의 주장은 프라스토르가 스테파노스와의 분쟁을 법정 밖에서 해결한 후 병에 걸렸다는 것이 아니다. 내가 추정하는 바도 그렇다.

11 아폴로도르스는 프라스토르에게 자식이 없었다고 말한다. 그것은 그가 아이를

전혀 낳지 못했다는 의미이거나 혹은 합법적인 자식이 없다는 의미일 수도 있다. 가족 내에서 유산 승계의 순서에 대해 알고 싶다면 해리슨의 1968년도 책 144~149p, 맥도웰의 1978년도 책 98~99p를 참조하라.

12 오이코스oikos와 그것을 유지하는 것의 중요성을 알고 싶다면 레이시의 1968년도 책 96~99p, 맥도웰의 1978년도 책 84~86p, 토드의 1993년도 책 204~210p 그리고 카파리스의 1999년도 책 286~287p를 보라.

13 이사에우스의 두 번째 연설문 「메네클레스의 부동산에 대하여」의 10절, 그의 7번 연설문 「아폴로도로스의 부동산에 대하여」의 30절을 보라.

14 데모스테네스 전집의 46번 연설문 「스테파노스를 반박하며II」의 14절.

15 아폴로도르스는 파노의 아들이 게노스 가입을 거절당했다고 말한다. 그러나 그는 프라트리의 회원들이 어떤 반응을 보였는지에 대해서는 언급이 없다. 프라스토르의 게노스는 그의 프라트리 내에 있는 소집단이었다. 그리고 게노스가 소년의 가입을 거절했다는 말은 그보다 더 큰 집단인 프라트리가 그의 입회를 거절했다는 뜻이기도 하다. 램버트의 1993년도 책 68p를 보라.

16 공적 중재자가 게노스의 가입 여부를 결정한다는 사실이 의심스럽긴 하지만, 나는 카파리스의 1999년도 책 35~36p와 289~293p에 나오는 탁월한 주장을 따랐다.

17 패트슨의 1978년도 책 95~96p, 램버트의 1993년도 책 170~170p를 비교, 참조하라.

18 증언 선서의 신빙성이나 권위에 대해서는 케리의 1992년도 책 118p, 카파리스의 1999년도 책 292~293p를 보라. 이 글에서 언급한 헤칼레Hekale를 비롯한 지명은 그들이 속한 데모에 따라 붙여진 것이다.

19 이것은 카파리스가 주장하는 바다. 그의 1999년도 책 290~291p를 참조하라.

《제6장》 집에 온 손님과 남편

1 보존된 기록에 따르면, 아이들의 아버지가 사망할 경우 그들을 맡아 기르는 것은 아버지 쪽 친척들이었다. 이혼한 부모의 아이들이 어떻게 되는지에 대해 알고 싶다면 (이 주제에 대한 증거들은 거의 없지만) 해리슨의 1968년도 책 44~45p를 보라.

2 카파리스는 1999년도 책 301p에서 에파이네토스 사건이 벌어진 연도를 기원전 350년으로 추정한다.

3 스테파노스가 자신을 고소하려는 사람들 앞에서 취약할 수밖에 없었던 이유들에 대한 논의를 알고 싶다면, 케리의 1992년도 책 119p, 카파리스의 1999년도 책 309p를 참조하라.

4 현존하는 아폴로도로스의 연설문에는 (이 분쟁이 해결되었다는 것을 기록으로 남겨두기 위한) 당시의 합의 조건과 자료들이 포함되어 있다. 이 문서에는 아폴로도로스가 자신의 연설에서 말한 대로, 에파이네토스가 스테파노스에게 1,000 드라크마를 지불할 것과 에파이네토스가 아테네를 방문할 때면 언제든 파노와 섹스를 해도 좋다는 스테파노스의 허락이 명시되어 있다. 카파리스는 (스테파노스와 프리니온의 협약을 떠올리게 하는) 스테파노스와 에파이네토스의 협약 조건이 역사적으로 볼 때 성립하지 않는다고 주장한다. 나 역시 카파리스의 1999년도 책 316~317p에 나오는 위의 주장에 찬성한다. 소송 사건에서 드러난 여러 가지 사실로 미루어볼 때, 스테파노스는 파노가 적당한 아테네 시민 남편을 얻기를 바랐다. 만약 스테파노스가 에파이네토스에게 파노와 섹스를 해도 좋다고 허락했다면, 그는 다시는 파노에게 적당한 남편을 구해줄 수 없게 될 것이다. 그러나 패트슨Patteson은 1978년도 책 102p에서 중재인들이 파노를 헤타이라로 취급했다고 주장한다. 또한 패터슨Patterson은 그 문서에 명시되어 있는 특

별한 협약 조건이 역사적으로 볼 때 어떤 의심의 여지도 없다고 판단하고 있다. (1994년도 책 209p)

5 아리스토텔레스의 『아테네 헌법』 57조를 참조하라.

6 아리스토텔레스의 『아테네 헌법』 8조 1항, 핸슨의 1991년도 책 231p를 보라. 아테네 시민들은 해마다 1,100여 명에 달하는 공직자를 추첨이나 선거를 통해 뽑았다. 이들 공직자 중에서 최고의 요직을 맡은 사람은 아홉 명이었다. 이들은 에포니모스eponymous 아르콘, 아르콘 바실레우스archon basileus, 포레마르크polemarch, 그리고 여섯 명의 테스모테타이thesmothetai로 구성되었다. 에포니모스 아르콘을 맡은 사람의 이름을 따서 그 해의 이름을 지었으며, 아르콘 바실레우스는 일종의 제사집정관, 포레마르크는 군사집정관, 여섯 명의 테스모테타이는 일종의 법무집정관 역할이었다. 고대 그리스의 작가들은 이 집단을 '아홉 아르콘들' 혹은 그냥 '아르콘들' 이라고 칭했다.

7 아레스토텔레스의 『아테네 헌법』 55조와 핸슨의 1991년도 책 218~220p를 참조하라. 카파리스는 1999년도 책 320p에서 아홉 명의 아르콘들에 대한 두 번의 사전 조사dokimasia에 관해 설명하고 있다. "고전주의 시대를 거치면서 (관습이 아니라) 아르콘에 대한 두 번의 사전 정밀 심사가 이루어지는 데는 그만한 이유가 있었다. 아홉 명의 아르콘들이 과연 공직을 맡을 자격이 있는지 정밀하게 심사받는 것은, 임기를 끝난 뒤 그들이 평생 동안 임기가 보장되는 아레오파고스 회의에 들어가기 때문이다. 아레오파고스 회의는 권위 있는 위원회로 과거에 아홉 명의 아르콘에 포함된 자 중에서 기꺼이 법관으로서 책임을 다할 수 있는 사람들로 구성되었다."

리시아스의 26번 연설문 「에반도르스의 두 번의 사전 조사에 대하여On the dokimasia of Evandros」의 11~12절을 비교, 참조하라. 아레오파고스 회의에 대해서는 이번 장의 끝부분에 자세히 설명되어 있다. 아리스토텔레스의 『아테네 헌법』 57조 3

항, 맥도웰의 1963년도 책 39~47p, 월라스Wallace의 1985년도 책 97~121p를 보라.

8 아폴로도르스는 자신의 연설문 72절에서 테오게노스와 파노가 결혼한 것은 그가 두 번의 사전 심사를 마치고 스테파노스를 보좌관으로 임명한 후의 일이었다고 은근히 암시하고 있다. 그러나 케리는 1992년도 책 122p에서 테오게네스가 두 번의 사전 심사 전에 파노와 결혼했다고 주장한다.

9 독자들은 아마도 이 조각상과 관련된 그리스 역사의 어두운 일화를 보고 들었을지도 모르겠다. 기원전 415년 아테네 군은 전함을 거느리고 시라쿠스 원정에 나서고자 했다. 그런데 그 직전에 아테네에 세워진 거의 모든 헤름herm이 하룻밤 사이에 파괴되는 사건이 일어났다. 조각상의 얼굴은 엉망진창이 되고 그들의 팔루스는 잘려 나갔다. 사람들은 이런 대규모 신상 파괴 행위 탓에 신들이 분노했을 것이라 믿었고, 그것이 시칠리아 원정에 드리운 흉조로 여겼다. 이 사건의 여파로 잇단 고소와 체포 그리고 처형이 벌어졌다. 투키디데스Thucydides의 『역사』 제6권의 27~29p와 고므Gomme와 앤드류Andrewes 그리고 도버가 함께 쓴 1970년도 책 264~288p를 참고하라.

또 안테스테리아 축제에 대한 참고문헌을 알고 싶다면 카파리스의 1999년도 책 324~331p를 보라. 한편, 해밀톤은 1992년도 책 53~54p에서 바실리나와 디오니소스의 결혼 의식은 안테스테리아 축제 도중에 치러진 것이 아니라고 주장한다.

10 데블린은 1989년도 책 290p에서 테오게네스가 기원전 360년대 초에 바실레우스로 봉사했다고 주장하지만, 너무 이른 감이 없지 않다. 아레오파고스 회의가 이 스캔들을 비밀에 부치려고 한 이유에 대해 알고 싶다면 월라스의 1985년도 책 108~109p와 카파리스의 1999년도 책 350p를 보라.

11 아르콘의 왕에 지원한 후보자의 아내도 법률이 정한 바에 따라 자격 심사를 받

았을까? 만약 그렇다면 후보자는 그의 시민권이나 병역 사항을 살피는 자격 심사뿐만 아니라 그 아내의 자격 심사까지 받아야 했을 것이다. 말하자면 그와 결혼했거나 결혼할 아내가 과거에 전 남편과 사별하거나 이혼한 적이 있는지, 그녀가 아테네 시민권을 가진 여자인지, 또 그녀가 그 해의 바실리나로서 역할을 다할 만큼 건강한지도 조사 대상이었을 것이다. 이런 사전 조사를 거치면서 자격을 갖추지 못한 후보자들이 대거 탈락했을 것이다. 아르콘들은 다른 공직보다 더 복잡한 방법을 통해 선출되었다. 그러나 그 아내들까지도 두 번이나 사전 심사를 거쳤는지는 의심스럽다. (『아테네 헌법』 55조 3항에는 아르콘의 사전 심사에 대한 개요가 나오지만, 배우자의 자격을 규정하는 항목이나 설명은 없다.) 만약 아르콘의 왕의 아내가 안테스테리아 축제를 앞두고 사망했다고 가정해보자. 우리는 그녀의 사망으로 인해 생길 수 있는 문제를 해결할 어떤 방법이 있었을 것이라고 추측할 수 있다. 아마도 아르콘 바실레우스의 가족 가운데 존경받을 만한 기혼녀가 바실리나의 역할을 수행했을지도 모른다. 만약 그렇다면 아르콘의 왕의 아내가 처녀로 시집온 것이 아닌 경우에도 뭔가 해결책이 있었을 것이다. 그렇다면 아르콘 바실레우스 후보자가 아내의 문제로 인해 공직에서 탈락하는 일은 벌어지지 않았을 것이다.

12 테오게네스의 증언의 진위에 대해 알고 싶다면 케리의 1992년도 책 126~128p, 카파리스의 1999년도 책 351~353p를 보라.

13 해리슨의 1971년도 책 105p, 맥도웰의 1978년도 책 190~191p, 케리의 1992년도 책 126p, 카파리스의 1999년도 책 38~39p를 보라.

14 아에스키네스Aeschines의 첫 번째 연설문 「티마르코스를 반박하며Against Timarchos」의 183절을 참조하라.

《제7장》 원한관계

1 원한에 의한 소송에 대해 알고 싶다면 코헨의 1995년도 책 87~118p와 존스톤Johnstone의 1998년도 책을 보라. 아테네 인들의 소송 중독 현상은 희극 무대에서 풍자거리가 되곤 했다. 예를 들어, 아리스토파네스의 희곡 『구름』에 나오는 인물 스트레프시아데스는 세계 지도 속에 있는 아테네 시를 보고는 그것이 진짜 아테네라는 사실을 믿지 못했다. 대신 그는 다음과 같이 말했다. "당신이 말하고자 하는 것이 뭐요? 나는 그것이 아테네 시라고 믿지 못하겠소. 그 지도 속에는 배심원들이 하나도 보이지 않잖소!" 아테네는 소송이 끊이지 않는 그런 곳이었다.

2 아테네의 올린투스 원정에 대해 알고 싶다면 카터Cater의 1971년도 책 418~429p를 보라. 필리포스2세의 통치에 대해서는 보르자Borza의 1990년도 책 198~230p를 보라. 또 웅변가 데모스테네스가 아테네 인들에게 올린투스를 보다 적극적으로 방어해야 한다고 주장한 것에 대해서는 그의 전집에 있는 1~3번 연설문 「올린투스 연설」을 참조하라.

3 리바니오스Libanios의 저서 『데모스테네스에 대한 가설Hypothesis zu Demosthenes』 제5장을 보라. 테오리카theorika 기금에 대해 알고 싶다면 핸슨의 1976년도 책(b), 케리의 1992년도 책 152~156p, 트레벳의 1992년도 책 138~146p 그리고 카파리스의 1999년도 책 174~178p를 참조하라.

4 아폴로도르스가 그 법률안을 제안할 때 데모스테네스의 대리인처럼 행동했다는 사실에 대해서는 맥커디Macurdy의 1942년도 책 264p를 보라.

5 핸슨은 1976년도에 나온 책(b) 237p 11번 주석에서 아폴로도르스의 법률안에 대한 아테네 인들의 평결과 법률안을 실행에 옮김으로써 발생하게 될 사안에 대한 투표를 신중하게 구별하고 있다.

6 그라페 파라노몬grape paranomon에 대해 알고 싶다면 핸슨의 1991년도 책 205~212p를 보라.

7 케리는 자신의 1992년도 책 155p에서 그렇게 주장했다. 공적 채무자와 나랏빚에 대해서는 헌터의 2000년도 책을 참조하라.

8 플라톤의 『소크라테스의 변명Apology』 37d.

9 이 시점에서 떠오르는 생각은, 아폴로도르스는 데모스테네스의 협력자 혹은 대리인으로서 활동했고, 스테파노스는 에우보우로스를 대신해서 그런 일을 했다는 구도이다. 이러한 정치적 짝짓기에 대해 알고 싶다면 트레벳의 1992년도 책 146~147p를 참조하라.

10 스테파노스가 아폴로도르스를 살인죄로 고발한 시기에 관해서는 카파리스의 1999년도 책 184p를 참조하라. 살인에 대한 고발은 피해자의 친척 중 한 명이 살인자의 이름을 공개적으로 폭로하면서 시작된다. 우리가 살펴본 이 살인 사건에서는 노예의 전 주인이 살인자의 이름을 공개적으로 폭로했다. 이렇게 공개적으로 살인자로 호명이 되면, 그는 '법률적인 일에서 손을 떼야' 했다. 다시 말해서 살인자로 지목된 사람은 깨끗하고 성스러운 곳으로 여겨지는 법정이나 아고라에 출입할 수 없었다. 이런 사실에 대해 알고 싶다면 안티폰의 6번 연설문 「합창단원 살인 사건에 대하여On the Choreutes」의 35~36절을 참조하라. 살인자의 이름을 공개적으로 폭로하는 것은 그 뒤에 이어질 법적 고소에 대한 공적인 예고편이기도 했다. (맥도웰의 1963년도 책 24~25p) 스테파노스가 왜 자신의 증인들에게 키레네 인의 복장을 입게 했는지는 아무것도 알려진 바 없다. 어쩌면 그는 자신이 내세운 (그리고 어쩌면 키레니 인이 아닌 것이 명백한) 증인이 노예라는 사실을 배심원들이 모르고 넘어가기를 바랐는지도 모른다. 목격자는 노예일 뿐만 아니라 그리스 인이 아닐 가능성이 크다. 그런데 왜 키레네가 그들의 출신지로 지목된 것인지는 알 길이 없다. (맥도웰의 1963년도 책

107~108p)

11 살인자를 법정 문밖에 세워두고 열리는 재판에 대해 알고 싶다면 안티폰의 5번 연설문 「헤로데스 살인 사건에 대하여」의 11절을 참조하라. 의도적인 살인에 대해 알고 싶다면 루미스의 1972년도 책에서 특별히 92~94p를 참조하라. 살인 사건을 다루는 여러 종류의 법정에 대해 알고 싶다면 아리스토텔레스의 『아테네 헌법』 57조 3항을 보라. (로데스Rhodes의 1981년도 책 641~644p) 데모스테네스의 23번 연설문 「아리스토크라테스를 반박하며Against Aristokrates」의 71~73절, 맥도웰의 1963년도 책 44~47p, 58~69p 그리고 해리슨의 1971년도 책 36~43p를 보라.

12 플루타르크의 저서 『페리클레스Pericles』의 제10장 6절에 따르면, 페리클레스는 기원전 463년에 열린 키몬Kimon의 재판에서 데모를 대신해서 원고의 역할을 맡았다. (핸슨의 1975년도 책 5번 목록, 하멜의 1998년도 책 141p 3번 주석을 참조하라.) 공적인 고소자에 대해 알고 싶다면 맥도웰의 1978년도 책 61~62p를 보라. 또 데모스테네스의 57번 연설문 「에우보울리데스를 반박하며」를 주제로 한 버스Bers의 2003년도 책을 참조하라.

아테네 사람들은 시민 명부에 외국인이나 아테네 거주 외국인이 몰래 들어오는 것을 막기 위해 각 데모 단위로 그들의 시민 명부 개정 작업을 벌이곤 했다. 그 시민 명부에서 제명된 사람은 재판을 신청할 수도 있었다. 시민권을 회복하는 법정 소송에서 데모는 원고의 역할을 하게 되는데, 이때 데모 사람들은 자신의 데모를 대표해서 원고 노릇을 할 사람을 뽑았다. 노예의 살인 사건을 그 주인이 고발하는 것에 대해 알고 싶다면 맥도웰의 1963년도 책 17~21p, 툴린Tulin의 1996년도 책 18p 43번 주석과 101~106p를 참조하라.

13 이 글이 실린 대부분의 사본에는 '500드라크마부터' 라고 되어 있다. 그러나 많은 편집자들이 '드라크마' 라는 단어를 지우고 그 구문을 '500명의 배심원' 으로

이해했다. 이 논의에 대해 알고 싶다면 카파리스의 1999년도 책 187~189p, 맥도웰의 1963년도 책 55p를 보라. 이 문장은 스테파노스가 500드라크마를 받고 아폴로도로스를 고소했다는 의미이거나 그가 재판의 증인을 매수하기 위해 500드라크마를 사용했다는 의미일 것이다. 카파리스는 1999년도 책 182~183p에서 아피드나에서 살해당한 여자 노예는 사실상 존재하지 않았다고 결론지었다.

14 데모스테네스의 18번 연설문 「왕관에 대하여On the Croun」의 21절, 데모스테네스의 19번 연설문 「대사 직무 불이행에 대하여On the False Embassy」의 168절. 아에스키네스Aeschines의 두 번째 연설문 「대사에 대하여On the Embassy」의 140절. 이 살인을 둘러싼 재판의 정치적 배경을 알고 싶다면 트레벳의 1992년도 책 148~149p, 카파리스의 1999년도 책 183~184p를 참조하라.

15 아테네 사회의 아파라그모시네(apragmosyne, 참견하지 않는)의 미덕에 관해 알고 싶다면 라타이너Lateiner의 1982년도 책, 카터의 1986년도 책 106~113p를 참조하라.

16 이 논의에 대해 알고 싶다면 핸슨의 1991년도 책 194~196p, 케리의 1992년도 책 84p, 코헨의 1995년도 책 66~72p, 83~84p, 102~106p 그리고 크리스트의 1998년도 책 154~157p를 보라.

17 아폴로도로스의 자산에 대해 알고 싶다면 데이비스의 1971년도 책 442p를 보라. 이 페이지에는 이런 말이 나온다. "아폴로도로스가 아무리 낭비벽이 심했다고 해도, 불과 20년 만에 상속받은 재산을 거의 탕진했다는 주장(데모스테네스 전집의 59번 연설문 7절)은 터무니없는 것이다." 또 트레벳의 1992년도 책 27~31p를 보라.

18 이 재판에 내포된 정치적인 측면에 관한 논의는 맥커디의 1942년도 책, 케리의 1992년도 책 6~8p, 트레벳의 1992년도 책 149~150p, 카파리스의 1999년도 책 30~31p를 참조하라. 아테네 사회에 있어서 복수의 의미에 대해 알고 싶다면 헤

르만Herman의 2000년도 책을 보라.

《제8장》 재판을 도왔던 인물들

1 데모스테네스의 45번 연설문 「스테파노스를 반박하며」의 55절, 그의 50번 연설문 「폴리클레스를 반박하며Aginst Polykles」의 24절을 보라. 또 데이비스의 1971년도 책 437p와 441p, 트레벳의 1992년도 책 19p를 참조하라. 당시의 근친 결혼에 대해서는 해리슨의 1968년도 책 21~24p를 참조하라.

2 데모스테네스의 46번 연설문 「스테파노스를 반박하며II」의 26절. 공적 소송에서 당사자 대신 연설해주는 동료synegoroi에 대해 알고 싶다면 루빈스테인Rubinstein의 2000년도 책 78~80p, 91~111p를 보라. 그리고 맥도웰의 1978년도 책 250~251p, 토드의 1993년도 책 94~95p를 보라.

3 「네아이라를 반박하며」에 나오는 단어 수에 대해 알고 싶다면 트레벳의 1992년도 책 64p를 참조하라. 이 단어 수에는 아폴로도로스의 연설문에 삽입된 각종 문서의 텍스트는 포함되지 않았다. 그리스 어로 된 산문을 영어로 번역하면 원문보다 단어 수가 더 많아지는 경향이 있다. 그 이유 중 하나는 그리스 어는 하나의 분사participle에 많은 정보를 담아낼 수 있기 때문이다. 영어로 번역된 이 연설문의 길이에 대해 알고 싶다면 버스Bers의 번역본을 보라. 이 번역본은 문서를 포함해서 대략 13,000단어로 되어 있다.

4 핸슨의 1976년도 책(a) 63~66p. 테오므네스토스가 그 역할을 맡은 이유에 대해 알고 싶다면 패트슨의 1978년도 책 6p와 카파리스의 1999년도 책 196~197p를 참조하라.

5 이 연설문의 94~106절에서 아폴로도로스는 아테네 정부가 대규모로 시민권을

발급했던 일에 대해 말하고 있다. 플라타이아이는 보에오티아 남쪽에 있던 도시국가였다. 427년 이 도시국가가 스파르타에 의해 무너지자 아테네는 플라타이아이 사람들에게 대량으로 시민권을 발급해주었다. (훗날 스파르타는 플라타이아이가 있던 곳에 여행자를 위한 호텔을 지었다.) 아테네와 플라타이아이의 굳건한 동맹관계를 보여주는 또 다른 예는 아테네와 플라타이아이 연합군이 490년 마라톤 전투에서 페르시아 군을 상대로 승리를 거둔 것이다. (플라타이아이는 그 당시에 아테네를 도와준 유일한 그리스 도시국가였다.) 플라타이아이는 아테네를 파괴하려고 아티카에 쳐들어온 페르시아 군을 내쫓을 수 있게 도와주었다. 아폴로도르스는 스테파노스가 시민권을 누릴 자격이 없는 사람에게 시민권을 주었다는 사실과 아테네 시민들이 자신들에게 애정을 보여준 플라타이아이 사람들에게 기꺼이 시민권을 발급해준 것을 비교하여 설명했다. 아테네 정부는 이 충성스러운 플라타이아이 사람들에게조차 엄격한 심사를 거쳐 그들이 진짜 플라타이아이 사람인지 확인한 후에 아테네 시민 명부에 오를 권리를 주었다.

6 아폴로도르스와 그의 가족사에 대해 알고 싶다면 트레벳의 1992년도 책 1~149p를 보라. 또한 이사거Isager와 핸슨의 1975년도 책 180~190p를 참조하라.

7 데모스테네스의 45번 연설문 「스테파노스를 반박하며」의 85절. 아르키페가 남편 파시온이 시민권을 얻은 후에 어떤 신분이 되었는지는 확실치 않다. 이 문제에 관한 논의는 화이트헤드의 1986년도 책(a), 실리Sealey의 1990년도 책 18~19p 그리고 케리의 1991년도 책을 참조하라.

8 데모스테네스의 36번 연설문 「포르미온을 지지하며For Phormion」의 22절. 아폴로도르스가 도시국가 아테네의 정치에 참여함으로써 부유한 아테네 시민의 생활방식과 이념을 껴안으려고 했던 것에 대해 알고 싶다면 트레벳의 1992년도 책 165~179p를 보라. 칼리포스Kallippos를 고소한 사건에 대해 알고 싶다면 트

레벳의 1992년도 책 9p와 126p를 보라.

9 트레벳의 1992년도 책 9~10p, 32~23p, 126~127p를 보라. 해적 행위와 납치에 대해 알고 싶다면 카손Casson의 1991년도 책 178p를 참조하라. 아폴로도로스의 연설문 「니코스트라토스를 반박하며Against Nikostratos」는 데모스테네스 전집의 53번 연설문으로 남아 있다.

10 데모스테네스의 36번 연설문 「포르미온을 지지하며For Phormion」의 41절. (본문과 이 주석의 연결성에 대해서 의문이 든다. 이 부분은 다음의 11번 주석 앞부분에 배치하는 것이 낫다고 본다 — 옮긴이 주) 그리고 트레벳의 1992년도 책 11p와 127~129p를 참조하라.

11 아폴로도로스가 포르미온에게 품었던 원한에 대해 알고 싶다면 트레벳의 1992년도 책 6~15p를 참조하라.

12 데모스테네스의 45번 연설문 「스테파노스를 반박하며」의 30절, 71~86절.

13 트리에라크trierach의 전반적인 사항에 대해 알고 싶다면 가브리엘슨Gabrielsen의 1994년도 책을 보라. 레이투르기아Leitourgia, 영어로 liturgy는 직역하면 '공적인 봉사'를 의미한다. 이 단어는 이후에 기독교 교회 성직자들의 공적인 봉사를 뜻하게 되었고, 특히 동방정교회의 성만찬 의식을 가리키는 말이 되었다. 고대 그리스의 공공복무에 대해 알고 싶다면 맥도웰의 1978년도 책 161~164p, 핸슨의 1991년도 책 110~112p를 참조하라.

14 데모스테네스의 45번 연설문 「스테파노스를 반박하며」의 78절을 참조하라. 그리고 트레벳의 1992년도 책 11~14p와 36~38p를 보라.

15 데모스테네스의 36번 연설문 「포르미온을 지지하며For Phormion」의 53절.

16 해리슨의 1971년도 책 47p와 2번 주석, 핸슨의 1991년도 책 187p를 보라. 실제로 배심원단의 수가 적은 재판에서는 배심원 중에 투표를 하지 않아 원고 측과 피고 측의 표가 같은 수가 나오기도 했다. 이렇게 동수가 나올 경우에는 피

고의 유죄를 평결했다. 이 문제에 관한 논의는 해리슨의 1971년도 책 47p와 3번 주석, 토드의 1993년도 책 83p 10번 주석을 보라. 아테네 법정에 관한 일반적인 사항에 대해서는 핸슨의 1991년도 책 178~224p를 보라.

17 아리스토텔레스의 『아테네 헌법』 63조 4항, 크롤Kroll의 1972년도 책, 로데스의 1981년도 책 704p, 뵈거홀드Boegehold의 1995년도 책 59~61p를 참조하라.

18 아리스토텔레스의 『아테네 헌법』 62조 2항을 보라. 그리고 아리스토파네스의 희곡 『말벌』의 230~239절, 300~311절을 보라. 1년에 법정이 열리는 날짜 수를 알고 싶다면 핸슨의 1979년도 책과 1991년도 책 186p를 보라. 배심원의 나이에 대해 알고 싶다면 로데스의 1981년도 책 691p, 핸슨의 1991년도 책 185~196p를 참조하라.

19 재판 절차나 배심원을 뽑는 과정에 대해서는 무어Moore의 1975년도 책 303~307p, 로데스의 1981년도 책 700~717p, 핸슨의 1991년도 책 197~199p를 보라. 버스Bers는 자신의 2000년도 책에서 재판 절차나 배심원을 뽑는 과정을 복잡하게 만든 것은 재판에 엄숙함과 존엄성을 부여하기 위한 장치이며, 그런 결과로 재판에 대한 신뢰도가 높아졌을 것이라고 주장한다.

20 클레로테리아Kleroteria에 대해 알고 싶다면 뵈거홀드의 1995년도 책 230~231p를 보라.

21 기원전 4세기경 아테네에서 배심원의 선발 자격을 갖춘 시민 수에 대해서는 핸슨의 1991년도 책 91p와 181p를 보라.

22 아에스키네스의 첫 번째 연설문 「티마르코스를 반박하며Against Timarchos」의 2절. 배심원은 사적 소송에서만 이 맹세를 했을 것이다. 이 문제에 관한 논의는 로데스의 1981년도 책 718~719p를 보라.

23 아리스토텔레스의 『아테네 헌법』 67조. 해리슨의 1971년도 책 161~163p, 로데스의 1981년도 책 719~728p, 핸슨의 1991년도 책 187~188p를 보라. 모겐 핸

슨Mogen Hansen은 1991년도 책 199p에서 재판을 도와줄 열 명을 뽑는 것을 포함하여 모든 인선에 걸리는 시간은 1시간도 채 걸리지 않았다고 주장한다.

24 로데스의 1981년도 책 720p, 뵈거홀드의 1995년도 책 77~78p를 보라. 네아이라가 살았던 그 시대의 고급 창녀 중에는 메티케Metiche라는 여인이 있었다. 그녀의 별명은 '클레프쉬드라' Klepsydra였다. 그녀가 이런 별명을 얻게 된 것은 손님과 섹스를 할 때마다 물시계를 보고 시간을 쟀기 때문이라고 한다. 물시계의 물이 다 떨어지면 손님은 침대에서 일어서야 했다. 이 이야기는 아테나에우스의 『디너-소피스트』 567c-d 에나온다.

25 법정에서 벌어지는 진행 방해에 대해 알고 싶다면 버스의 1985년도 책 6~12p를 참조하라.

26 투표권에 대해 알고 싶다면 뵈거홀드의 1995년도 책 82~86p를 보라. 투표 수순에 대해 알고 싶다면 아리스토텔레스의 『아테네 헌법』 68조, 로데스의 1981년도 책 730~733p, 핸슨의 1991년도 책 202~203p를 보라. 소송 당사자들에게 주어진 연설 시간이 워낙 길다보니, 독자 여러분은 재판 도중에 법정에서 어떻게 배설을 하는지 궁금할 것이다. 자세한 것은 모르겠지만, 법정에서 변기가 사용되었을 가능성도 있다. 아리스토파네스의 희곡 『말벌』(807~808절, 935절)에는 노인이 집안에서 가짜 법정을 꾸미는 에피소드가 나오는데, 그때 침실용 변기가 등장한다. 오웬스Owens는 1983년도 논문에서 코프롤로고이koprologoi, 즉 거름용 분뇨 수거인에 대해 언급하고 있는데, 이 논문에는 일상생활에 쓰이는 여러 가지 설비와 구조에 대해 상세하게 설명한다. (올슨Olson의 1998년도 책 87p와 비교하라.) 그러나 그 당시 아테네의 화장실에 대해서는 제대로 알려진 바가 없다고 한다. 이 주장을 확인하기 위해서는 아리스토파네스의 희곡 『새Birds』의 790~792절을 살펴볼 필요가 있다. 이 희곡에는 파트로클레이데스Patrokleides라는 정치가가 나오는데, 그는 공공장소에서 배변을 한 것으로 유명

해진 사람이었다. 그의 이름은 그 일로 인해 그 후 천 년이 넘도록 공공장소에서 배변을 하는 사람을 가리키는 말로 사용되었다. 이 희곡에는 이런 문장이 있다. "그리고 만약 우리 중에 갑자기 공공장소에서 배변을 하고 싶어 하는 사람 Patrokleides이 있다면, 그는 외투에다 똥을 지리기보다 새처럼 날아올라 똥을 밖으로 날려야 할 것이다." 이 희극에서 합창단은 새가 되어 좋은 이유 중에 하나는 그런 난처한 상황에서 똥을 밖으로 날릴 수 있다는 것이라는 노래를 부른다. 이 부분에 대해서는 던바Dunbar의 1995년도 책 482p를 보라.

《제9장》 네아이라 재판

1 그러나 케리는 포레마르크가 관여했다는 것이 네아이라의 신분을 증명하는 결정적인 증거로는 충분치 않다고 주장한다. (1992년도 책 112p)

2 우리가 살펴본 바와 같이, 아폴로도르스는 파노가 두 번 결혼했다는 사실을 다시 한 번 이용해서, 그녀가 두 번이나 이혼당한 것이 스테파노스와 네아이라가 결혼 관계를 맺고 살았다는 증거라고 결론짓는다. 그러나 아폴로도르스가 이 주장을 편 것은 배심원들에게 파노의 이야기를 설명할 때가 아니라, 연설을 마칠 시점이었다.

3 이 문장은 프로스트Frost의 문장처럼 아주 길다. 사실, 이 문장은 계속해서 종속절을 연결시키는 아폴로도르스의 글쓰기 습관을 잘 보여주는 예이다. 그 당시 그리스의 문체를 살리기 위해 나는 147개의 단어로 구성된 이 문장을 짧게 끊어서 번역하지 않았다. (그러나 우리말로 번역하는 과정에서는 독자의 이해를 돕고자 짧은 문장으로 번역했다 — 옮긴이 주)

4 그리스 어로 '세 개의 구멍으로' 라는 말은 기원후 2세기 무렵에 그리스 어 산문

의 문체에 대해 쓴 헤르모게네스Hermogenes의 원문에 나온다. 그러나 아폴로도르스는 실제로 이런 천박한 표현을 법정에서 사용하지는 않았을 것이다. 이 구절은 이 연설문의 다른 사본에는 나오지 않는다.

5 데모스테네스의 24번 연설문 「티모크라테스를 반박하며Against Timocrates」의 151절.

6 아폴로도르스의 생애에 대한 논의를 보고 싶다면 트레벳의 1992년도 책 151p를 참조하라.

참고문헌

이 책에서 다루는 주제가 워낙 여러 갈래인 탓에 모든 참고문헌들의 완벽한 데이터를 제공할 수는 없었다. 이 책에서 다루는 주제를 좀 더 자세히 알고 싶은 독자들은 보다 확장된 논의와 인용들을 다루고 있는 콘스탄티노스 카파리스Konstantinos Kapparis와 크리스토퍼 케리Christopher Carey의 책들의 참고문헌을 이용하는 것이 좋을 것이다.

— 데브라 하멜

학술잡지에 사용된 약자들

ABSA	아테네에 관한 영국학회 연감Annual of the British Shool at Athens
AJP	미국문헌학지America Journal of Philology
CJ	고전학회지Classical Journal
ClAnt	고대 고전학회지Classical Antiquity
CQ	고전학 계간지Classical Quarterly
CW	고전학 세계Classical World
EMC	고전 세계의 반향Echos du Monde Classique
GRBS	그리스, 로마, 비잔티움 연구지Greek, Roman and Byzantine Studies
JHS	헬레니즘 학회지Journal of Hellenic Studies
LCM	월간 리버풀 고전학회지Liverpool Classical Monthly
PCPS	케임브리지 문학학회 회보Proceedings of Cambridge Philological Society
PP	고전문헌La Parola del Passato
RIDA	Revue internationale des droits de l' antiquite
TAPA	미국문헌학회 보고서Transactions of American Philological Association

ZSS 법률학사에 대한 사비니재단 학회지, 로마법 분류

Zeitschrift der Savigny-Stifung fur Rechtsgeschichte, romanistische Abteilung

Anderson, J. K. 1970. *Military theory and practice in the Age of Xenophon.* Berkeley: University of California Press.

Bers, Victor. 1985. "*Dikastic Thorubos.*" In *Crux: Essays Presented to G. E. M. de Ste. Croix on His 75th Birthday.* ed. P. A. Cartledge and F. D. Harvey. Exeter, England: Imprint Academic, 1-15.

———. 1997. *Speech in speech: studies in Incorporated Oratio Recta in Attic Drama and Oratory.* Lanham, Md.: Rowman and Little field

———. 2000. "Just Rituals: Why the Rigmarole of Fourth-Century Athenian Lawcourts?" In *Polis and Politics,* ed. Pernille Flensted Jensen, Thomas Heine Nielsen, and Lene Rubinstein, 553-562. Copenhagen: Museum Tusculanum Press.

Bers, Victor, trans. Forthcoming. *Demosthenes: Speeches 50-59.* Austin: University of Texas Press.

Boegehold, Alan L. 1995. *The Lawcourts at Athens: Sites, Buildings, Equipment, Procedure, and Testimonia.* Vol. 28 of *The Athenian Agora.* Princeton: American School of Classical Studies at Athens.

Boegehold, Alan L., and Adele Scafuro, eds. 1994. *Athenian Identity and Civic Ideology.* Baltimore: Johns Hopkins University Press.

Borza, Eugene N. 1990. *In the Shadow of Olympus.* Princeton: Princeton University Press.

Breitenbach, Hermann. 1908. "De genere quodam titulorum comoediae atticae." Ph. D. diss., Basel.

Buck, Robert J. 1998. *Thrasybulus and the athenian Democracy.*

Stuttgart: Franz Steiner Verlag.

Cameron, Averil, and Amélie Kuhrt, eds. 1983. *Images of women in Antiquity.* Detroit: Wayne State University Press.

Cantarella, Eva. 1987. *Pandora's Daughters.* Baltimore: Johns Hopkins University Press.

Carey, Christopher. 1991. "Apollodoros' Mother: The Wives of Enfranchised Aliens in Athens." *CQ* 41, 84-89

———. 1992. *Apollodoros Against Neaira [Demosthenes] 59.* Warminster, England: Aris & Phillips.

———. 1993. "Return of the Radish *or* Just When You Thought It Was Safe to Go Back into the Kitchen." *LCM* 18.4, 53-55

———. 1997. *Trials from Classical Athens.* London: Routledge.

Carter, John M. 1971. "Athens, Euboea, and Olynthus." *Historia* 20, 418-429

Carter, L. B. 1986. *The Quiet Athenian.* Oxford: Oxford University Press.

Cartledge, Paul. 1981. "Spartan Wives: Liberation or License?" *CQ* 31, 84-105

———. 1987. *Agesilaos and the Crisis of Sparta.* Baltimore: Johns Hopkins University Press.

Cartledge, Paul, Paul Millett, and Stephen Todd, eds. 1990. *Nomos: Essay in Athenian Law, Politics, and Society.* Cambridge: Cambridge University Press.

Casson, Lionel. 1991. *The Ancient Mariners.* Princeton: Princeton University Press.

Christ, Matthew R. 1998. *The Litigious Athenian.* Baltimore: Johns Hopkins University Press.

Cohen, David. 1985. "A Note on Aristophanes and the Punishment of Adultery in Athenian Law." *ZSS* 102, 385-387

———. 1991. *Law, Sexuality, and Society.* Cambridge: Cambridge University

Press.

———. 1995. *Law, Violence and Community in Classical Athens.* Cambridge: Cambridge University Press.

Cohen, Edward E. 1992. *Athenian Economy and Society.* Princeton: Princeton University Press.

Cohen, Patricia Cline. 1998. *The Murder of Helen Jewett.* New York: Alfred A. Knopf.

Cohn-Haft, L. 1995. "Divorce in Classical Athens." *JHS* 115, 1-14

Cox, Cheryl Anne. 1998. *Household Interests: Property, Marriage Strategies, and Family Dynamics in Ancient Athens.* Princeton: Princeton University Press.

Davidson, James. 1997. *Courtesans and Fishcakes.* London: HarperCollins.

Davies, J. K. 1971. *Athenian Propertied Families, 600-300 B.C.* Oxford: Oxford University Press.

Develin, Robert. 1989. *Athenian Officials, 684-321 B.C.* Cambridge: Cambridge University Press.

Dover, K. J. 1968a. *Aristophanes: Clouds.* Oxford: Oxford University Press.

———. 1968b. *Lysias and the Corpus Lysiacum.* Berkeley: University of California Press.

———. 1974. *Greek Popular Morality in the Time of Plato and Aristotle.* Oxford: Basil Blackwell.

———. 1978. *Greek Homosexuality.* New York: Vintage Books.

———. 1984. "Classical Greek Attitudes to Sexual Behavior." In *Women in the Ancient World,* ed. John Peradotto and J. P. Sullivan. Albany: State University of New York Press. 145-157

DuBois, Page. 1991. *Torture and Truth.* New York: Routledge.

Dunbar, Nan. 1995. *Aristophanes: Birds.* Oxford: Oxford University Press.

Edward, M. J. 1999. *Lysias: Five Speeches.* London: Bristol Classical Press.

Flensted-Jensen, Pernille, Thomas Heine Nielsen, and Lene Rubinstein, eds. 2000. *Polis and Politics.* Copenhagen: Museum Tusculanum Press.

Gabrielsen, Vincent. 1994. *Financing the Athenian Fleet.* Baltimore: Johns Hopkins University Press.

Garlan, Yvon. 1988. *Slavery in Ancient Greece.* Trans. Janet Lloyd. Ithaca, N.Y.: Cornell University Press.

Garland, Robert. 1990. *The Greek Way of Life.* Ithaca, N.Y.: Cornell University Press.

Gill, Christopher. 1973. "The Death of Socrates." *CQ* 23, 25-28

Gomme, A. W., A. Andrewes, and K. J. Dover. 1970. *A Historical Commentary on Thucydides.* Vol. 4. Oxford: Clarendon Press.

Gould, John. 1980. "Law, Custom and Myth: Aspects of the Social Position of Women in Classical Athens." *JHS* 100, 38-59

Gow, A. S. F., ed. 1965. *Machon: The Fragments.* Cambridge: Cambridge University Press.

Graham, A. J. 1998. "The Women at the Window: Observation on the 'Stele from the Harbour' of Thasos." *JHS* 118, 22-40

Hamel, Debra. 1998. *Athenian Generals: Military Authority in the Classical Period.* Leiden: Brill Academic Publishers.

Hamilton, Charles D. 1997. "Sparta." In *The Greek World in the Fourth Century,* ed. Lawrence A. Tritle. London: Routledge. 41-65

Hamilton, R. 1992. *Choes and Anthesteria: Anthenian Iconography and Ritual.* Ann Arbor: University of Michigan Press.

Hansen, Mogens Herman. 1975. *Eisangelia: The Sovereignty of the People's Court in Athens in the Fourth Century B.C. and the Impeachment of Generals and*

Politicians. Odense: Odense University Press.

———. 1976a. *Apagoge, Endeixis and Ephegesis Against Kakourgoi, Atimoi and Pheugontes.* Odense: Odense University Press.

———. 1976b. "The Theoric Fund and the *Graphe Paranomon* Against Apllodorus." *GRBS* 17, 235-246

———. 1979. "How Often Did the Athenian *Dicasteria* Meet?" *GRBS* 20, 243-246.

———. 1991. *The Athenian Democracy in the Age of Demosthenes.* Oxford: Basil Blackwell.

Hanson, Victor Davis. 1998. *Warfare and Agriculture in Classical Greece.* Rev. ed. Berkeley: University of California Press.

Harrison, A. R. W. 1968. *The Law of Athens.* Vol. 1. 2nd ed. London: Bristol Classical Press.

———. 1971. *The Law of Athens.* Vol. 2. 2nd ed. London: Bristol Classical Press.

Harvey, David. 1990. "The Sykophant and Sykophancy: Vexatious Redefinition?" In *Nomos: Essays in Athenian Law, Politics, and Society,* ed. Paul Cartledge, Paul Millett, and Stephen Todd. Cambridge: Cambridge University Press. 103-121

Henderson, Jeffrey. 1975. *The Maculate Muse.* New Haven: Yale University Press.

Herman, G. 2000. "Athenian Beliefs About Revenge: Problems and Methods." *PCPS* 46, 7-27.

Hunter, Virginia. 1994. *Policing Athens: Social Control in the Attic Lawsuits, 420-320 B.C.* Princeton: Princeton University Press.

———. 2000. "Policing Public Debtors in Classical Athens." *Phoenix* 54, 21-38

Isager, Signe, and Mogens Herman Hansen. 1975. *Aspects of Athenian Society in the Fourth Century B.C.* Odense: Odense University Press.

Johnstone, Steven. 1998. "Cracking the Code of Silence: Athenian Legal Oratory and the Histories of Slaves and Women." In *Women and Slaves in Greco-Roman Culture,* ed. Sheila Murnaghan and Sandra R. Joshel. London: Routledge. 221-236.

Just, Roger. 1989. *Women in Athenian Law and Life.* London: Routledge.

Kapparis, K. 1996. "Humiliating the Adulterer: The Law and the Practice in Classical Athens." *RIDA* 43, 63-77

———. 1999. *Apollodoros "Against Neaira" [D. 59]* Berlin: Walter de Gruyter.

Kassel, R., and C. Austin, eds. 1983-2001. *Poetae Comici Graeci* Berlin: Walter de Gruyter. Referred to in the notes as K-A.

Katz, Marilyn A. 1994. "Ideology and the 'status of Women' in Ancient Greece." In *Feminists Revision History,* ed. Ann-Louise Shapiro. New Brunswick, N.J.: Rutgers University Press. 120-145.

Keuls, Eva C. 1985. *The Reign of the Phallus.* New York: Harper & Row.

Kilmer, Martin F. 1982. "Genital Phobia and Depilation." *JHS* 102, 104-112.

———. 1993. *Greek Erotica on Attic Red-Figure Vases.* London: Duckworth.

Krenkel, Werner A. 1988. "Prostitution." In *Civilization of the Ancient Mediterranean.* Vol 2. Ed. Michael Grant and Rachel Kitzinger. New York: Charles Scribner's Sons. 1291-1297.

Krentz, Peter. 1982. *The Thirty at Athens.* Ithaca, N.Y.: Cornell University Press.

Kroll, J. H. 1972. *Athenian Bronze Allotment Plates.* Cambridge, Mass.: Harvard University Press.

Kurke, Leslie. 1997. "Inventing the Hetaira: Sex, Politics, and Discursive

Conflict in Archaic Greece." *ClAnt* 16, 106-150.

Lacey, W. K. 1968. *The Family in Classical Greece.* Ithaca, N.Y.: Cornell University Press.

Lambert, S. D. 1993. *The Phratries of Attica.* Ann Arbor: University of Michigan Press.

Lateiner, Donald. 1982. " 'The Man Who Does Not Meddle in Politics' : A *Topos* in Lysias." *CW* 76, 1-12

Lefkowitz, Mary. 1983. "Influential Women." In *Images of Women in Antiquity,* ed. Averil Cameron and Amélie Kuhrt. Detroit: Wayne State University Press. 49-64.

Lewis, Sian. 1996. *News and Society in the Greek Polis.* Chapel Hill: University of North Carolina Press.

Loomis, William T. 1972. "The Nature of Premeditation in Athenian Homicide Law." *JHS* 92, 86-95

———. 1998. *Wages, Welfare Costs, and Inflation in Classical Athens.* Ann Arbor: University of Michigan Press.

MacDowell, Douglas M. 1963. *Athenian Homicide Law.* Manchester, England: Manchester University Press.

———. 1978. *The Law in Classical Athens.* London: Thames and Hudson.

Macurdy, Grace H. 1942. "Apollodorus and the Speech Against Neaira (Pseudo-Dem. LIX)." *AJP* 63, 257-271

Martin, Thomas R. 1985. *Sovereignty and Coinage in Classical Greece.* Princeton: Princeton University Press.

Millett, P. 1991. *Lending and Borrowing in Ancient Athens.* Cambridge: Cambridge University Press.

Mirhady, David C. 1996. "Torture and Rhetoric in Athens." *JHS* 116, 119-131.

Moore, J. M. 1975. *Aristotle and Xenophon on Democracy and Oligarchy.* Berkeley: University of California Press.

Morris, Ian. 1998. "Remaining Invisible: The Archaeology of the Excluded in Classical Athens." In *Women and Slaves in Greco-Roman Culture,* ed. Sheila Murnaghan and Sandra R. Joshel. London: Routledge. 193-221.

Munn, Mark H. 1993. *The Defense of Attica.* Berkeley: University of California Press.

Murnaghan, Sheila, and Sandra R. Joshel. 1998. *Women and Slaves in Greco-Roman Culture.* London: Routledge.

Nails, Debra. 1998. "The Dramatic Date of Plato's Republic." *CJ* 93.4, 383-396.

Navarre, O. 1904. "Meretrices." *Dictionnaire des antiquités grecques et romaines.* Paris: Libraire Hachette.

Nevett, L. C. 1995. "Gender Relations in the Classical Greek Household: The Archaeological Evidence." *ABSA* 90, 363-381.

Ober, Josiah. 1989. *Mass and Elite in Democratic Athens.* Princeton: Princeton University Press.

Olson, S. Douglas. 1998. *Aristophanes: Peace.* Oxford: Oxford University Press.

Osborne, Robin. 1990. "Vexatious Litigation in Classical Athens: Sykophancy and the Sykophant." In *Nomos: Essays in Athenian Law, Politics, and Society,* ed. Paul Cartledge, Paul Millett, and Stephen Todd. Cambridge: Cambridge University Press. 83-102

Owens, E. J. 1983. "The Koprologoi at Athens in the Fifth and Fourth Centuries B.C." *CQ* 33.1, 44-50.

Parke, H. W. 1977. *Festvals of the Athenian.* Ithaca, N.Y.: Cornell University Press.

Parker, Holt N. 1992. "Love's Body Anatomized: The Ancient Erotic Handbooks and the Rhetoric of Sexuality." In *Pornography and Representation in Greece and Rome,* ed. Amy Richlin. New York: Oxford University Press. 90-111.

Patterson, Cynthia. 1985. " 'Not Worth the Rearing' : The Causes of Infant Exposure in Ancient Greece." *TAPA* 115, 103-123.

———. 1991. "Marriage and the Married Woman in Athenian Law." In *Women's History and Ancient History,* ed. Sarah B. Pomeroy. Chapel Hill: University of North Carolina Press. 48-72.

———. 1994. "The Case Against Neaira and the Public Ideology of the Athenian Family." *In Athenian Identity and Civic Ideology,* ed. Alan L. Boegehold and Adele Scafuro. Baltimore: Johns Hopkins University Press. 199-216.

———. 1998. *The Family in Greek History.* Cambridge, Mass.: Harvard University Press.

Patteson, Alice Jean. 1978. "Commentary on [Demosthenes] LIX: Against Neaera." Ph.D. diss., University of Pennsylvania.

Pearson, Lionel. 1966. "Apollodorus, the Eleventh Attic Orator." In *The Classical Tradition,* ed. Luitpold Wallach. Ithaca, N.Y.: Cornell University Press. 347-359.

Pomeroy, Sarah B. 1975. *Goddesses, Whores, Wives, and Slaves: Women in Classical Antiquity.* New York: Schocken Books.

———. 1983. "Infanticide in Hellenistic Greece." In *Images of Women in Antiquity,* ed. Averil Cameron and Amélie Kuhrt. Detroit: Wayne State University Press. 207-222.

Porter, John R. 1997. "Adultery by the Book: Lysias I (*On the Murder of*

Eratosthenes) and Comic *Diegesis*." *EMC* 40 n.s. 16, 421-453.

Rhodes, P. J. 1981. *A Commentary on the Aristotelian Athenaion Politeia.* Oxford: Clarendon Press.

Riddle, John M. 1992. *Contraception and Abortion from the Ancient World to the Renaissance.* Cambridge, Mass.: Harvard University Press.

Roy, J. 1991. "Traditional Jokes About the Punishment of Adulterers in Ancient Greek Literature." *LCM* 16.5, 73-76.

Rubinstein, Lene. 2000. *Litigation and Cooperation: Supporting Speakers in the Courts of Classical Athens. Historia Einzelschriften* 147. Stuttgart: Steiner.

Sage, Michael M. 1996. *Warfare in Ancient Greece:* A Sourcebook. London: Routledge.

Scafuro, Adele C. 1994. "Witnessing and False Witnessing: Proving Citizenship and Kin Identity in Fourth-Century Athens." *In Athenian Identity and Civic Ideology,* ed. Alan L. Boegehold and Adele Scafuro. Baltimore: Johns Hopkins University Press. 156-198.

———. 1997. *The Forensic Stage.* Cambridge: Cambridge University Press.

Schaps, David. 1977. "The Woman Least Mentioned: Etiquette and Women's Names." *CQ* 71, 323-330.

Sealey, Raphael. 1956. "Callistratos of Aphidna and his Contemporaries." *Historia* 5, 178-203.

———. 1990. *Women and Law in Classical Greece.* Chapel Hill: University of North Carolina Press.

Slater, Philip E. 1968. *The Glory of Hera.* Boston: Beacon Press.

Starr, Chester G. 1978. "An Evening with the Flute-Girls." *PP* 33, 401-410

Thur, Gerhard. 1996. "Reply to D. C. Mirhady, 'Torture and Rhetoric in Athens.'" *JHS* 116, 132-134.

Todd, S. C. 1993. *The Shape of Athenian Law.* Oxford: Clarendon Press.

———. 2000. *Lysias.* Austin: University of Texas Press.

Traill, John S. 1975. *The Political Organization of Attica. Hesperia.* Supplement 14. Princeton: American School of Classical Studies at Athens.

Trevett, Jeremy. 1992. *Apollodoros the Son of Pasion.* Oxford: Clarendon Press.

Tulin, Alexander. 1996. *Dike Phonou: The Right of Prosecution and Attic Homicide Procedure.* Stuttgart: B. G. Teubner.

Ussher, R. G. 1973: *Aristophanes Ecclesiazusae.* Oxford: Oxford University Press.

Walker, Susan. 1983. "Women and Housing in Classical Greece: The Archaeological Evidence." In *Images of Women in Antiquity,* ed. Averil Cameron and Amélie Kuhrt. Detroit: Wayne State University Press. 81-91.

Wallace, Robert. 1985. *The Areopagos Council to 307 B.C.* Baltimore: Johns Hopkins University Press.

———. 2000. " 'Investigations and Reports' by the Areopagos Council and Demosthenes' Areopagos Decree." In *Polis and Politics,* ed. Pernille Flensted-Jensen, Thomas Heine Nielsen, and Lene Rubinstein. Copenhagen: Museum Tusculanum Press. 581-595.

Whitehead, David. 1986a. "Women and Naturalisation in Fourth Century Athens: The Case of Archippe." *CQ* 36, 109-114.

———. 1986b. *The Demes of Attica, 508/7-ca. 250 B.C.* Princeton: Princeton University Press.

———. 2000. *Hypereides: The Forensic Speeches.* Oxford: Oxford University Press.

Wilkinson, L. P. 1978. *Classical Attitudes to Modern Issues.* London: William Kimber.

연대기

다음에 나오는 대부분의 연도는 추정에 의존한다. 본문 뒤쪽에 있는 주석들을 참조하면 어떤 근거로 다음의 연도들이 책정되었는지 그 논의 과정을 알게 될 것이다.

연도	네아이라의 나이	사건
기원전 404		아테네, 스파르타에 항복하다. 펠로폰네소스 전쟁이 끝나다.
404~403		30인의 참주가 아테네를 지배하다.
403		아테네, 민주정으로 복귀하다.
403		리시아스, 12번 연설문 「에라토스테네스를 반박하며」를 작성하다.
400~395		네아이라 태어나다.
394 (확실한 연도)	1~6	아폴로도로스 태어나다.
388~382	12~13	네아이라, 리시아스와 함께 아테네를 방문하다.
380 (확실한 연도)	15~20	테오므네스토스 태어나다.
378	17~22	네아이라, 시모스와 함께 아테네를 방문하다.
376	19~24	티마노리다스와 에우크라테스가 네아이라를 사다.

연도	네아이라의 나이	사건
374	21~26	네아이라, 자유의 몸이 되다. 그리고 프리니온과 함께 아테네로 이주하다.
374		카브리아스의 집에서 피시언 체육대회를 기념하는 파티가 열리다.
373~372	22~27	네아이라, 프리니온의 곁을 떠나 메가라로 이주하다.
371	24~29	레우크트라 전투가 벌어지다.
371		네아이라, 스테파노스와 한 명 또는 세 명 이상의 자식과 함께 아테네로 이주하다.
371~370	24~30	프리니온, 네아이라를 억지로 노예로 만들려고 하다. 스테파노스, 그와 사적 중재를 하다.
370~365	25~35	필레타이로스의 희곡 『여자 사냥꾼』 상연되다.
370	25~30	파시온(아폴로도로스의 아버지) 죽다.
369	26~31	스테파노스, 크세노클레이데스를 병역 기피 혐의로 고발하다.
369 (확실한 연도)		아폴로도로스, 데모스테네스 52번 연설문 「칼리포스를 반박하며」를 쓰다. (아폴로도로스의 연설문은 그보다 더 유명했던 데모스테네스의 연설문으로 오해를 받았다.)
368	27~32	아폴로도로스, 함선의 선장으로 공공복무를 하다.
366 (확실한 연도)	29~34	아폴로도로스, 데모스테네스 53번 연설문 「니코스트라토스를 반박하며」를 쓰다.
365	30~35	아폴로도로스, 함선의 선장으로 공공복무를 하다.

연도	네아이라의 나이	사건
362	33~38	아폴로도로스, 다시 함선의 선장으로 공공복무를 하다.
362 (확실한 연도)		아폴로도로스, 데모스테네스 49번 연설문 「티모테오스를 반박하며」를 쓰다.
360 (확실한 연도)	35~40	아폴로도로스, 데모스테네스 50번 연설문 「폴리클레스를 반박하며」를 쓰다.
360 (확실한 연도)		아르키페(아폴로도로스의 어머니) 죽다.
359	36~41	필리포스2세, 마케도니아의 권력을 잡다.
358~353	37~47	프라스토르, 파노와 결혼하다. 1년 뒤 그녀와 이혼하다. (그 당시 파노는 사내아이를 임신 중이었다.)
357~352	38~48	스테파노스, 프라스토르에게 파노의 지참금을 돌려달라는 소송을 제기하다. 프라스토르, 스테파노스를 상대로 맞고소하다. (그들은 법정 밖에서 타협했다.)
357~352		이혼한 지 얼마 지나지 않아 프라스토르가 병에 걸리다. 프라스토르, 파노의 자식을 합법적인 아들로 인정하고 자신의 프라트리와 게노스에 가입시키려고 하다.
356	39~44	아폴로도로스, 함선의 선장으로 공공복무를 하다.
352	43~48	아폴로도로스, 코레기아choregia로 공공복무를 하다. (코레기아는 연극이나 합창단을 후원하는 공공봉사 역할이다.)
355~350?	40~50	에파이네토스, 파노와 정사를 벌이다 현행범으로 잡히다.

연도	네아이라의 나이	사건
354~350?		테오게네스, 아르콘 바실레우스에 임명되다. 파노와 결혼하고 안테스테리아 축제 직후 그녀와 이혼하다.
350 (확실한 연도)	45~50	아폴로도로스, 데모스테네스 36번 연설문 「포르미온을 지지하며」를 쓰다. 또 데모스테네스 46번 연설문 「스테파노스를 반박하며II」를 쓰다.
348	47~52	아폴로도로스, 테오리카theorika 기금과 관련된 법률안을 제안하다. 스테파노스, 그 후 1년이 지나기 전에 위법한 법률안을 제안했다는 이유로 아폴로도로스를 고소하다.
348		마케도니아의 필리포스2세, 올린투스를 점령하고 초토화시키다.
346?	49~54	스테파노스, 아폴로도로스를 살인죄로 고소하다.
346		스테파노스, 외교사절로서 필리포스2세에게 파견되다(?)
343~340	52~60	네아이라, 재판을 받다.

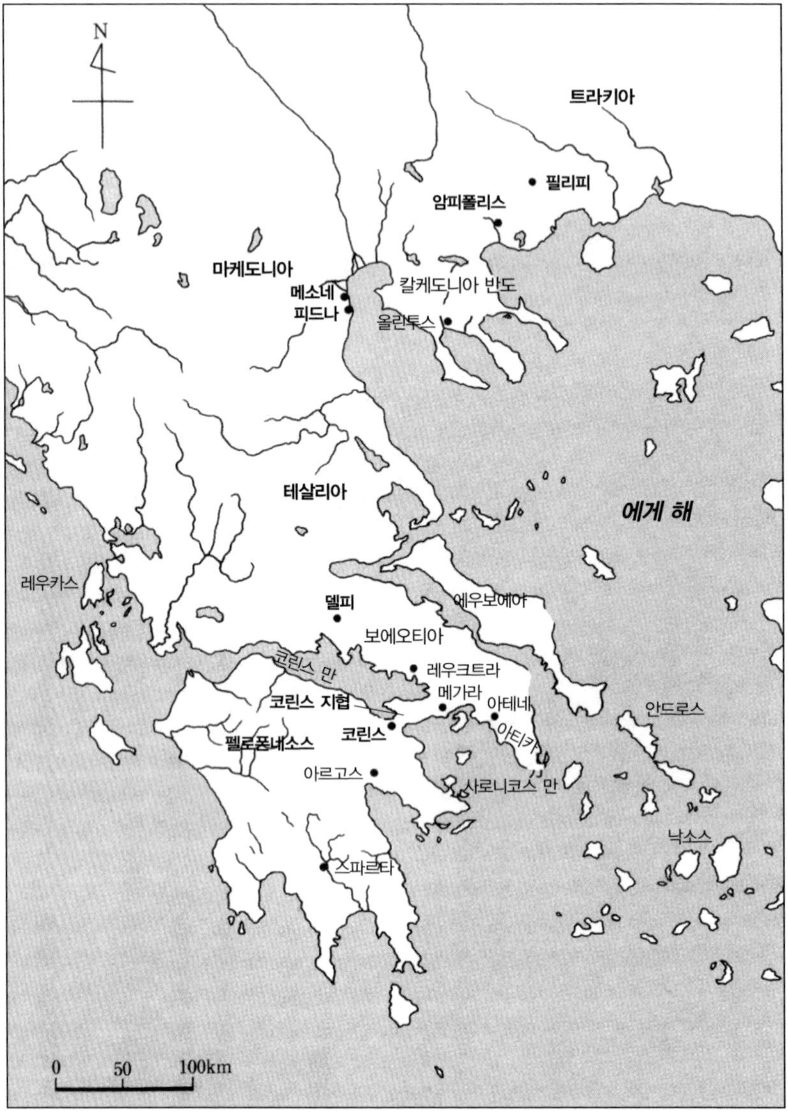

고대 그리스GREECE IN THE CLASSICAL PERIOD

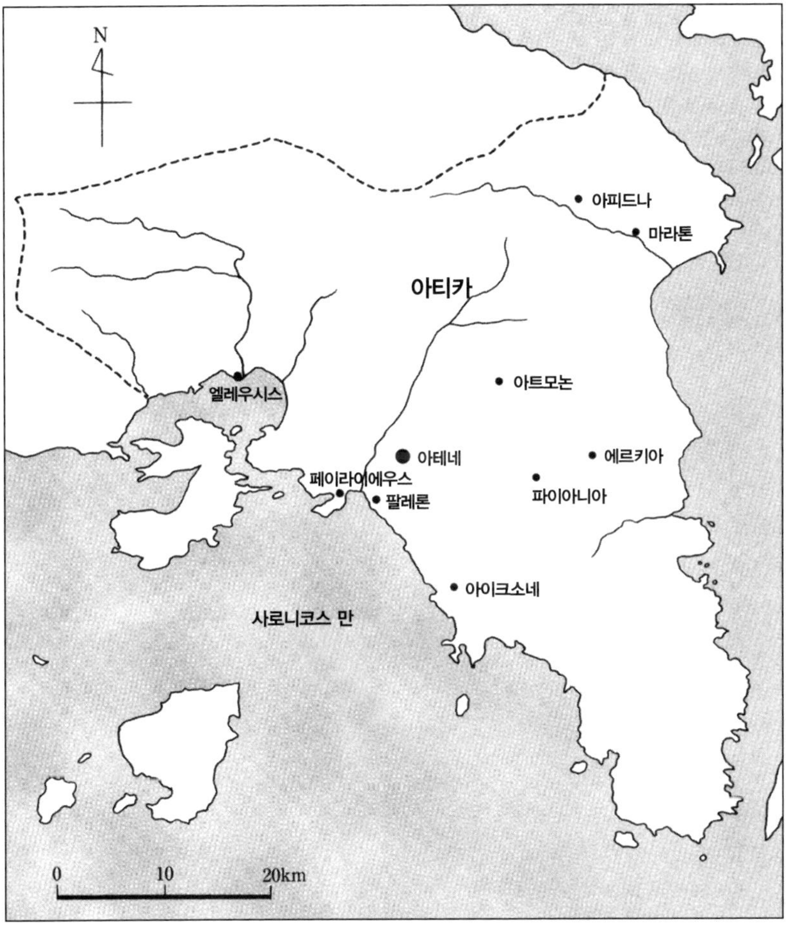
N
아피드나
마라톤
아티카
아트모논
엘레우시스
아테네
에르키아
페이라이에우스
팔레론
파이아니아
아이크소네
사로니코스 만
0
10
20km

아티카ATTICA

옮긴이 | 류가미

1968년 서울에서 태어나 연세대학교 심리학과를 졸업했다. 분석심리학과 대상관계이론을 공부했으며, 1999년 〈문학과 사회〉 봄호에 「아름다운 날」을 발표하면서 등단했다. 최근에는 신화와 역사에 대한 깊은 이해를 바탕으로 데일리 서프라이즈에 「류가미의 환상여행」을 연재한 바 있다.
장편소설 『라디오』, 『거미 여인의 집』, 『아이온』, 『니벨룽의 반지』 등을 썼으며, 번역서로는 『융, 중년을 말하다』, 『마법의 책』, 『내 주머니 속의 다이아몬드』, 『예술이라는 이름의 전쟁』(근간) 등이 있다.

네안데르탈 재판소동

첫판 첫쇄 찍은 날 2008년 2월 25일
첫판 첫쇄 펴낸 날 2008년 3월 3일

지은이 데브라 하멜
옮긴이 류가미
펴낸이 우종민
펴낸 곳 도서출판 북북서
출판등록 2006년 4월 18일 (제2004-1호)
주소 서울시 마포구 서교동 395-64 회산빌딩 3층 (우편번호 121-840)
전화 02-322-0355 **팩스** 02-322-0366
전자우편 woo2201@hanmail.net
편집책임 박권규
영업책임 배승원
디자인 김대연
찍은 곳 코리아P&P

ISBN 978-89-959199-8-9 03920